Topmanager

Nach wie vor sind die Bosse der Großunternehmen die unbekanntesten aller Eliten. Welchen Eigenschaften verdanken sie ihren Aufstieg?

Diese Studie gibt klare Antworten: Die deutschen Topmanager stammen ganz überwiegend aus den oberen Klassen und Schichten und können zu vier Fünfteln einen Hochschulabschluß vorweisen. Ausschlaggebend für ihre Karriere ist aber weniger der formale Bildungsabschluß, sondern sind vielmehr persönliche Eigenschaften wie Souveränität, Allgemeinbildung oder unternehmerisches Denken – also der herkunftsspezifische Habitus der Kandidaten.

Michael Hartmann trägt mit seinen Ergebnissen, die er sowohl statistischem Material als auch qualitativen Intensivbefragungen verdankt, zu einer erheblichen Relativierung der derzeit gängigen Individualisierungs- und Pluralisierungstheorien bei.

Michael Hartmann, P.D. Dr. phil., ist zur Zeit wissenschaftlicher Angestellter an der Universität-GH Paderborn. In den letzten Jahren hat er sich mit professionssoziologischen Studien einen Namen gemacht: *Juristen in der Wirtschaft* (München 1990) und *Informatiker in der Wirtschaft* (Berlin/Heidelberg 1995).

Michael Hartmann

Topmanager

Die Rekrutierung einer Elite

Campus Verlag
Frankfurt/New York

Die Deutsche Bibliothek – CIP-Einheitsaufnahme

Hartmann, Michael:
Topmanager: die Rekrutierung einer Elite /
Michael Hartmann. –
Frankfurt/Main; New York: Campus Verlag, 1996
ISBN 978-3-593-35513-9

Umschlaggestaltung: Atelier Warminski, Büdingen
Gedruckt auf säurefreiem und chlorfrei gebleichtem Papier.
Printed in Germany

Vorbemerkung

Seine Entstehung verdankt dieses Buch der großen Bereitschaft aller Interviewpartner, sowohl in inhaltlicher als auch in zeitlicher Hinsicht den Wünschen des Verfassers entgegenzukommen. Ihnen allen sei hiermit für ihr Engagement gedankt. Mein Dank gilt außerdem Professor Kaase, ohne dessen Zustimmung die Auswertung der Mannheimer Elite-Umfrage nicht möglich gewesen wäre, und Frau Dr. Scholz, die die Daten, die die Topmanager betreffen, aus dem gesamten Datenbestand herausgesucht hat. Schließlich möchte ich mich bei der DFG bedanken, ohne deren finanzielle Unterstützung das dem Buch zugrunde liegende Forschungsprojekt nicht hätte durchgeführt werden können.

Paderborn, Dezember 1995

Inhaltsverzeichnis

1. Einleitung

Titel wie "Nieten in Nadelstreifen" oder "Die Neurosen der Manager" haben in den letzten Jahren Spitzenpositionen in den Bestsellerlisten für Sachbücher erobert. Ihr Erfolg ist symptomatisch für eine Entwicklung, in deren Verlauf das Ansehen der deutschen Topmanager in der Öffentlichkeit kontinuierlich gesunken ist. Mit dem Begriff Manager verbinden sich immer häufiger Assoziationen, in deren Mittelpunkt das Bild einer überbezahlten, geldgierigen, den Anforderungen des internationalen Wettbewerbs nicht mehr gewachsenen Berufsgruppe steht.

Die bundesdeutsche Bevölkerung ist angesichts sinkender Realeinkommen, eines massiven Personalabbaus gerade in den führenden Großkonzernen und umfangreicher öffentlicher Sparmaßnahmen sensibler geworden für Fehlleistungen in den oberen Etagen der großen Unternehmen. Mehr als großzügige Abfindungsregelungen für ausscheidende Vorstandsmitglieder wie z.B. im Falle des früheren Hoesch-Vorstandschefs Kajo Neukirchen, die massive Inanspruchnahme unternehmenseigener Sachmittel und Dienstleistungen wie durch den ehemaligen Vorstandsvorsitzenden der SEL, Helmut Lohr, die Auftragsvergabe an eine familieneigene Firmengruppe wie beim ehemaligen Vorstandsvorsitzenden von Mannesmann, Werner Dieter, der Korruptionsverdacht gegen Topmanager von Opel oder spektakuläre, von den Aufsichtsräten zu spät bemerkte Firmenkrisen bzw. -pleiten wie bei der Metallgesellschaft oder beim Immobilienimperium des Jürgen Schneider sorgen in schöner Regelmäßigkeit für publikumswirksame Skandale. Vor dem Hintergrund einer sich seit Ende der 80er Jahre verschlechternden Konkurrenzfähigkeit der deutschen Wirtschaft auf dem Weltmarkt prägen sie zunehmend das Image der Spitzenmanager als einer vorwiegend an ihr eigenes Wohlergehen denkenden, die Interessen der Beschäftigten wie auch der Unternehmen dahinter zurückstellenden kleinen elitären Gruppe in der Gesellschaft.

Es verfestigt sich in den Augen der Öffentlichkeit der Eindruck, daß die Vorstände der deutschen Großunternehmen von einem exklusiven Kreis einander gut kennender Topmanager beherrscht werden, die dafür sorgen, daß bei allen zu beobachtenden Veränderungen in den Vorstandsetagen letztlich doch immer wieder Personen aus ihren Reihen die Fäden der Macht in der Hand behalten.

1.1 Topmanager – eine weitgehend unbekannte Gruppe der Gesellschaft

Das oben kurz skizzierte Bild, das die Vorstellungen der großen Bevölkerungsmehrheit von den Spitzenmanagern bestimmt, findet in den Meldungen, Sendungen und Artikeln der unterschiedlichsten Medien zwar immer neue Nahrung und Bestätigung, mit einer soliden Einschätzung hat es aber ungeachtet der Tatsache, ob es nun richtig ist oder nicht, nur relativ wenig zu tun. Ein wirklich "fundiertes Wissen über die westdeutschen Unternehmer und Manager" ist "kaum vorhanden" (Berghahn 1990, 124). In dieser Hinsicht trifft immer noch die alte Feststellung von Dahrendorf zu, die " wirtschaftliche Oberschicht" sei die "unbekannteste Führungsgruppe der deutschen Gesellschaft" (Dahrendorf 1962, 25). In den gut dreißig Jahren seit dieser Äußerung hat sich da nicht viel geändert.

So erscheinen Jahr für Jahr zwar ungezählte Bücher und Aufsätze zu dem Thema, wie ein Unternehmen erfolgreich zu führen ist, und über den angeblich "besten" Weg zum guten und erfolgreichen Manager, wenn man aber nach empirisch fundierten Arbeiten sucht, die sich mit den für die Besetzung von Toppositionen entscheidenden Auswahlmechnanismen und -kriterien sowie der sozialen Herkunft und der Ausbildung der deutschen Spitzenmanager befassen, bietet sich ein ziemlich trostloses Bild. Angesichts der großen Machtfülle, die die Topmanager der deutschen Großunternehmen in ihren Händen vereinigen, ist das nur schwer verständlich. Richtet man nämlich den Blick darauf, welchen Einfluß die Vorstandsvorsitzenden und (in geringerem Maße) auch die Vorstandsmitglieder[1] der 200 größten Unternehmen hierzu-

---

1 Unter die Begriffe Vorstandsvorsitzende und Vorstandsmitglieder werden, da die Aktiengesellschaft bei deutschen Großunternehmen die bei weitem verbreitetste Unternehmensform ist, hier wie im folgenden auch all jene Positionen subsumiert, die, falls das

lande ausüben – denn nur um diese wirklichen Spitzenmanager geht es in der vorliegenden Untersuchung –, dann zeigt sich eines sehr deutlich: Die von ihnen geführten Unternehmen dominieren die deutsche Wirtschaft ganz eindeutig. So vereinigen die 100 größten Industriekonzerne gut 38% aller Umsätze des verarbeitenden Gewerbes auf sich. Auf die zehn führenden Großbanken entfallen knapp 40% der Bilanzsumme aller Banken, auf die zehn größten Versicherungsgesellschaften sogar gut 41% des gesamten Beitragsaufkommens der Versicherungswirtschaft. Im Einzelhandel bringen es die 25 größten Unternehmen auf knapp 21% der Gesamtumsatzes (im Lebensmitteleinzelhandel sogar auf 77%) und im Großhandel immerhin noch auf gut 12%[2] (Monopolkommission 1992; 165 ff.; Monopolkommission 1994, Tabelle 5; Statistisches Bundesamt 1994, 280).

All diese Zahlen zeigen, welch dominierende Rolle die 200 größten Unternehmen in der deutschen Wirtschaft spielen und welche Macht damit in den Händen ihrer Vorstände liegt, zumal wenn man berücksichtigt, wie eng die Verflechtungen über Aufsichtsratsmandate gerade bei den Vorständen der führenden deutschen Konzerne sind. Windolf und Beyer gelangen in einer aktuellen Untersuchung diesbezüglich zu der Schlußfolgerung, die deutsche Wirtschaft zeichne sich im internationalen Vergleich nicht nur durch einen "hohen Konzentrationsgrad des Eigentums", sondern auch durch einen "hohen Deckungsgrad zwischen Kapital- und Personalverflechtung" aus, so daß "die Verflechtungen zwischen den Mitgliedern im Top-Management in Deutschland besonders hoch" seien und es ein vergleichbares Verflechtungszentrum "in keinem anderen Land" der Welt gebe (Windolf/ Beyer 1995, 25).

Die enorme wirtschaftliche Macht und der daraus zweifellos auch resultierende politische Einfluß der deutschen Topmanager haben sich bisher leider nicht in einem der Bedeutung dieser gesellschaftlichen Gruppe auch nur annähernd gerecht werdenden sozialwissenschaftlichen Interesse niedergeschlagen. Charakteristisch für die Lage ist, daß jener Zweig der Sozialwissenschaften, gegen den sich die massive Kritik von Dahrendorf damals in erster Linie richtete, die Elite-Forschung nämlich, bis heute immer noch die meisten fundierten Erkenntnisse über die soziale Rekrutierung der Topmanager hervorgebracht hat. Das wesentliche Resultat aller Untersuchungen, so sehr sie

---

Unternehmen wie etwa Bosch anders organisiert ist, diesen beiden in Hinblick auf ihre hierarchische Stellung im Unternehmen vergleichbar sind.

2 Diese Prozentsätze dürfte in der Realität noch deutlich übertroffen werden, weil in die Berechnungen der Monopolkommission mit Metro, Tengelmann und Aldi drei der größten Handelsgruppen aufgrund fehlender konsolidierter Konzernabschlüsse nicht einbezogen worden sind.

sich auch im Umfang und Zuschnitt des jeweiligen Forschungs- bzw. Befragungssamples unterscheiden, lautet hinsichtlich der sozialen Herkunft des Spitzenmanagements dabei folgendermaßen: Die Spitzenpositionen in großen deutschen Unternehmen werden von Personen besetzt, die in deutlich überdurchschnittlichem Maße aus Familien der sog. "Oberschicht" und "oberen Mittelschicht" kommen und ein weit über dem Durchschnitt der Bevölkerung liegendes formales Bildungsniveau aufweisen.

So kommt Zapf, der zum einen biographische Angaben über die Aufsichtsrats- und Vorstandsvorsitzenden der 15 größten deutschen Unternehmen aus den Jahren 1925, 1940 und 1955 sowie der 20 wichtigsten Wirtschaftsverbände aus denselben Jahren ausgewertet hat (Zapf 1965a), zum anderen solche Daten aus den einschlägigen Nachschlagewerken wie dem Who's Who mit den Ergebnissen einer Umfrage unter den Vorstandsmitgliedern der 50 größten deutschen Industriekonzernen kombiniert hat (Zapf 1965b), zu einem eindeutigen Ergebnis: Die deutschen Spitzenmanager stammen zu 80% bzw. 69% aus den Familien von Unternehmern, leitenden Angestellten, Angehörigen freier Berufe und höheren Beamten und verfügen zu 75% bzw. 89% über einen akademischen Titel (Zapf 1965a, 177ff.; Zapf 1965b, 139).

Der Grundtenor der anderen, später veröffentlichten und ein erheblich größeres Untersuchungssample[3] aufweisenden Studien (Enke 1974; Hoffmann-Lange et al. 1980; Kaltefleiter 1976; Kruk 1972; Pross / Boetticher 1971) ist im Kern derselbe, die von den Autoren ermittelten Prozentsätze weichen jedoch in bezug auf die soziale Herkunft der Manager deutlich von denen Zapfs ab, liegen in der Regel nur zwischen 40% und gut 50%. Nimmt man die beiden Mannheimer Elite-Befragungen von 1968 und 1972, die aufgrund ihres Forschungssamples im Unterschied etwa zur Studie von Pross / Boetticher als repräsentativ für die hier interessierende Gruppe der Topmanager angesehen werden können[4], als Vergleichsmaßstab, so wird die Differenz zu den Resultaten von Zapf unübersehbar.

---

3 Die Studien von Zapf liegen mit 15 bzw. 50 einbezogenen Unternehmen erheblich unterhalb der in den meisten anderen Untersuchungen gewählten Größenordnung von 200 Firmen. Außerdem bezieht sich seine umfassendere Erhebung (Zapf 1965b) nur auf die Industrie und weist mit ganzen 37% in der Frage der sozialen Herkunft eine für dieses kleine Sample recht geringe Erfassungsquote auf.

4 Die Mannheimer Untersuchungen konzentrieren sich ausschließlich auf Positionen im Topmanagement großer Unternehmen und weisen mit über 40% auch relativ hohe Rücklaufquoten auf. In dieser Hinsicht ist ihnen nur die Erhebung von Kruk, die es auf über 80% bringt, überlegen. Seine Studie wird in Kap. 3 aber noch ausführlicher behandelt.

Wie Enke in seiner Analyse der ersten Mannheimer Erhebung darstellt, weisen die befragten Aufsichtsratsvorsitzenden und Vorstandsmitglieder mit über 70% zwar einen ähnlich hohen Anteil an Akademikern auf und stellen unter allen befragten "Elitegruppen"[5] nach den Professoren auch immer noch die mit der "elitärsten" sozialen Rekrutierung, mit 43,2% (Enke 1974, 73, 91) sind die Söhne von Unternehmern, leitenden Angestellten, akademischen Freiberuflern und höheren Beamten aber doch weit weniger dominierend als noch bei Zapf. Die Ergebnisse der 72er Befragung liegen mit Werten von knapp 75% für den Hochschulabschluß und 45% für die Herkunft aus der "Oberschicht" und der "oberen Mittelschicht" (Hoffmann-Lange et al. 1980, 27; Kaltefleiter 1976, 243) im selben Bereich wie die der Untersuchung von 1968. Da sich die anderen angeführten Studien ebenfalls in diesem Spektrum bewegen, stellt sich die Frage, ob bzw. inwieweit Dahrendorf und Zapf mit ihrer Einschätzung, die Wirtschaftselite weise unter den Elitegruppen neben den katholischen Bischöfen, den Diplomaten und der Generalität den höchsten "Oberschicht"-Anteil und das stabilste soziale Rekrutierungsmuster auf (Dahrendorf 1965, 286f.; Zapf 1965a, 182, 195ff.; 1965c, 16f.), die gesellschaftliche Wirklichkeit der Bundesrepublik tatsächlich angemessen beschreiben oder ob der soziale Wandel nicht auch die soziale Rekrutierung der Topmanager viel stärker verändert hat, als Begriffe wie Stabilität und Kontinuität vermuten lassen.

Letzteres käme jenen theoretischen Ansätzen entgegen, die in der Diskussion über die Formen und die Ursachen sozialer Ungleichheiten in der Bundesrepublik Deutschland seit Beginn der 80er Jahre von einem grundlegenden Wandel sprechen. Unter den Stichworten "Differenzierung", " Pluralisierung" und vor allem "Individualisierung" hat eine Reihe von Sozialwissenschaftlern (Beck 1983, 1986; Berger 1987, 1990; Bolte 1990; Bolte / Hradil 1987; Hradil 1983, 1985, 1987, 1990) Forschungsergebnisse theoretischer wie empirischer Art präsentiert, die von einer Aushöhlung und Zerstörung der relativ stabilen Schichten oder Sozialmilieus früherer Jahrzehnte ausgehen, die nach ihrer wie der Ansicht der meisten Sozialforscher mit der klassischen "meritokratischen Triade" von Bildung, Beruf und Einkommen verknüpft waren. Als Ursachen dieses Erosions- und Zerfallsprozesses sehen sie verschiedene Entwicklungen in der bundesdeutschen Gesellschaft.

5 Mit dem Begriff Elite ist hier wie im folgenden keine inhaltliche Bewertung verbunden, sondern nur zum Ausdruck gebracht, daß die jeweilige Gruppe Spitzenpositionen in der Gesellschaft bekleidet.

Beck (1983, 1986) nennt drei gesellschaftliche Prozesse, die seiner Ansicht nach in ihrem Zusammenwirken der zunehmenden Individualisierung zugrunde liegen. Es seien dies die "Ausbreitung formaler Bildungsprozesse", die "Mobilitätsprozesse" beim Eintritt in und beim Bewegen auf dem Arbeitsmarkt und die "Konkurrenzbeziehungen" auf dem Arbeitsmarkt. Die allgemeine Bildungsexpansion sorge zum einen dafür, daß "die Herauslösung aus dem Herkunftsmilieu zum selbstverständlichen Massenschicksal" werde und "traditionelle Orientierungen, Denkweisen und Lebensstile durch universalistische Lehr- und Lernbedingungen, Wissensinhalte und Sprachformen umgeschmolzen oder kollektiv verdrängt" würden. Zum anderen beinhalte sie sowohl die Stärkung individueller Aufstiegsorientierungen als auch eine quasi zwangsweise Individualisierung durch das Prüfungssystem. Der Arbeitsmarkt wirke durch die von ihm ausgelösten oder erzwungenen beruflichen wie örtlichen Mobilitätsprozesse im Sinne einer Verselbständigung des einzelnen Lebenswegs gegenüber den sozialen Herkunftsbedingungen. Die Konkurrenz auf dem Arbeitsmarkt schließlich verstärke diesen Effekt noch dadurch, daß sie den Einzelnen angesichts zunehmender Arbeitslosigkeit und der Entwertung von Bildungsabschlüssen dazu veranlasse, seine persönlichen Vorzüge gegenüber der formal gleich qualifizierten Konkurrenz verstärkt hervorzuheben (Beck 1983, 45ff.).

Bolte weist vor allem auf zwei Punkte hin. Einmal habe die zunehmende Differenzierung der "Lebensmilieus, Lebensstile und Interessenlagen" zur Folge, daß keine allseits anerkannten und sichtbaren Kriterien für soziale Ungleichheit wie Sprachstile, Statussymbole oder Lebensformen mehr existierten. Zum anderen zeige das "Ungleichheitsgefüge" hierzulande eine "erhebliche Statusinkonsistenz", weil die zentralen Elemente gesellschaftlicher Statusbildung: Bildungsabschluß, Berufsqualifikation, Einkommenshöhe und gesellschaftlicher Einfluß immer weniger in gebündelter Form vorzufinden seien. Eine "Bündelung ähnlicher Statuslagen" sei aber in der Regel die Voraussetzung für die "Herausbildung 'sozialer Schichtung'" (Bolte 1990, 41). Hradil argumentiert im Kern ähnlich, sieht unübersehbare Anhaltspunkte dafür, daß Statusinkonsistenz inzwischen nicht mehr die Ausnahme, sondern die Regel sei (Hradil 1985, 62). Er geht daher davon aus, "daß Prozesse einer reflexiven, durch 'subjektive' Bestrebungen vorwärtsgetriebenen, zudem dialektisch wirkenden Modernisierung zu einer Pluralisierung von Milieus, Subkulturen und Lebensstilen geführt" (Hradil 1990, 126) hätten.

Angesichts der Tragweite, die diese Argumentationen für jede Analyse gesellschaftlicher Strukturen besitzen, verwundert es allerdings, wie wenig sich die genannten Autoren mit jener Gesellschaftsgruppe beschäftigen, die je nach Autor mal als wirtschaftliche Elite oder Oberschicht, mal als herrschende Klasse oder Bourgeoisie bezeichnet wird. Sie gerät nur ausnahmsweise in ihren Blickwinkel, obwohl ihre Bedeutung und ihr Einfluß doch unumstritten sind.

Dort, wo sie zumindest kurz thematisiert wird, sind die Einschätzungen zudem weder besonders präzise noch einheitlich. So geht Bolte davon aus, daß die von ihm als Charakteristikum der heutigen bundesdeutschen Gesellschaft diagnostizierte Statusinkonsistenz am äußersten oberen (wie auch am äußersten unteren) Ende der Sozialstruktur zwar spürbar abnehme, letztlich aber auch in diese beiden Extrembereiche hineinreiche (Bolte 1990, 41). Beck hält dagegen im Unterschied zu Bolte den Besitz von oder die Verfügung über Geldkapital (neben dem von Land) für das zentrale Beispiel eines "ständisch geprägten, soziokulturellen Lebensmilieus", das sich den Individualisierungsprozessen entziehen könne. Die "Mobilität des Geldes" ermögliche "die Immobilität der Besitzklasse", denn es mache sie einerseits von den individualisierenden Bildungsprozessen unabhängig und ermögliche andererseits die Herstellung eines Netzes von Beziehungen und Verpflichtungen, das im Sinne eines sozialen Kapitals wirke und den Zerfall des sozialen Klassenzusammenhangs verhindere. Namentlich "beim reichen Adel, aber auch in Teilen des produktionsmittelbesitzenden 'Mittelstandes' oder in anderer Weise in der höheren Beamtenschaft" würden durch die Vererbung von Besitz wie die große Bedeutung des "guten Namens" als sozialem Kapital die Individualisierungs- und Ausdifferenzierungsprozesse "nicht ohne weiteres greifen", regiere nach wie vor die "Familie, weil sie ihre Funktion als Agentur der Verteilung von klassenspezifischen Macht- und Zugangschancen durch alle Individualisierungsprozesse hindurch konservieren" (Beck 1983, 61) könne. Ob Beck zu den Gruppen, die sich aufgrund der angeführten Merkmale von Kapitalbesitz den vorherrschenden Individualisierungstendenzen entziehen können, auch die Topmanager zählt, bleibt angesichts seiner Argumentation und seiner Beispiele allerdings unklar. Die Betonung der Unabhängigkeit von Bildungsabschlüssen bei der "Besitzklasse" spricht ebenso wie die Nennung des reichen Adels und des „produktionsmittelbesitzenden Mittelstandes“ aber eher dagegen.

Die Kürze und mangelnde Präzision der Analysen von Beck und Bolte ist symptomatisch für die generelle Beschäftigung mit der Gruppe der Topmanager. Das gilt für die Ungleichheitsforschung uneingeschränkt, trifft in etwas abgeschwächter Form aber auch auf die Eliteforschung zu. Auch sie begnügt sich in puncto soziale Herkunft zumeist mit einer kurzen Kommentierung der wenigen Befunde, die vorgestellt werden. Dies überrascht insofern, als die meisten Autoren, wie Hoffmann-Lange zu Recht anmerkt, sich unabhängig von ihren unterschiedlichen wissenschaftlichen und politischen Positionen darin einig sind, daß "den wirtschaftlichen Interessengruppen eine privilegierte Machtstellung" innerhalb der gesellschaftlichen Eliten zuzuschreiben ist (Hoffmann-Lange 1990, 25).

Das positive Gegenstück zur deutschen Soziologie bieten in quantitativer wie vor allem qualitativer Hinsicht die Untersuchungen, die Bourdieu, Boltanski, de Saint Martin und de Maldidier zusammen oder (wie Boltanski und Bourdieu) auch einzeln über die französischen Spitzenmanager (Boltanski 1990; Bourdieu 1983; Bourdieu / de Saint Martin 1978; Bourdieu / Boltanski / de Saint Martin 1981; Bourdieu / Boltanski / Maldidier 1981) durchgeführt haben. Ihr Interesse richtet sich dabei vorrangig auf zwei Punkte, den "klassenspezifischen Habitus" von Personen und die veränderte Funktion, die dem Bildungssystem bei der Reproduktion der "herrschenden Klasse" zukommt.

Was den ersten Punkt betrifft, so spielen die Erhebungen über die "Chefs" der großen Unternehmen (zusammen mit denen über die Angehörigen der anderen Teile der "Classe dominante") eine entscheidende Rolle bei der Entwicklung des Habitus-Begriffs, der im Mittelpunkt des theoretischen Ansatzes von Bourdieu steht. Der Vergleich des Habitus der "Bourgeoisie", der sich durch Selbstverständlichkeit und Selbstsicherheit in Verhalten und Geschmack, d.h. durch "Lässigkeit, Charme, Umgänglichkeit, Eleganz, Freiheit, mit einem Wort: *Natürlichkeit*" (Bourdieu 1982, 531) auszeichne, mit dem des Kleinbürgertums, der von Angestrengtheit, Überkorrektheit und Rigorismus geprägt werde, bestimmt Bourdieus Analysen und dient ihm an vielen Stellen zur Verdeutlichung seiner theoretischen Position. Typisch dafür ist folgende Passage aus seinem Hauptwerk "Die feinen Unterschiede": "Auf allen Märkten – vom Wettbewerb um den Eintritt in eine Grande ècole bis zu den Zeitschriftenredaktionen, von beruflichen Einstellungsgesprächen bis zu mondänen Veranstaltungen – werden die kulturellen Leistungen des kleinbürgerlichen Habitus auf subtile Weise diskreditiert, weil sie erkennen lassen, daß sie erworben wurden, während es gerade hier mehr als irgend sonst darum geht, zu haben, ohne je erworben zu haben....Die Kleinbürger haben kein spielerisches Verhältnis zum Bildungsspiel: sie nehmen Kultur zu ernst, um sich einen Bluff oder Schwindel zu erlauben oder auch nur die lässige Distanz, die von wirklicher Vertrautheit zeugt" (Bourdieu 1982, 518). Die soziale Distanz zu den anderen Klassen schaffende "Distinktion" der "herrschenden Klasse" erziele ihre Wirkung eben gerade dadurch, daß "man nicht auf Distinktion, auf Sich-unterscheiden-Wollen aus ist: die >wirklich distinguierten< Leute sind die, die sich nicht darum kümmern, es zu sein." (Bourdieu 1989a, 18) [6]

Hinsichtlich des zweiten Punktes gehen Bourdieu und die anderen drei von der These aus, daß "die herrschende Fraktion der herrschenden Klasse" (Bourdieu / Boltanski / de Saint Martin 1981, 28) sich angesichts der tiefgreifenden Wandlung der Unternehmensstrukturen (Ablösung der Familienunternehmen durch anonyme Aktiengesellschaften) zu einer Veränderung ihrer "Reproduktionsstrategien" gezwungen sehe. Um die entscheidenden Führungspositionen in den Firmen halten zu können, reiche die Vererbung ökonomischen Kapitals allein nicht mehr aus. Gerade in den großen Konzernen könne der traditionelle Anspruch des Nachwuchses der "herrschenden Klasse", die Toppositionen im Management zu besetzen, von ihm in der Regel nur noch dann wirklich eingelöst werden, wenn seine Mitglieder auch über exklusive Bildungstitel verfügten. Ihr Besitz, so die Argumentation von Bourdieu und seinen Mitarbeitern, sorge heutzutage bei der Besetzung solcher Stellen für die gewünschte soziale Auslese, weil die soziale Selektivität des Bildungssystems den Kindern der anderen Klassen den Erwerb solcher Bildungsabschlüsse weitgehend verwehre. Ökonomisches Kapital werde von der "herrschenden Klasse" in institutionalisiertes "kulturelles Kapital" verwandelt und die eigene Stellung auf diesem Wege behauptet.

Entscheidend für diesen Umwandlungsprozeß sei der "Aufwand an Zeit..., der durch die Verfügung über ökonomisches Kapital ermöglicht" (Bourdieu 1983, 197) werde. Da der Erwerb "kulturellen Kapitals" vor allem Zeit erfordere, seien die Kinder der "herrschenden Klasse" nämlich gleich doppelt begünstigt. Zum einen könne durch den zeitlichen Aufwand, den vor allem die Mütter, vielfach aber auch extra dafür bezahltes Personal wie Privatlehrer oder Gouvernanten aufbrächten, das schon in der Familie akkumulierte

---

6 Deutlich wird die zentrale Bedeutung der Differenz zwischen "Bourgeoisie" und Kleinbürgertum auch in folgender Stellungnahme zum Habitus-Begriff, mit der er diesen in einem Interview kurz und knapp zu erklären versucht. "Der Begriff Habitus bezeichnet im Grunde eine recht simple Sache: wer den Habitus einer Person kennt, der spürt oder weiß intuitiv, welches Verhalten dieser Person versperrt ist. Wer z.B. über einen kleinbürgerlichen Habitus verfügt, der hat eben auch, wie Marx einmal sagte, Grenzen seines Hirns, die er einfach nicht überschreiten kann. Deshalb sind für ihn bestimmte Dinge einfach undenkbar, unmöglich, gibt es Sachen, die ihn aufbringen oder schockieren." (Bourdieu 1989a, 26f.)

"kulturelle Kapital", das von einem bestimmten Sprachduktus bis hin zu genaueren Kenntnissen der Literatur oder Kunst reiche, weitergegeben und/ oder erweitert werden. Diese "Primärerziehung in der Familie", bei der "kulturelles Kapital" verinnerlicht bzw. inkorporiert werde, müsse hinsichtlich des Erwerbs von Bildungstiteln "als gewonnene Zeit und Vorsprung" (Bourdieu 1983, 186) bewertet werden. Zum anderen könne dank der vorhandenen finanziellen Ressourcen die Bildungszeit in Schulen und Universitäten über das übliche Maß hinaus ausgedehnt werden. Das in der einzelnen Person durch die familiäre Sozialisation "inkorporierte Kulturkapital", sein klassenspezifischer Habitus, werde durch den Besuch exklusiver Bildungseinrichtungen sowohl vervollständigt und gefestigt als auch in allgemein anerkannter Form objektiviert. Somit sorge die Umwandlung ökonomischen in "kulturelles Kapital" (inkl. der Weitergabe schon in der Familie vorhandenen "kulturellen Kapitals") dafür, daß die "herrschende Klasse" ihre dominierende gesellschaftliche Position wie ihren inneren Zusammenhalt bewahren und mit der heutigen Zeit angemessenen, "modernen" Methoden reproduzieren könne. Mit ihren Aussagen zum "klassenspezifischen Habitus" von Personen und zur Reproduktion von Klassenstrukturen[7] bilden die Analysen von Bourdieu, Boltanski, de Saint Martin und Maldidier einen klaren Kontrapunkt zu den Arbeiten der meisten deutschen Sozialstrukturforscher wie Beck und vor allem Bolte und Hradil, deren Individualisierungs- und Pluralisierungstheoreme in eine ganz andere Richtung weisen.

Hinsichtlich der Gruppe der Spitzenmanager zu einer Verbesserung des unbefriedigenden Forschungsstands hierzulande beizutragen, war das Ziel eines DFG-Forschungsprojekts über "Die soziale Rekrutierung von deutschen Managern" (Laufzeit 1.7.1994 - 31.12.1995), dessen Ergebnisse im folgenden präsentiert werden. Dabei wird zum einen umfangreiches Zahlenmaterial zur sozialen Herkunft und Ausbildung deutscher Topmanager vorgelegt, zum anderen detailliert geschildert, mit welchen Methoden und vor allem anhand welcher Kriterien die Spitzenpositionen in den Großunternehmen dieses Landes besetzt werden.

Ausgangspunkt des Forschungsprozesses waren die Beobachtungen, die der Verfasser bei zwei vorangegangenen empirischen DFG-Projekten über Wirtschaftsjuristen und Informatiker gemacht hat. Beide Berufsgruppen weisen nämlich, soweit ihre Vertreter in Führungspositionen großer Unternehmen tätig sind, in Hinblick auf ihre familiäre Herkunft ein sehr ähnliches So-

7 Zum Bourdieuschen Theorieansatz und zu den Schwächen seines Kapitalbegriffs s. näher Krais 1983 und 1989

zialprofil auf. Von den Juristen kommen sowohl im industriellen Bereich als auch im Finanzsektor über 80% aus den Haushalten von Unternehmern, leitenden Angestellten, akademischen Freiberuflern oder höheren Beamten (Hartmann 1990a, 159; Hartmann 1990b, 233). Bei den Informatikern bietet sich sogar ein noch eindeutigeres Bild. Mit 83% dominieren wieder die Söhne aus den oben genannten Kreisen des etablierten oder gehobenen Bürgertums[8]. Im Unterschied zu den Juristen gibt es hier aber kein einziges Kind aus einem Arbeiterhaushalt oder einer normalen Angestellten- oder Beamtenfamilie, das den Aufstieg ins Management geschafft hat. Die restlichen 17% haben vielmehr ohne Ausnahme einen angestellten Akademiker zum Vater, der allerdings keine leitende Funktion innehat bzw. innehatte (Hartmann 1995, 153f.).

Neben der ausgesprochen exklusiven Rekrutierung der in Führungspositionen gelangten Juristen und Informatiker war noch ein weiterer Punkt in beiden Forschungsprojekten augenfällig. Die Auswahl von Führungspersonal erfolgte in allen untersuchten Großunternehmen vorrangig anhand sog. "Führungseigenschaften". Ausschlaggebend waren nicht die in den universitären Abschlußnoten dokumentierten fachlichen Fähigkeiten[9], sondern persönliche Merkmale wie Kommunikations- und Motivationsfähigkeit, ein "breiter

8 Der Begriff des etablierten oder gehobenen Bürgertums wird hier wie im folgenden zur Charakterisierung des angesprochenen Herkunftsmilieus aus den Familien von Unternehmern, leitenden Angestellten etc. benutzt, weil er m.E. noch am ehesten den relativ engen sozialen Zusammenhang zwischen diesen gesellschaftlichen Gruppen deutlich macht, die ja weder einer einzigen Klasse noch einer einzigen Schicht zuzurechnen sind, sich als obere 3-4% der Einkommensbezieher aber gleichwohl von der Masse der Bevölkerung durch ihren (in vielen Punkten auch vergleichbaren) Lebensstandard und -stil deutlich abhoben (Kocka 1988). Obwohl dieser Zusammenhang, der für die Konstituierung eines vom sog. " Besitzbürgertum" und vom sog. "Bildungsbürgertum" gebildeten, spezifischen bürgerlichen Milieus in Deutschland typisch ist, seit dem Ende des Kaiserreichs ganz allmählich an Bedeutung verloren hat, dürfte er bis zum Ende der 50er Jahre die deutsche Wirklichkeit doch wesentlich bestimmt haben, der Begriff des etablierten oder gehobenen Bürgertums die Realität zumindest bis zu diesem Zeitpunkt daher auch zutreffend erfassen. Der von Bourdieu gebrauchte Begriff der "herrschenden Klasse" wird hier nicht verwandt, weil damit m.E. nur ein Teil des gehobenen Bürgertums zu charakterisieren ist, der die Inhaber wirklicher Machtpositionen wie große Unternehmer, die Spitzen der Verwaltung oder die Topmanager in großen Firmen, nicht aber die – damit verglichen – doch relativ einflußlosen Studienräte, Hausärzte oder mittelständischen Unternehmer umfaßt.

9 Bei den Informatikern, denen anders als den Wirtschaftsjuristen die Frage nach der universitären Abschlußnote explizit gestellt wurde, ist das Ergebnis ganz eindeutig. Diejenigen Informatiker, die Führungspositionen bekleiden, unterscheiden sich in ihren Examensnoten in nichts von denen, die als Sachbearbeiter oder Spezialisten tätig sind (Hartmann 1995, 148f.).

Horizont" oder Entscheidungsfreudigkeit, kurz zusammengefaßt als "Führungsfähigkeit". Die geschilderten Beobachtungen veranlaßten den Verfasser zu der Schlußfolgerung, daß es in den Führungsetagen deutscher Großunternehmen zum einen eindeutige Mechanismen "sozialer Schließung"[10] zugunsten des Nachwuchses der genannten höheren Gesellschaftskreise gibt, diese Mechanismen zum anderen ganz überwiegend auf personengebundenen Rekrutierungskriterien basieren, fachliche Aspekte demgegenüber in den Hintergrund treten.

Diese Feststellung weist hinsichtlich ihrer empirischen Fundierung allerdings drei wichtige Schwächen auf. Erstens beziehen sich die Befunde nur auf zwei Berufsgruppen. Diese sind als Vertreter des klassischen Akademikertypus (Juristen) und des modernen, von Traditionen weitgehend unbelasteten Hochschulabsolventen heutiger Tage (Informatiker) zwar nicht zufällig ausgewählt[11], sondern durchaus bewußt als Extrempunkte des gesamten Spektrums, sie können aufgrund ihrer relativ kleinen Zahl (gut 10.000 Juristen und gut 25.000 Informatiker in der Wirtschaft) aber keinen unmittelbaren Anspruch auf Verallgemeinerbarkeit erheben. Zweitens handelt es sich in beiden Untersuchungen nicht um repräsentative Umfragen, sondern um qualitative Erhebungen. Durch die Beschränkung auf führende deutsche Großunternehmen und das für diese Berufsgruppen recht große Forschungssample[12] ist im Unterschied zu den meisten qualitativ ausgerichteten Forschungsprojekten zwar ein vergleichsweise hohes Maß an Verallgemeinerbarkeit erreicht worden, im strengen Sinne repräsentativ sind die Ergebnisse aber natürlich nicht. Drittens schließlich beschränken sich die Erhebungen, soweit es die von den Juristen und Informatikern bekleideten Führungspositionen betrifft, auf die zweite und dritte Führungsebene, also auf Bereichs-, Hauptabtei-

---

10 Zum Begriff der "sozialen Schließung", der hier nicht als bewußte Strategie der Ausgrenzung, sondern als überwiegend hinter dem Rücken der Akteure wirkendes Strukturelement verstanden wird, s. neben Weber 1976 vor allem Kreckel 1992 und Parkin 1979 und 1983.

11 Zur Begründung der Auswahl dieser beiden Berufsgruppen s. Hartmann 1990, 2ff. und Hartmann 1995, 2ff..

12 Mit jeweils 100 interviewten Personen sind immerhin 1% der in der deutschen Wirtschaft tätigen Juristen und 0,5% der dort beschäftigten Informatiker befragt worden. Diese für qualitative Untersuchungen sehr hohen Werte erhöhen sich noch ganz erheblich, berücksichtigt man nur diejenigen Juristen und Informatiker, die in führenden Positionen der größten deutschen Unternehmen sitzen. Man kommt dann auf Prozentsätze von 5% - 10%.

lungs- und Abteilungsleiter[13]. Vorstandsmitglieder waren im Untersuchungssample mit zwei Ausnahmen nicht vertreten. Das wirkliche Topmanagement ist also nicht erfaßt worden. Um gesicherte Aussagen über die soziale Rekrutierung von Topmanagern und die vermutete "soziale Schließung" treffen zu können, schien mir deshalb eine Untersuchung erforderlich, die zum einen repräsentative Aussagen über diese gesellschaftliche Gruppe ermöglichen und zum anderen im Unterschied zu den beiden Studien über Wirtschaftsjuristen und Informatiker ihr Augenmerk nur auf die Frage der sozialen Rekrutierung von Topmanagern und die dabei wirksamen Selektionsmechanismen richten sollte[14].

1.2 Untersuchungsfeld und -methode

Was die Forschungsmethode betrifft, so ließ der unterschiedliche Charakter der beiden oben genannten Fragestellungen auch ein unterschiedliches methodisches Herangehen als sinnvoll und angemessen erscheinen. Während es hinsichtlich der sozialen Herkunft der Topmanager unabdingbar war, gesicherte statistische Aussagen durch eine eigene repräsentative Befragung dieser Gruppe oder, wie geschehen, die Sekundärauswertung schon vorhandener repräsentativer Erhebungen zu gewinnen, versprach ein solches quantitativ ausgerichtetes Vorgehen bei der Frage, anhand welcher Auswahlkriterien Spitzenpositionen in der Wirtschaft besetzt werden, aufgrund der Vielfältigkeit und Vermitteltheit der Maßstäbe und Mechanismen, die dabei eine Rolle spielen, einen erheblich geringeren Erkenntnisgewinn als eine qualitativ angelegte Intensivbefragung von einschlägigen Experten. Insgesamt wurde daher eine Kombination von quantitativer und qualitativer Forschungsmethodik gewählt.

---

13 Die Begriffe Bereichs-, Hauptabteilungs- und Abteilungsleiter sind hier gewählt worden, weil sie angesichts der sehr großen Unterschiede zwischen den einzelnen Unternehmen und Branchen, was Anzahl und Bezeichnung der Führungsebenen betrifft, für eine notwendige Verallgemeinerung sorgen und damit deutlich zugleich machen, welche faktischen Entscheidungskompetenzen mit Führungspositionen der zweiten und dritten Ebene gemeint sind.

14 Bei diesen beiden empirischen Erhebungen stand das Schicksal der genannten Berufsgruppen in ihrer Gänze im Mittelpunkt des Interesses. Die soziale Herkunft der Manager bildete dabei nur einen mehr (Informatiker) oder minder (Juristen) wichtigen Teilaspekt der Befragungen.

Der quantitative Teil bestand aus einer Sekundärauswertung jener Umfragedaten, die die dritte Mannheimer Elite-Untersuchung von 1981 für die Gruppe der Topmanager ergeben hatte.[15] Für die Heranziehung der Mannheimer Daten sprachen vor allem drei wesentliche Gründe: Die Untersuchung bezieht sich erstens ausschließlich auf die wirklichen Spitzenpositionen in der deutschen Wirtschaft. Im Sample waren weder Vertreter der zweiten oder gar dritten Führungsebene vertreten – Vorstandsvorsitzende und deren Stellvertreter bildeten allein schon drei Viertel der Befragten – noch die Leiter mittelständischer Firmen, weil in die Befragung nur die nach Umsatz und Wertschöpfung größten deutschen Industriekonzerne (insg. 121 Firmen), Handelsunternehmen (48 Firmen), Dienstleistungsunternehmen (18 Firmen), Banken (36 Institute) und Versicherungen (20 Gesellschaften) einbezogen wurden (Hoffmann-Lange et al. 1981, 7-1ff.; Hoffmann-Lange 1990, 91ff.).[16]

Zweitens verspricht die Mannheimer Befragung anders als etwa das eher nach Zufallsprinzipien zustande gekommene Forschungssample von Pross / Boetticher (1971) auch ein relativ hohes Maß an Verallgemeinerbarkeit für die Gruppe der Topmanager. Diese dürfte nämlich angesichts der geschilderten Auswahlkriterien mit 688 Personen nicht nur weitgehend komplett erfaßt worden sein, die mit gut 41% relativ hohe Antwortquote und der Vergleich

---

15 Die ursprünglich geplante detaillierte Auswertung der umfangreichen Erhebungen des BIBB und des IAB zur Struktur der Erwerbstätigen von 1979, 1985/86 und 1991 scheiterte daran, daß die Gruppe der leitenden Manager in größeren Unternehmen trotz der Ausweitung des Begriffs größere Unternehmen auf alle Unternehmen mit mehr als 500 Beschäftigten im Sample der Erhebungen bei weitem nicht ausreichend vertreten war, um eine detaillierte Differenzierung zuzulassen. Mit nur 40-80 Personen lag sie insgesamt schon so nahe an der für statistisch gesicherte Aussagen in diesem Fall untersten Grenze von 30 Personen, daß eine Aufgliederung dieser Gruppe nach sozialer Herkunft oder Bildungsabschlüssen oder gar eine Kombination beider Sachverhalte praktisch nicht mehr möglich war. Nur in einem Punkt, bei der Frage nach einer "Hauskarriere", wo für das Jahr 1991 zwei Gruppen mit jeweils mehr als 30 Personen gebildet werden konnten, wurde daher eine Auswertung vorgenommen.

16 Die Mannheimer Forschungsgruppe gliedert die Unternehmen (außer Banken) in die "Top-Unternehmen", die "Großunternehmen" und die "Bedeutenden Unternehmen" auf. Zur ersten Gruppe zählen jene 10 Industriekonzerne, die mehr als 15 Mrd. DM Umsatz bzw. mehr als 5 Mrd. DM Wertschöpfung aufweisen, und die 6 größten Versicherungsgesellschaften, zur zweiten jene 74 Industriefirmen, die mindestens 2 Mrd. DM Umsatz oder 500 Mio. DM Wertschöpfung aufweisen, die 30 Handelsunternehmen, die einen Umsatz von über 3 Mrd. DM haben, und 4 Dienstleistungsunternehmen mit mehr als 2 Mrd. DM Umsatz, zur dritten Industriefirmen mit über 1,5 Mrd. DM Umsatz und weitere 36 Handels- und Dienstleistungsunternehmen sowie 14 Versicherungsgesellschaften (Hoffmann-Lange et. al. 1981, 7-1 ff.).

mit den beiden älteren Elite-Studien lassen auch keine "systematischen Verzerrungen" bei den Ergebnissen erkennen (Hoffmann-Lange 1990, 116f., Anhang, 1).[17] Zudem tritt durch die Einengung auf einen gesellschaftlichen Sektor ein Problem nicht auf, das in der Elite-Forschung ansonsten von großer Bedeutung ist. Die Gewichtung ganz unterschiedlicher Bereiche wie Verwaltung, Politik, Militär, Medien etc. entfällt. Zwar findet eine Gewichtung innerhalb des Wirtschaftsbereichs nach den verschiedenen großen Branchen statt, diese ist jedoch ungleich leichter durchzuführen als eine, die sich mit so unterschiedlichen Gruppen wie den "Eliten" aus dem Staatsapparat, den Gewerkschaften, den Massenmedien oder dem Militär zu befassen hat. Die Gefahr relativ "willkürlicher" oder zumindest nicht klar objektivierbarer Schwerpunktsetzungen, die bei umfassenden Elite-Studien immer existiert (Hoffmann-Lange 1990, 90f.), kann so (bis auf einen kleinen Rest) ausgeschlossen werden.

Drittens schließlich, und das ist der wichtigste Punkt, ist die Mannheimer Erhebung die mit Abstand jüngste von allen Untersuchungen. Zwischen ihr und den anderen liegt ein ganzes Jahrzehnt oder mehr. In puncto Aussagekraft ist das entscheidend; denn während es auch ohne nähere Betrachtung schon sehr fraglich ist, ob sich Ergebnisse aus den späten 60ern oder gar aus den 50er Jahren noch für eine Analyse der heutigen Situation eignen, kann man diese Frage für die Resultate der Mannheimer Umfrage m.E. eindeutig positiv beantworten. Dafür sprechen vor allem zwei Gründe: Zum einen wird die große Mehrzahl der Spitzenpositionen in der Wirtschaft bisher noch von den Geburtsjahrgängen 1930-1940 besetzt.[18] Es dominieren in den Vorstandsetagen der deutschen Großunternehmen – vor allem unter den Vorstandsvorsitzenden – zur Zeit noch die 55-65jährigen, ein Resultat der gerade in den Großkonzernen gepflegten Kontinuität in den Führungsebenen. Diese Altersgruppe machte in der Mannheimer Untersuchung aber nicht nur schon über ein Drittel der antwortenden Topmanager aus, sie unterschied sich zudem von den älteren Jahrgängen in Hinblick auf ihre Ausbildung und ihre soziale Herkunft – in der entscheidenden Frage der sozialen Rekrutierung weichen die Werte für die Jahrgänge 1930-1940 nur um Promille von denen für die Gesamtheit der Spitzenmanager ab – auch so gut wie gar nicht. Das

---

17 Der Prozentsatz liegt zwar niedriger als bei den anderen befragten Elitegruppen - der Gesamtdurchschnitt beträgt 55% -, ist aber fast identisch mit den Umfragen von 1972 (41,8%) und 1968 (40,6%) (Hoffmann-Lange 1990, Anhang, 1).

18 Seit Mitte der 90er findet allerdings so etwas wie ein Generationswechsel in vielen Vorstandsetagen statt. Ob sich dadurch allmählich auch die soziale Zusammensetzung der deutschen Topmanager ändern wird, bleibt in weiteren Untersuchungen zu klären.

bestätigt auch die jüngste Untersuchung über deutsche Topmanager, die 1990 von Bauer und Bertin-Mourot im Auftrag von Heidrick & Struggles, einer der weltweit führenden Personalberatungsfirmen, durchgeführte Erhebung über die Karrierewege und die Ausbildungsabschlüsse der Vorstandsvorsitzenden der 200 größten deutschen und französischen Unternehmen. In puncto Ausbildung – die soziale Herkunft der Vorstandsvorsitzenden haben sie nicht ermittelt – kommen Bauer und Bertin-Mourot bei diesen überwiegend zwischen 1930 und 1940 geborenen Spitzenmanagern nämlich zu praktisch identischen Werten wie die Mannheimer Befragung bei der Gesamtheit der von ihr erfaßten Topmanager. Sowohl in der Frage nach einem abgeschlossenen Studium als auch in der nach einer abgeschlossenen Lehre sind die Differenzen mit max. 2% minimal (Bauer / Bertin-Mourot 1990, 44ff.).

Die sehr geringen Unterschiede zwischen den Jahrgängen, die vor 1930, und denen, die zwischen 1930 und 1940 geboren sind, resultieren – und das ist der zweite Punkt –, zumindest soweit es die Bildungsabschlüsse betrifft, zu einem hohen Prozentsatz aus der Tatsache, daß all diese Jahrgänge ihre Ausbildung noch vor der enormen Expansion des bundesdeutschen Bildungssystems in den 60ern abgeschlossen haben, von den dadurch ausgelösten Veränderungen also noch relativ unbeeinflußt geblieben ist. Wie stark die Ausweitung des Bildungssystems die Bildungschancen der Geburtsjahrgänge ab 1940 verändert hat, zeigen die folgenden Angaben: Während der Anteil der Gymnasiasten unter den 18jährigen männlichen Jugendlichen von 1952-1957 nur von 6,6% auf 7,2% gestiegen war, die Bedingungen für die Vorkriegsjahrgänge also relativ gleichbleibend waren, nahm er ab Ende der 50er Jahre schnell zu. Schon 1961 lag der Anteil bei 11,6%, um dann bis 1975 auf 16,2% zu klettern (Köhler 1978, 181). Bei den männlichen Studenten erfolgte der Wandel folgerichtig einige Jahre später. So erhöhte sich ihr Anteil unter den 22jährigen in den 50er Jahren nur von 3,6% auf 4,8%, nahm dann aber bis 1966 schon auf 7,2% zu und lag 1975 schließlich bei 11,6% (Köhler 1978, 182).[19] Die rapide Veränderung betraf auch in diesem Fall erst die Jahrgänge ab 1940. Insgesamt betrachtet verspricht eine Auswertung der Mannheimer Daten daher ein weitgehend repräsentatives Bild über die soziale Rekrutierung wie auch die Bildungsabschlüsse jener Generation deutscher

---

19 Die Zahlen beziehen sich auf die Studenten an den wissenschaftlichen Hochschulen. Die Studentinnen, bei denen der Anstieg noch wesentlich stärker war, blieben ebenso außen vor wie die Absolventen der Pädagogischen Hochschulen und der Fachhochschulen, weil sie bei der Besetzung von Positionen im Topmanagement keine oder nur eine sehr geringe Rolle spielen.

Topmanager, die bis heute die Vorstandsetagen der deutschen Großunternehmen dominiert und mehrheitlich im weiteren Verlauf der 90er Jahre in den Ruhestand geht.

Um das Ausmaß an Repräsentativität zu erhöhen, ist das Sample der Mannheimer Untersuchung für die vorliegende Studie allerdings um ein knappes Viertel verringert worden. Herausgenommen wurden alle Angaben über Positionen, deren Besetzung in starkem Maße von politischen Erwägungen bestimmt war, d.h. von den Parteien oder den Gewerkschaften stark beeinflußt wurde, weil die Besetzung in solchen Fällen anhand von Kriterien erfolgte, die für die Auswahl von Topmanagern im allgemeinen untypisch sind. Dies betrifft alle Positionen in staatlichen oder gewerkschaftlichen Unternehmen, also die Bundesbank, die Landeszentralbanken, die Landesbanken, die Bundesbahn, die Bundespost und die öffentlichen Energieversorgungsunternehmen für den staatlichen Bereich sowie Firmen wie die Bank für Gemeinwirtschaft, die Neue Heimat, Coop oder die Volksfürsorge für den gewerkschaftlichen Sektor. Dadurch reduziert sich die Anzahl der antwortenden Personen auf 198, die Ausschöpfungsquote bleibt aber weitgehend stabil. Es findet nur ein ganz leichter Rückgang um 2% statt, der sich im wesentlichen aus dem größeren Gewicht erklärt, das die Industrieunternehmen durch den Ausschluß der Landes- und Landeszentralbanken (über die Hälfte der Bankinstitute des ursprünglichen Samples) und der öffentlichen Energieversorger (18 Unternehmen) im verbleibenden Forschungssample bekommen, denn sie drücken durch ihre mit nur knapp 32% deutlich unterdurchschnittliche Ausschöpfungsquote auch den Gesamtwert nach unten. Der kleine Nachteil, den das geringfügige Sinken der Antwortrate für die allgemeine Repräsentativität der Daten mit sich bringt, muß in Kauf genommen werden; denn nur so lassen sich Verzerrungen des Bildes vermeiden, die im Hinblick auf die soziale Rekrutierung von Topmanagern durch die Einbeziehung von Personen entstehen (können), die ihre Berufung in Spitzenpositionen nicht den Erwägungen des bundesdeutschen Kapitals verdanken, sondern Parteien und Gewerkschaften mit ihren doch anderen Entscheidungskriterien. Die Verringerung des Forschungssamples führt daher trotz des leichten Rückgangs der Ausschöpfungsquote zu einer erhöhten Aussagekraft der Daten, soweit es die hier interessierende Frage der sozialen Herkunft von Topmanagern betrifft.

Parallel zur Beschaffung und Auswertung der Daten aus der Mannheimer Elite-Befragung führte der Verfasser teilstrukturierte Intensivinterviews mit 51 Gesprächspartnern über die Auswahlkriterien und -mechanismen bei der

Besetzung von Spitzenpositionen in deutschen Großunternehmen durch. 24 der Interviewpartner, also knapp die Hälfte, kamen aus bekannten Großunternehmen. Sie waren dort als Vorstandsmitglied, Personalchef oder, was in den meisten Fällen zutraf, als leitende Angestellte (überwiegend im Range eines Bereichsleiters) in sehr kleinen, dem jeweiligen Vorstandsvorsitzenden unmittelbar unterstellten und ausschließlich für die Rekrutierung und Betreuung der oberen Führungskräfte zuständigen Stabsabteilungen tätig. Was die Unternehmen betrifft, so waren in die Untersuchung nur führende Großkonzerne der verschiedenen Wirtschaftssektoren, d.h. jeweils zwei der drei größten Firmen aus den Bereichen Automobilbau, Chemie- und Elektroindustrie sowie Bankgewerbe und Versicherungswirtschaft, jeweils eines der drei größten Unternehmen aus den sechs Sektoren Bauwirtschaft, elektronische Datenverarbeitung, Energie und Rohstoffe, Konsumgüter, Maschinenbau und Metalle sowie Medien und noch zwei der zehn größten Handelsunternehmen einbezogen. Die Bereiche Auto-, Chemie- und Elektroindustrie sowie die Bank- und Versicherungswirtschaft sind mit jeweils zwei führenden Konzernen vertreten, weil diese aufgrund ihrer großen Bedeutung für die deutsche Wirtschaft und ihrer enormen Finanzkraft einen überdurchschnittlich großen Einfluß innerhalb des gesamten deutschen Kapitals besitzen, Topmanager aus ihren Reihen daher einen besonders großen Einfluß auf die wirtschaftliche wie auch politische Entwicklung des Landes auszuüben ver mögen.

Die übrigen 27 Gesprächspartner repräsentierten die zehn in der Bundesrepublik umsatzstärksten Personalberatungsfirmen. Dabei handelt es sich in der großen Mehrzahl um international tätige Gesellschaften, die wie große Anwaltskanzleien nach dem Prinzip gleichberechtigter Partnerschaft organisiert und in allen wichtigen Industrieländern vertreten sind. Ihr Umsatz in Deutschland bewegt sich zwischen gut 10 und über 30 Mio. DM pro Jahr. Die Anzahl der Mitarbeiter reicht von 20 bis fast 100, die der Berater von 9 bis 21. Interviewt worden sind knapp 25% dieser Personalberater, von den Topberatern mit langjähriger Berufserfahrung (z.T. seit fast 20 Jahren), die die große Masse der wirklichen Topmanagement-Besetzungen unter sich aufteilen, sogar ca. die Hälfte.

Die ungefähr gleichgewichtige Verteilung der Interviews auf (aus Sicht der Großunternehmen) interne Personalmanager und externe Personalberater hat einen wesentlichen Grund. Es soll dadurch gewährleistet werden, daß die zumindest in Teilen unterschiedlichen Sichtweisen interner und externer Berater gleichermaßen zur Geltung kommen. Während die Personalmanager nämlich vielfach einen genaueren Einblick in die unternehmensinternen Karrierepfade und Auswahlprinzipien haben, beispielsweise die bürokratischen Aspekte solcher Prozesse, verfügen die in den großen Personalberatungsfirmen tätigen "Headhunter" in der Regel sowohl über einen größeren Überblick (auch über die Branchengrenzen hinweg) als auch über einen schärferen Blick für die ungeschriebenen Regeln in den Unternehmen und die Schwächen und Unzulänglichkeiten der unternehmensinternen Auswahlprozeduren, weil sie z.T. ja gerade aus dem Grunde eingeschaltet werden, daß die traditionellen internen Mechanismen den Anforderungen nicht mehr genügen.

Was die Vorgehensweise bei den Interviews angeht, so ist das teilstrukturierte Experteninterview (Hopf 1991, 177) gewählt worden, weil eine vollkommen strukturierte, mit vorgegebenen Antwortmöglichkeiten operierende Interviewtechnik einerseits aufgrund der vielfältigen und bislang kaum untersuchten Forschungsthematik eine Einengung möglicher Erkenntnisse durch eigene Vorgaben erwarten ließ und andererseits mit einer geringeren Akzeptanz seitens der Gesprächspartner gerechnet werden mußte. Diese sind schließlich sämtlich "Profis" auf dem Gebiet der Interviewtechnik und kennen somit die Nachteile eines zu sehr strukturierten Vorgehens aus ihrer eigenen Erfahrung, gerade wenn es sich um komplizierte und z.T. auch schwer faßbare Sachverhalte handelt.

2. Soziale Herkunft und Bildungsabschlüsse deutscher Topmanager

Vergleicht man die Ergebnisse, die eine ganze Reihe von sozialwissenschaftlichen Studien in den späten 60er und den 70er Jahren über die soziale Herkunft und die Ausbildung der französischen, britischen und US-amerikanischen Topmanager präsentiert haben (Bourdieu / de Saint Martin 1978; Bourdieu / Boltanski / de Saint Martin 1981; Domhoff 1967; Giddens / Stanworth 1978; Hall / de Bettignies 1968, 1969; Hall / de Bettignies / Amado-Fischgrund 1969; Hall / Amado-Fischgrund 1969; Marceau 1977; Mills 1962; Stanworth / Giddens 1974a, b; Whitley 1974), mit denen, die zur gleichen Zeit über deutsche Spitzenmanager veröffentlicht worden sind, so zeigt sich vor allem ein wesentlicher Unterschied: Obwohl die deutschen Führungskräfte in dieser Zeit ein vergleichbar hohes Ausbildungsniveau wie die anderen drei Gruppen von Spitzenmanagern aufwiesen, war ihre soziale Rekrutierung weit weniger exklusiv. Während die Erhebungen in den USA, Großbritannien und vor allem Frankreich zu dem Resultat kommen, daß zwischen 60 und 85% der Topmanager, bei den Vorstandsmitgliedern französischer Großkonzerne sogar über 90% aus den Familien von größeren Unternehmern, leitenden Angestellten, akademischen Freiberuflern und höheren Beamten stammen, werden für dieses ausgesprochen gehobene Rekrutierungsmilieu in den deutschen Untersuchungen über Topmanager nur Werte von 40% bis etwas über 50%[1] ermittelt. Der Nachwuchs aus den sog. „besseren Kreisen" der Gesellschaft besetzte damals in der Bundesrepublik höchstens die Hälfte aller Spitzenpositionen in der Wirtschaft, in den anderen drei Ländern waren es dagegen zwei Drittel bis vier Fünftel.

---

1 Zapf (1965a, b), der in seinen Untersuchungen über Topmanager als einziger Prozentsätze nennt, die in ähnlicher Höhe liegen wie die in Frankreich, Großbritannien oder den USA für diese Gruppe ermittelten Werte, bleibt aufgrund seines kleinen Samples an dieser Stelle unberücksichtigt.

Angesichts dieser doch erheblichen Differenz stellt sich eine entscheidende Frage: Läßt die Differenz auf eine allgemein größere soziale Durchlässigkeit in den Führungsetagen der deutschen Großunternehmen schließen oder schlagen sich hier nur zeitlich befristete Sonderbedingungen nach der Niederlage des Deutschen Reiches im 2. Weltkrieg nieder? Haben die tiefgreifenden Veränderungen, die infolge der großen Anzahl von Toten gerade unter der männlichen Bevölkerung der Jahrgänge zwischen 1905 und 1925 und des gleichzeitig erfolgten drastischen Niedergangs des ostelbischen Großgrundbesitzes und Adels sowie des preußischen Offizierskorps eingetreten sind, also nur so lange Bedeutung, bis sich die Bevölkerungszahl in den für die Besetzung von Spitzenpositionen wichtigen Jahrgängen wieder normalisiert und die soziale Elite des Landes wieder stabilisiert hat, oder haben sie insoweit auch langfristige Konsequenzen, als sie die soziale Durchlässigkeit der bundesrepublikanischen Gesellschaft bis in die Führungsetagen der großen Konzerne hinein dauerhaft deutlich erhöhen und dadurch eine verglichen mit anderen großen westlichen Industriestaaten beträchtlich größere soziale Öffnung bewirken?

2.1 Die soziale Rekrutierung der in den 90ern abtretenden Generation deutscher Topmanager

Betrachtet man die Resultate, die die Auswertung der Mannheimer Elite-Befragung von 1981 in Hinblick auf die soziale Herkunft deutscher Spitzenmanager erbringt, so läßt sich eines schon auf den ersten Blick klar erkennen: Die in dieser Untersuchung erfaßte Generation deutscher Topmanager stammt zu einem deutlich höheren Prozentsatz aus den Familien von Unternehmern, leitenden Angestellten, akademischen Freiberuflern und höheren Beamten als ihre Vorgängergeneration. Die in den angeführten deutschen Studien aus den 60er und 70er Jahren noch feststellbare erhebliche Differenz zu den in den USA und Großbritannien ermittelten Werten sind weitgehend eingeebnet und der in puncto soziale Rekrutierung weiter existierende Unterschied zur Situation in Frankreich ist zumindest stark vermindert worden (s. Tab. 2.1).

Tab. 2.1: Die soziale Herkunft deutscher Topmanager (in Prozent)

Beruf des Vaters	Banken	Versicherungen	Energie/ Bergbau	Industrie	Handel	Dienstleistungen	Insgesamt[2]
Landwirt (bis 20 ha)	-	-	-	2,7	3,0	-	1,8
Landwirt (20-50 ha)	-	-	-	-	3,0	-	0,5
Landwirt (über 50 ha)	-	4,2	-	1,4	-	-	1,5
Akademischer Freiberufler	-	4,2	5,9	5,4	3,0	-	3,1
Selbständiger Unternehmer (bis 10 Beschäftigte)	11,5	8,4	5,9	8,0	9,1	11,1	8,8
Selbständiger Unternehmer (10 und mehr Beschäftigte)	7,7	12,5	17,7	21,5	33,3	22,2	21,9
Beamter (einfacher/mittlerer Dienst)	7,7	4,2	11,8	8,0	6,1	11,1	7,5
Beamter (gehobener Dienst)	7,7	16,7	11,8	12,2	6,1	11,1	10,5
Beamter (höherer Dienst)	19,2	12,5	23,5	13,5	18,2	22,2	16,0
Angestellter (einfacher Ang./ Sachbearbeiter, Meister)	7,7	4,2	5,9	6,7	-	-	5,0
Angestellter (Prokurist/Abteilungsleiter)	15,4	4,2	-	6,8	12,1	-	8,0
Direktor, Geschäftsführer, Vorstandsmitglied	15,4	8,3	5,9	12,2	3,0	11,1	10,2
Arbeiter (inkl. Meister)	7,7	20,7	11,8	2,7	3,0	11,1	5,2
Insgesamt	100,0	100,0	100,0	100,0	100,0	100[3]	100,0

Zählt man die Angaben für größere Unternehmer mit 10 und mehr Beschäftigten, Großbauern mit über 50 ha Besitz, leitende Angestellte vom Abteilungsleiter bis zum Vorstandsmitglied, akademische Freiberufler und höhere Beamte zusammen, kommt man auf 60,7% für das gehobene Bürgertum.

2 Da die Ausschöpfungsraten der einzelnen Sektoren sehr unterschiedlich waren, von nur 32% für die Industrie bis hin zu 61% für den Bereich Energie/Bergbau reichten, sind bei der Gesamtangabe alle einzelnen Branchenwerte so gewichtet worden, als ob die Antwortquote identisch gewesen wäre. Ansonsten hätte es durch die Überrepräsentanz vor allem der Sektoren Energie/Bergbau und Versicherungen (51% Ausschöpfungsquote) Verzerrungen im Gesamtergebnis gegeben. Ein Gesamtergebnis pro Spalte von etwas über 100% ist den notwendigen Auf- und Abrundungen geschuldet. Im Sektor Energie/Bergbau sind die Branchen Energiewirtschaft, Bergbau und Mineralöl zusammengefaßt, im Sektor Industrie die Branchen Chemie, Elektro, Maschinenbau/Stahl, Automobilbau, Nahrungsmittel und Sonstige. Zur Chemie rechnen dabei auch die pharmazeutische und die Kunststoffindustrie, zu Elektro die Hausgeräte-, die Elektronik- und Teile der Autozulieferindustrie sowie der Telefonbau, zu Maschinenbau/Stahl alle mit Metallerzeugung und Maschinen- wie Anlagenbau befaßten Unternehmen und zum Bereich Sonstiges alle anderen industriellen Branchen außer dem Automobilbau und der Nahrungs- und Genußmittelindustrie.

3 Die Angaben für den Dienstleistungssektor sind nur sehr eingeschränkt zu verwenden, weil die absolute Zahl der Antworten mit 9 außerordentlich niedrig liegt.

Weitere 9,3% entfallen auf größere Bauern (20-50 ha Grundbesitz und Selbständige bzw. Unternehmer mit weniger als 10 Beschäftigten. Beamte des gehobenen Dienstes (Inspektoren, Oberinspektoren, Amtmänner, Volksschullehrer etc.) bilden mit 10,5% ebenfalls eine größere Gruppe. Kleine und mittlere Bauern mit 2,3%, Arbeiter (vom ungelernten Arbeiter bis zum Meister oder Polier) mit 5,2% und einfache sowie mittlere Beamte mit 7,5% vereinigen die geringsten Anteile auf sich.

Bemerkenswert sind dabei die großen Unterschiede zwischen den einzelnen Wirtschaftsbereichen und -branchen. Die eindeutig exklusivste soziale Rekrutierung weist die Elektroindustrie mit einem Anteil von 72,8% für die oberen Kreise der Gesellschaft auf, gefolgt vom Handel mit 69,6%, der Nahrungsmittelindustrie mit 67% und der Industrie insgesamt mit 60,8%. Am anderen Ende der Skala liegen Energie/Bergbau mit 53% und die Versicherungswirtschaft mit sogar nur 46%. Bei den Topmanagern dieser Generation, die aus der Arbeiterschaft stammen, sieht es fast genau umgekehrt aus. Während solche Fälle in den meisten Industriebranchen, vor allem in klassischen wie der Chemie- und Elektroindustrie überhaupt nicht zu beobachten sind, kommt immerhin jede 9. Spitzenmanager im Bereich Energie/Bergbau und sogar jeder 5. in der Versicherungswirtschaft aus diesem Milieu, in jenen beiden Sektoren, die auch die mit Abstand niedrigsten Anteile von Söhnen aus dem etablierten Bürgertum aufweisen. Vor allem der Nachwuchs größerer Unternehmer und leitender Angestellte ist in beiden Bereichen stark unterrepräsentiert. So liegt der Anteil der Söhne leitender Angestellter in der Versicherungswirtschaft nicht einmal halb so hoch wie im Bankgewerbe, und der Sektor Energie/ Bergbau bringt es nicht einmal auf ein Drittel des Wertes, der in der Industrie erreicht wird.

Das Bild wird noch klarer, wenn man innerhalb der einzelnen Berufskategorien weitere Unterteilungen vornimmt. Dann zeigt sich nämlich, daß die Differenzen zwischen den einzelnen Sektoren und Branchen noch größer sind, als die bisherigen Angaben erkennen lassen. Vor allem die Unterschiede zwischen Energie/Bergbau und den Versicherungen auf der einen sowie der Industrie auf der anderen Seite werden dann noch deutlicher; denn während die größeren Unternehmer und die Führungskräfte der 1. Ebene, die unter den Vätern der Topmanager aus der Versicherungswirtschaft zu finden sind, ausnahmslos aus Unternehmen mit weniger als 100 Beschäftigten kommen, ist das bei den Spitzenmanagern aus der Industrie vollkommen anders. Hier haben die Väter, die als größere Unternehmer oder als Mitglieder des Topmanagements tätig waren, zu zwei Dritteln Firmen mit 100 und mehr Beschäftigten geleitet, zu über einem Drittel sogar Unternehmen mit mehr als 500 Beschäftigten. In der Industrie dominiert in dieser Hinsicht also die Herkunft aus Elternhäusern, die auch unter den größeren Unternehmern und den Führungskräften der 1. Ebene zu den oberen 10% gerechnet werden müssen[4], in der Versicherungswirtschaft dagegen die aus dem normalen mittelständischen Milieu[5]. Vergleichbares gilt im übrigen auch bezüglich der relativ kleinen Gruppe der akademischen Freiberufler unter den Vätern. Während es sich bei ihnen, betrachtet man den industriellen Sektor, zu 50% um Anwälte, Architekten oder Ärzte mit 10 und mehr Beschäftigten handelt, also um Großunternehmer nach den Maßstäben dieses Bereichs, sieht die Situation für die Versicherungswirtschaft und Energie/Bergbau ganz anders aus. Akademische Freiberufler mit einer so großen Zahl an Beschäftigten gibt es unter den Vätern der hier tätigen Topmanager überhaupt nicht. Insgesamt steht, was die Väter mit größeren eigenen Firmen oder oberen Managementfunktionen betrifft, die Elektroindustrie einsam an der Spitze. Über 36% der in dieser Branche tätigen Topmanager stammen aus Elternhäusern von Unternehmern mit 100 und mehr Beschäftigten.

Am anderen Ende der sozialen Skala läßt eine genauere Aufgliederung der väterlichen Berufe die bei der gröberen Einteilung in Arbeiter und kleine/mittlere Angestellte schon zu beobachtende Kluft zwischen den Bereichen Industrie auf der einen und Energie/Bergbau sowie Versicherungswirtschaft auf der anderen Seite noch deutlicher erkennen. Während die Väter der wenigen Industriemanager, die aus der Arbeiterschaft kommen, nämlich ausnahmslos, und zwar jeweils zur Hälfte, Vorarbeiter und Meister waren, sieht das in den anderen beiden Sektoren ganz anders aus. Aus den Familien von Meistern oder Polieren stammt hier niemand. Es dominieren vielmehr angelernte und Facharbeiter. Ähnliches gilt auch für die Berufsgruppen der einfachen und mittleren Angestellten. Besteht unter den Vätern der Industriemanager ein Übergewicht der Industriemeister von 60%, so sind die Väter der

4 S. dazu weiter unten die Angaben über die Struktur der Erwerbstätigen aus den Jahren 1933 und 1950.

5 Innerhalb des Finanzsektors ist die Differenz zwischen der Versicherungswirtschaft und dem Bankgewerbe ebenfalls sehr deutlich, auch wenn sie nicht so groß ist wie zwischen der Versicherungswirtschaft und der Industrie. Denn die Topmanager der Banken, deren Väter eine Position auf der 1. Führungsebene bekleideten, sind zu drei Vierteln in Familien groß geworden, die zu den genannten oberen 10% zu rechnen sind. Diese Feststellung trifft allerdings nur auf die Väter mit oberen Managementfunktionen zu. Bei denen mit eigenen Unternehmen existieren zwischen Versicherungswirtschaft und Bankgewerbe keine nennenswerten Unterschiede.

Topmanager aus den Bereichen Energie/Bergbau und Versicherungswirtschaft ohne Ausnahme einfache Angestellte oder normale Sachbearbeiter.

Weiterhin kann man sagen, daß der Nachwuchs aus Selbständigenhaushalten Managementpositionen in Industrie- und Handelsunternehmen bevorzugt. Das dürfte auf die Tatsache zurückzuführen sein, daß die Banken, vor allem aber die Versicherungen, die Energiekonzerne und der Bergbau bis Ende der 80er Jahre in mancher Hinsicht dem öffentlichen Dienst ähnelten. Es fehlte vielfach der in der Industrie und dem Handel übliche Wettbewerbsdruck, weil die Unternehmen staatlichen Wettbewerbseinschränkungen unterlagen oder es einzelne Großkonzerne die ganze Branche derart dominierten, daß von Konkurrenz nur noch in einem sehr eingeschränkten Sinne die Rede sein konnte[6]. Unternehmerisches Denken und Handeln war (und ist trotz aller Veränderungen in den letzten Jahren zu einem erheblichen Teil auch immer noch) in Industrie und Handel daher stärker gefragt als im Finanz- und Energiesektor.

Die Gemeinsamkeiten zwischen den Banken und den drei anderen Sektoren sind damit allerdings auch erschöpft. Wie die Tatsache, daß in den Großbanken in Hinblick auf die Managerväter der Anteil der leitenden Angestellten zweieinhalb- bzw. fünfmal so hoch liegt wie in den beiden anderen Branchen, zeigt, liegen die Banken in puncto soziale Öffnung deutlich näher an den Industrie- und Handelskonzernen als an den Versicherungsgesellschaften und auch den Energie- und Bergbauunternehmen. In ihren obersten Führungsetagen sind zwar sehr viel weniger Unternehmerkinder vertreten als in Industrie und Handel, dafür liegen sie beim Nachwuchs aus den Familien höherer Beamter und (noch stärker) leitender Angestellter aber weit in Front. Die zentrale Stellung, die die Großbanken in der deutschen Wirtschaft seit der Gründerzeit innehaben, und das damit verbundene hohe Renommee der führenden Institute bestimmt ganz offensichtlich die Rekrutierungspraxis. Kinder aus den Mittelschichten oder gar aus der Arbeiterschaft haben hier bislang beträchtlich geringere Chancen gehabt, ins Topmanagement zu ge-

6 Die internationale Konkurrenz bleibt bei dieser Aussage weitgehend ausgeklammert, da sie zum Zeitpunkt der Erhebung noch keine große Rolle spielte und bis auf die Banken auch bis heute nicht spielt. Für die Versicherungswirtschaft und z.T. auch für die Energiewirtschaft hat sich die Situation seit der Schaffung des europäischen Binnenmarktes allerdings geändert. Hier ist für die Zukunft mit einem erhöhten Wettbewerbsdruck durch die ausländische Konkurrenz zu rechnen. Dieser Prozeß befindet sich allerdings erst in den Anfängen.

langen, als in den im Ansehen deutlich hinter den Banken zurückliegenden Versicherungsgesellschaften[7].

Generell gilt, daß der Nachwuchs aus den Kreisen des etablierten Bürgertums unter den Topmanagern um so zahlreicher vertreten ist, je stärker die folgenden drei Voraussetzungen gegeben sind: Klassisches deutsches Großunternehmen mit jahrzehntelanger Tradition, zentrale Bedeutung des Unternehmens für die Gesamtwirtschaft und Zugehörigkeit oder Nähe zur Industrie. In den großen Elektro- und Chemiekonzernen ist die soziale Rekrutierung daher exklusiver als etwa in den Maschinenunternehmen, in den Großbanken exklusiver als in den Versicherungsgesellschaften und in den Handelshäusern, die Investitionsgüter vertreiben, exklusiver als in den großen Einzelhandelsunternehmen[8].

Ungeachtet der daraus resultierenden Unterschiede zwischen einzelnen Wirtschaftsbereichen, -branchen und -unternehmen läßt sich aber ganz allgemein eines eindeutig feststellen: Die Generation von Topmanagern der deutschen Wirtschaft, die die letzten zwei Jahrzehnte die Chefetagen der großen Konzerne dominiert hat und jetzt allmählich abtritt, stammt zu einem erheblich größeren Teil aus den oberen Kreisen der Gesellschaft als die meisten anderen Elitegruppen ihrer Alterskohorte. So liegt der bei der Mannheimer Erhebung für die gesamte "Elite" ermittelte Prozentsatz für eine solche exklusive Rekrutierung mit 46% doch wesentlich niedriger als bei den Spitzenmanagern mit über 60%. Diese enorme Differenz ist in erster Linie auf den mit 21,9% zu 8,3% außerordentlich großen Vorsprung bei der Herkunft aus den Familien größerer Selbständiger zurückzuführen. Damit war auch zu rechnen, obwohl das Ausmaß des Unterschiedes doch erstaunt. Überraschender ist aber, daß die Manager selbst bei Herkunftsgruppen wie den höheren Beamten überdurchschnittliche Werte aufweisen, wenn die Differenz auch klein ist (Wildenmann et al. 1982, 253f.). Die aus der Arbeiterschaft

---

7 Die großen Rückversicherer, wie die Münchener und die Kölnische Rückversicherung, konzentrieren zwar ebenso wie die führenden Versicherungskonzerne eine enorme Finanzkraft in ihren Unternehmen, vom Status her sind sie den Banken aber unterlegen, obwohl die großen Rückversicherer und die der Industrie traditionell eng verbundenen Großkonzerne Allianz, Colonia oder Gerling sicherlich innerhalb der Versicherungsbranche im Renommee klar vor den meisten Konkurrenten liegen (Borscheid 1990).

8 Die hohen Prozentsätze für die Kinder aus den Familien größerer Unternehmer, leitender Angestellter und höherer Beamten haben eine wesentliche Ursache darin, daß von den in die Untersuchung einbezogenen Handelsunternehmen ungefähr die Hälfte mit Investitionsgütern wie Stahl oder Chemikalien handelt und/oder zu großen Industriekonzernen gehört.

stammenden Angehörigen der gesellschaftlichen Elite sind unter ihnen dagegen nicht einmal halb so stark vertreten wie in den anderen Elitegruppen. Untergliedert man diese anderen in einzelne Sektoren, zeigt sich, daß nur die Spitzen von Verwaltung und Militär sowie die Wissenschaftselite mit den Topmanagern annähernd gleichauf liegen (Hoffmann-Lange 1990, Anhang, 3). Die Vorstandsvorsitzenden der deutschen Großunternehmen stellen in dieser Generation die Elitegruppe mit dem gehobensten Herkunftsmilieu dar.

Welches Maß an Exklusivität dieses Milieu aufweist, wird aber erst richtig deutlich, wenn man sich den Anteil der größeren Unternehmer, leitenden Angestellten, akademischen Freiberufler und höheren Beamten an der Gesamtzahl der Erwerbstätigen im Zeitraum zwischen 1930 und 1950 anschaut, statt die heutige Struktur der Erwerbstätigen zum Vergleich heranzuziehen, wie es in der Regel gemacht wird; denn da die befragten Topmanager zu fast 90% zwischen 1920 und 1940 geboren sind und sie den Beruf ihres Vaters in ihrer Jugend (15 Jahre) angeben sollten, liegt der maßgebliche Bezugszeitpunkt zwischen dem Ende der Weimarer Republik und den Anfängen der Bundesrepublik.

Wie wichtig es ist, diesen Zeitraum und nicht die heutige Situation als Maßstab für die Exklusivität der sozialen Herkunft heranzuziehen, verdeutlichen einige Beispiele dabei schon auf den ersten Blick. Während es 1933 ganze 2.865 Universitätsprofessoren in Deutschland gab, waren es in der alten Bundesrepublik 1987 trotz einer um 15% niedrigeren Erwerbstätigenzahl über 32.000. Bei den höheren Beamten in ihrer Gesamtheit sieht es ähnlich aus. Ihr Anteil hat sich seit 1933 fast versechsfacht. Nimmt man noch die akademischen Freiberufler hinzu, bei denen sich die Anzahl der Rechtsanwälte im genannten Zeitraum von knapp 18.000 auf über 52.000 fast verdreifacht und die der Ärzte von knapp 37.000 auf gut 70.000 fast verdoppelt hat, und berücksichtigt, daß die Zahlen von 1950 denen von 1933 sehr ähneln[9], so wird klar, warum man nicht die Situation Ende der 80er Jahre zum Vergleich nehmen darf. Ein Studienrat oder Professor besaß damals ebenso wie der untere Teil der akademischen Freiberufler und der leitenden Angestellten eine im Status viel stärker herausgehobene Position in der Gesellschaft. Die

9 Die Angaben für 1933 entstammen verschiedenen statistischen Jahrbüchern für das deutsche Reich aus den 30er Jahren, die sich sämtlich auf die Volks- und Berufszählung von 1933 beziehen. Zu den Angaben für die Bundesrepublik s. Hartmann 1990b, Statistisches Bundesamt 1954, 122ff.; 1989, 120f.

Herkunft aus solch einem Elternhaus bedeutete dementsprechend auch einen deutlich höheren Status, als dies heute der Fall ist.

Aus welch zahlenmäßig kleinen und damit exklusiven Kreisen die allmählich abtretende Generation deutscher Topmanager mehrheitlich stammt, zeigen die folgenden Angaben über die Struktur der deutschen Erwerbstätigen für die Jahre 1933 und 1950 detailliert (s. Tab. 2.2):

Tab. 2.2: Die soziale Zusammensetzung der deutschen Erwerbstätigen (ohne mithelfende Familienangehörige) in den Jahren 1933 und 1950

	1933	1950	
Landwirte	8,2	6,4	
davon			
mit unter 20 ha (unter 10 ha 1950)	6,9	4,1	
mit 20-50 ha (10-30 ha 1950)	1,0	1,8	
mit mehr als 50 ha (mehr als 30 ha 1950)	0,3	0,5	
Selbständige (außerhalb der Landwirtschaft)	11,3	10,9	
davon			
mit weniger als 10 Beschäftigten (ohne ak. Freiberufler)	10,5	9,6	
mit 10-49 Beschäftigten	0,4	0,6	
mit 50 und mehr Beschäftigten	0,1	0,1	
akademische Freiberufler	0,3	0,6	
Beamte	5,5	4,5	
davon			
im einfachen und mittleren Dienst	3,1	2,5	
im gehobenen Dienst	1,8	1,5	
im höheren Dienst	0,6	0,5	
Angestellte	15,0	18,5	
davon			
untere und mittlere	14,5	17,4	
höhere (Prokuristen, Abteilungsleiter etc.)	0,3		
Direktoren, Geschäftsführer, Vorstandsmitglieder	0,2	1,1	*
Arbeiter (inkl. Hausgehilfen)	60,0	59,7	
Insgesamt	100	100	

(Zahlenangaben in Prozent) [10] *(inkl. höhere Ang.)

10 Die Prozentsätze sind anhand von Zahlenangaben aus folgenden Quellen berechnet worden: Statistische Jahrbücher für das Deutsche Reich 1933, 1934, 1935, 1936, 1938 und 1941/42, Berufszählung vom 16. Juni 1933 und Statistisches Jahrbuch für die Bundesrepublik Deutschland 1954. Bei den Zahlen aus der Volks- und Berufszählung 1950 (Statistisches Jahrbuch 1954) mußten die Werte bis auf die akademischen Freiberufler nur umgerechnet werden, weil die mithelfenden Familienangehörigen und die sog. "selbständigen Berufslosen", unter die von den Rentiers über die Pensionäre und Rentner bis zu Sozialhilfeempfängern und Anstaltsinsassen alle nicht im Erwerbsleben stehenden Personen gezählt wurden, ausgeklammert worden sind. Bei den Angaben für 1933, die auf

Über 60% der überwiegend im Verlauf der 90er Jahre in den Ruhestand gehenden Spitzenmanager kommen aus Elternhäusern, die zu den oberen 2-3% der Gesellschaft ihrer Zeit zählten, also die Spitze der sozialen Pyramide des damaligen Deutschen Reiches bildeten. Noch vergleichsweise wenig überrepräsentiert unter den Vätern sind dabei die Großgrundbesitzer bzw. Großbauern mit über 50 ha Grundbesitz und die akademischen Freiberufler wie

---

der Volks- und Berufszählung dieses Jahres beruhen, konnte dagegen auf keine Aufgliederung der "sozialen Stellung" zurückgegriffen werden, die über die grobe Kategorisierung in Selbständige, mithelfende Familienangehörige, Beamte, kaufmännische und technische Angestellte sowie Arbeiter in nennenswertem Maße hinausgeht. Die Prozentwerte für die einzelnen Gruppen der Landwirte, Selbständigen, Beamten und Angestellten mußten deshalb aus anderen Tabellen herausgezogen und berechnet werden. Bei den Landwirten ist das ebenso wie bei den Selbständigen anhand der Betriebsgrößenklassen gemacht worden, indem die Zahl der größeren Betriebe mit der Zahl der größeren Landwirte und Unternehmer gleichgesetzt wurden. In der Landwirtschaft ist das weitgehend unproblematisch, weil die Betriebe in der Regel nur einen Eigentümer haben und die Nebenerwerbslandwirte relativ einfach herausgerechnet werden können, indem man die über die Zahl der selbständigen Landwirte hinausgehende Zahl an Betrieben unberücksichtigt läßt. Die Anzahl der mittleren und großen Bauernhöfe und Güter wächst dadurch prozentual, weil die herausfallenden Betriebe von den Kleinbetrieben abgezogen werden müssen. Für die anderen Gewerbebetriebe ist das nicht so einfach, weil es hier zum einen mehrere Eigentümer geben kann und die über die Anzahl der Selbständigen hinausgehende Zahl an Betrieben nicht auf Nebenerwerb, sondern vor allem auf die Existenz mehrerer Betriebe in einem Unternehmen oder Konzern zurückzuführen ist. Da sich das anhand der Statistiken nicht exakt ermitteln läßt, ist bei den größeren Betrieben davon ausgegangen worden, daß ihre Anzahl in etwa derjenigen der Besitzer entspricht. Diese Zahl ist dann prozentual auf die Zahl der Selbständigen bezogen worden, so daß die Anzahl der kleinen Selbständigen geringer ausfällt als die der kleinen Betriebe. Angesichts der sehr niedrigen Prozentsätze für die größeren Betriebe schien mir ein solches Verfahren gerechtfertigt zu sein, da eventuelle Fehler im Bereich von einem Zehntel Promille liegen dürften. Die Angaben für die leitenden Angestellten sind mit etwas Vorsicht zu betrachten, da sie in den Statistiken der damaligen Zeit durchweg den Selbständigen zugeschlagen wurden und nur selten, wie etwa in der Berufszählung von 1933, gesondert und mit erheblichen Vorbehalten (bei der Volkszählung von 1939 hat man das wegen methodischer Probleme nicht mehr gemacht) ausgewiesen wurden. Die höheren Angestellten und die akademischen Freiberufler sind anhand der Berufsstatistik ermittelt worden. Bei den Freiberuflern ist das weitgehend unproblematisch, bei den Angestellten vermutlich weniger genau. Fehler dürften aber auch nur in einem Bereich von max. 2 Promille liegen, wie Angaben an anderer Stelle (Speier 1977, 60) zeigen. Außerdem dürften zu geringe Werte für die leitenden Angestellten durch zu hohe für die größeren Unternehmer (Nichtberücksichtigung der Aktiengesellschaften in breitem Besitz als Eigentümer bei der Zahl der größeren Betriebe) ausgeglichen werden. Bei den Beamten schließlich ist die Aufteilung in die drei Dienstgruppen von den Angaben über die öffentliche Verwaltung auf alle Beamten (incl. Verkehrsbetriebe, Post und Militär) hochgerechnet worden, was angesichts des Übergewichts der Verwaltung und ähnlicher Strukturen bei den Verkehrsbetrieben und der Post allenfalls zu einer geringen Überbewertung des höheren Dienstes geführt haben könnte.

Rechtsanwälte und Ärzte. Ihr Anteil unter den Vätern der Manager übertrifft ihren Anteil an der erwerbstätigen Bevölkerung der Jahre 1930-1950 "nur" um das 5-10fache. Wesentlich krasser sieht es bei den anderen drei Gruppen aus. Die leitenden Angestellten sind um das 20-30fache, die höheren Beamten um mehr als das 30fache und die größeren Selbständigen sogar um das 30-40fache überrepräsentiert. Von einer exklusiven Rekrutierung kann daher ohne jede Einschränkung gesprochen werden, zumal wenn man berücksichtigt, daß die mit 10,5% viertgrößte Gruppe unter den Vätern der Topmanager, die die Beamten des gehobenen Dienstes (zu einem hohen Prozentsatz Volks- und Realschullehrer) umfaßt, ebenfalls noch weit überproportional vertreten ist. Bezieht man sie ebenfalls noch mit ein, stammen fast drei Viertel der in der Mannheimer Erhebung befragten Topmanager aus Haushalten, die nicht einmal 5% der Erwerbstätigen der entsprechenden Zeit umfaßten. Aus der Arbeiterschaft, die zwischen 1930 und 1950 mit 60% die große Mehrheit der erwerbstätigen Bevölkerung stellte, kommen dagegen gerade einmal 5% der Manager.

Der Eindruck einer ausgesprochen exklusiven Rekrutierung bestätigt sich auch, wenn man einen Blick auf die Bildungsabschlüsse der Väter wirft. Mit 22,3% hat fast ein Viertel von ihnen ein Hochschulstudium absolviert. Von allen Erwerbstätigen der Jahre zwischen 1930 und 1950 waren es dagegen gerade einmal 1,5 bis 2%.[11] Die Väter der Spitzenmanager haben also zehn- bis fünfzehnmal häufiger die Universität besucht und erfolgreich abgechlossen als der Durchschnitt der Erwerbstätigen. Bemerkenswert ist dabei, daß auf der einen Seite hohe soziale Stellung und hoher Bildungsabschluß in der Regel eng miteinander verknüpft sind, es auf der anderen Seite jedoch zugleich ganz erhebliche Differenzen zwischen den einzelnen Gruppen innerhalb des gehobenen Bürgertums gibt (s. Tab. 2.3).

---

11 Da eine systematische Erhebung der Bildungsabschlüsse aller Erwerbstätigen erst mit der Volks- und Berufszählung des Jahres 1961 begonnen hat, ist man für den Zeitraum davor auf Angaben aus der Berufsstatistik angewiesen. Daraus errechnet sich für 1933 eine Akademikerquote von ungefähr 1,5% (vgl. auch Windolf 1987, 95). 1950 dürfte der Prozentsatz um ein Drittel höher liegen, da sich die Größe der maßgeblichen Akademikergruppen trotz einiger Veränderungen in den Relationen in ihrer Gesamtheit kaum verändert hat, die Zahl der Erwerbstätigen als Bezugsgröße aber um ein Drittel gesunken ist (Statistisches Reichsamt 1935; Statistisches Bundesamt 1954). Dafür spricht auch, daß die Akademikerquote 1961 bei 2,9% lag (Hegelheimer 1985, 30), also wieder ein gutes Drittel höher (verglichen mit 1950).

Tab. 2.3: Die Bildungsabschlüsse der Managerväter (in Prozent)

Beruf des Vaters	Volks-/Haupt-schul-ab-schluß	Mittlere Reife, Real-schulab-schluß, Fachschul-reife	Fach-hoch-schul-reife	Abitur, Hoch-schul-reife	ohne Ab-schluß	Hochschul-abschluß	
						ja	nein
Landwirt (bis 20 ha)	100,0	-	-	-	-	-	100,0
Landwirt (20-50 ha)	100,0	-	-	-	-	-	100,0
Landwirt (über 50 ha)	-	50,0	-	-	50,0	50,0	50,0
Akademische Freiberufler	-	-	16,7	83,3	-	83,0	17,0
Selbständiger Unternehmer (bis 10 Beschäftigte)	31,3	56,2	-	12,5	-	6,3	93,7
Selbständiger Unternehmer (10 und mehr Beschäftigte)	10,8	32,4	2,7	54,1	-	19,4	80,6
Beamter (einfacher/mittlerer Dienst)	71,4	14,3	-	14,3	-	-	100,0
Beamter (gehobener Dienst)	10,0	50,0	20,0	15,0	5,0	-	100,0
Beamter (höherer Dienst)	6,7	16,7	3,3	73,3	-	58,6	41,4
Angestellter (einfacher Ang., Sachbearbeiter, Meister)	44,4	55,6	-	-	-	-	100,0
Angestellter (Prokurist, Abteilungsleiter)	14,3	57,1	-	28,6	-	7,1	92,9
Direktor, Geschäftsführer, Vorstandsmitglied	22,2	22,2	-	55,6	-	39,0	61,0
Arbeiter (inkl. Meister)	77,0	-	-	23,0	-	7,7	92,3
Insgesamt	26,0	28,6	3,6	40,8	1,0	22,3	77,7

Die enge Verknüpfung von sozialer Stellung und Bildungsabschluß läßt sich unschwer daran ablesen, daß die unteren und mittleren Klassen und Schichten sowohl beim gymnasialen als auch beim Hochschulabschluß deutlich hinter den oberen zurückbleiben. Während zwischen 54% und 83% der größeren Selbständigen, leitenden Angestellten (Durchschnitt 51% unter Einbeziehung der mit nur 28,6% deutlich niedriger liegenden Prokuristen und Abteilungsleiter), akademischen Freiberufler und höheren Beamten das Abitur gemacht haben und zwischen 19,4% und 83% (Durchschnitt 30,5%) auch noch ein anschließendes Studium abgeschlossen haben, trifft das auf weniger als 15% bzw. weniger als 3% der Väter aus der Arbeiterschaft und den Mittelschichten zu. Die Kluft ist, wenn man von den Prokuristen und Abteilungsleitern einmal absieht, sehr groß.

Soweit es das Absolvieren eines Hochschulstudiums betrifft, sind aber auch die Differenzen zwischen den Gruppen der Unternehmer, der leitenden Angestellten, der akademischen Freiberufler und der höheren Beamten enorm. Erwartungsgemäß liegen die akademischen Freiberufler und die höheren Beamten deutlich an der Spitze, der Unterschied zu den leitenden Angestellten und größeren Unternehmern ist aber erstaunlich groß. Besonders die Führungskräfte der 2. Ebene mit 7% Akademikeranteil und die Unternehmer mit 10-100 Beschäftigten mit auch nur knapp 12% liegen doch sehr weit von den anderen Gruppen weg, deren nächstfolgende, die Unternehmer mit mehr als 100 Beschäftigten es immerhin schon auf eine Akademikerquote von knapp 30% bringt. Das Fehlen bildungsbürgerlicher Traditionen und/oder von größerem Reichtum macht sich hier eindeutig negativ bemerkbar.

Richtet man den Blick abschließend wieder auf die einzelnen Wirtschaftssektoren und -branchen, so bietet sich ein etwas anderes Bild als bei der Frage nach der sozialen Herkunft. Zwar liegt die Versicherungswirtschaft wieder im unteren Bereich mit einem Akademikeranteil von unter 18%, der Handel und die Elektroindustrie mit ungefähr 15% rangieren aber noch hinter ihr. Demgegenüber befindet sich der Sektor Energie/Bergbau im oberen Drittel, zusammen mit dem Bankgewerbe und der chemischen Industrie. Die sehr hohen Prozentsätze an Unternehmerkindern in der Elektroindustrie und im Handel und die gleichfalls hohen Werte für den Nachwuchs höherer Beamter und akademischer Freiberufler im Energie- und Bergbaubereich schlagen sich in dieser Hinsicht spürbar nieder. Gerade im Handel und in der Elektroindustrie haben die Unternehmer in der Vätergeneration ihre Unternehmen offenbar vielfach ohne den Besitz akademischer Weihen geführt. Auf der anderen Seite weisen die Energie- und Bergbauunternehmen mit ihren stark bürokratisierten Strukturen offenbar besonders günstige Bedingungen für den Aufstieg von Akademikerkindern auf. Soziale Position und Bildungsabschluß entsprechen sich deshalb in der Vätergeneration zwar im großen und ganzen, im einzelnen aber existieren doch bemerkenswerte Besonderheiten.

Die relativ niedrige Akademikerquote bei den als Unternehmer tätigen Vätern macht sich auch im Vergleich zu den anderen in die Mannheimer Untersuchung einbezogenen Elitegruppen deutlich bemerkbar. Im Unterschied zur sozialen Rekrutierung liegen die Topmanager, was das formale Bildungsniveau ihrer Väter betrifft, im Hinterfeld, nur noch von den Partei- und Gewerkschaftsfunktionären unterboten. Dies gilt für den Abschluß eines

Studiums, wo die Differenz in der Regel um die 50% zugunsten der anderen Gruppen beträgt, wie auch für das Abitur, wo die Unterschiede allerdings nur knapp halb so hoch ausfallen (Wildenmann et al. 1982, 252f.). Bei der Aka demikerquote bleiben die Topmanager sogar selbst bei Einbeziehung der Partei- und Gewerkschaftsfunktionäre um fast 20% unter dem Durchschnitt (bei der Abiturientenrate ziemlich genau auf Durchschnittsniveau), so daß eine Schlußfolgerung naheliegt: Für die Spitzenmanager der Generation, die langsam abgelöst wird, spielt die Herkunft aus einem akademischen Milieu eine geringere Rolle als für die Mitglieder der meisten anderen Elitegruppen ihrer Altersgruppe, die aus Unternehmerfamilien dagegen eine größere, weil die Gewöhnung an unternehmerisches Denken und Handeln von Kindesbeinen an für die Bewältigung ihrer Managementaufgaben wichtiger ist als die mit dem Aufwachsen in einem Akademikerhaushalt verbundene Aufnahme und Verinnerlichung traditioneller bildungsbürgerlicher Werte und Vorstellungen. Kurz gesagt ist intellektuelle Brillanz weniger gefragt als das Gespür für das Geschäft, ein deutlicher Unterschied zur Situation in Frankreich.

2.2 Die Bildungsabschlüsse der "alten" Generation von Spitzenmanagern

Die Priorität unternehmerischen Denkens läßt vermuten, daß die bis heute die Vorstandsetagen deutscher Großunternehmen dominierende Generation von Topmanagern über ein niedrigeres formales Bildungsniveau verfügt als ihre Kollegen in Frankreich oder den Finanzinstituten der Londoner City. Das trifft aber nur teilweise zu. Die Schulbildung bewegt sich auf demselben Niveau wie die der französischen PDGs und oberhalb desjenigen der britischen Bankdirektoren wie auch der anderen britischen und US-amerikanischen Chairmen of the Board und Chief Executive Officers. In puncto Hochschulausbildung liegen die deutschen Spitzenmanager dagegen deutlich hinter den PDGs auf einem Level mit den Topmanagern britischer und US-amerikanischer Großbanken und vor den Industriemanagern dieser beiden Länder. Das formale Bildungsniveau dieser deutschen Spitzenmanager ist im internationalen Vergleich also überdurchschnittlich hoch, erreicht das ihrer französischen Kollegen aber nicht[12].

---

12 Näheres zur Situation in Frankreich, Großbritannien und den USA in Kap. 4

2.2.1 Abitur und Studium

Bei einer näheren Betrachtung zeigt sich erst einmal folgendes Bild. Über 90% der Generation deutscher Topmanager, die derzeit noch die Mehrzahl der Spitzenpositionen bekleidet, verfügen über das Abitur, und über drei Viertel haben auch ein Studium erfolgreich absolviert. Blickt man genauer hin, zeigen sich jedoch interessante Unterschiede zwischen einzelnen Gruppen. Dies betrifft erst einmal die verschiedenen sozialen Milieus, aus denen die Führungskräfte stammen (s. Tab. 2.4)

Tab. 2.4: Die Bildungsabschlüsse deutscher Topmanager nach sozialer Herkunft (in Prozent)

Beruf des Vaters	Volks-, Haupt-schul-abschluß	Mittlere Reife, Real-schulab-schluß, Fach-schulreife	Fach-hoch-schul-reife	Abitur, Hoch-schul-reife	Hochschul-abschluß	
					ja	nein
Landwirt (bis 20 ha)	-	-	-	100,0	100,0	-
Landwirt (20-50 ha)	-	-	-	100,0	100,0	-
Landwirt (über 50 ha)	-	-	-	100,0	100,0	-
Akademischer Freiberufler	-	-	-	100,0	100,0	-
Selbständiger Unternehmer (bis 10 Beschäftigte)	-	18,8	-	81,3	68,8	31,2
Selbständiger Unternehmer (10 und mehr Beschäftigte	-	2,7	-	97,3	73,0	27,0
Beamter (einfacher/mittlerer Dienst	21,4	7,1	-	71,4	57,1	42,9
Beamter (gehobener Dienst)	-	5,0	-	95,0	75,0	25,0
Beamter (höherer Dienst)	-	-	-	100,0	86,7	13,3
Angestellter (einfacher Ang., Sachbearbeiter, Meister)	11,1	-	-	88,9	88,9	11,1
Angestellter (Prokurist, Abteilungsleiter)	-	21,4	-	78,6	78,6	21,4
Direktor, Geschäftsführer, Vorstandsmitglied	-	5,6	-	94,4	88,9	11,1
Arbeiter (inkl. Meister)	-	23,1	7,7	69,2	53,8	46,2
Insgesamt	2,0	7,1	0,5	90,4	76,8	23,2

Auffällig ist zunächst, daß die Topmanager, deren Väter über die im Durchschnitt niedrigsten Bildungsabschlüsse verfügten, ganz offensichtlich sehr unterschiedlich darauf reagiert haben, soweit es ihren eigenen Bildungsweg betrifft. Zwar weisen sie sämtlich ein wesentlich höheres formales Bildungsniveau als ihre Väter auf, die Differenzen bewegen sich aber in einem weiten Spektrum. Während die Söhne von Landwirten aus den sehr niedrigen Bildungsabschlüssen ihrer offensichtlich die Konsequenz gezogen haben, es völlig anders zu machen und ohne jede Ausnahme das Gymnasium und ein Studium abgeschlossen haben, sind die Veränderungen bei den anderen Gruppen weit weniger deutlich. So haben die Söhne einfacher und mittlerer Beamter und von Arbeitern nur zu ca. 70% die Hochschulreife erworben und sogar nur zu gut 50% anschließend ein Studium absolviert. Sie vertrauten – vermutlich aufgrund ihrer Kenntnisse über die internen Strukturen und Aufstiegswege in Großorganisationen – offenbar stärker als die aus ganz anderen sozialen Zusammenhängen stammenden Landwirtssöhne auf die Möglichkeiten einer internen Karriere ohne den Einstieg als Akademiker. Außerdem dürften finanzielle Überlegungen angesichts der Kosten, die ein Studium in den 50er und 60er Jahren verschlang, auch eine nicht unerhebliche Rolle gespielt haben.

Die Kosten sind es sicherlich nicht, die immerhin ein Viertel der Söhne aus den Familien größerer Unternehmer, gerade auch der mit mehr als 100 Beschäftigten, veranlaßt hat, trotz Abitur kein Studium abzuschließen. Diese enorme Differenz dürfte vielmehr entweder in der unmittelbaren Übernahme von Führungsfunktionen im väterlichen Unternehmen oder in der familiären Erfahrung begründet sein, daß universitäre Examen für die Erringung und Ausfüllung von Toppositionen im Management weniger wichtig sind als bestimmte Persönlichkeitsmerkmale[13]. Die Bedeutung, die der unternehmerischen Tradition zukommt, macht sich besonders im Vergleich zu den Kindern höherer Beamter und Angestellter bemerkbar. Sie nahmen nach dem Abitur fast durchweg den Weg an eine Universität. Auffallend ist dabei die Konsequenz, mit der der Nachwuchs von Führungskräften der zweiten und dritten Ebene vorgegangen ist. Jeder, der sein Abitur in der Tasche hatte, ist anschließend auf eine Universität gegangen und hat dort sein Examen gemacht. Gleichermaßen hundertprozentig haben außer den Kindern von Landwirten und (selbstverständlich) akademischen Freiberuflern („Nomen est Omen“) ansonsten nur noch die Söhne einfacher und mittlerer Angestellter gehandelt. Sie scheinen den Mangel an formaler Bildung bei ihren Vätern

13 Dieser Punkt wird in Kap. 3 ausführlich behandelt.

offensichtlich als entscheidendes Handicap für einen Aufstieg in Spitzenpositionen der Wirtschaft angesehen zu haben und haben ihn dementsprechend in ihrer eigenen Entwicklung, falls möglich, behoben. Die Vorstellung, daß das Erreichen des Topmanagements ohne akademische Titel kaum denkbar ist, Bildungsabschluß und Karriere unmittelbar miteinander verknüpft sind, ist bei ihnen sehr stark ausgeprägt, überraschenderweise auch deutlich stärker als bei den Beamtenkindern, denen man eine solche Haltung eher zugetraut hätte.

Generell kann man feststellen, daß eine akademische Familientradition weit weniger Bildungskontinuität bewirkt als allgemein vermutet, denn von den Topmanagern, deren Väter schon über ein Universitätsexamen verfügten, liegen nur die Söhne von akademischen Freiberuflern und Führungskräften der ersten Ebene auch dann in der Spitzengruppe, wenn es um ihren eigenen Bildungsabschluß geht. Die bei den Vätern noch zu dieser Gruppe zählenden größeren Unternehmer und höheren Beamten haben ihre vorderen Positionen dagegen nicht an ihren Nachwuchs weitergeben können. Ihre Söhne sind von den Kindern der Landwirte und Angestellten ein- und überholt worden. Da die Söhne größerer (wie auch kleinerer) Unternehmer unter den Topmanagern dennoch einen hohen Anteil ausmachen, liegt die Vermutung nahe, daß die Weitergabe unternehmerischen Denkens innerhalb der Familie für den Sprung ins Topmanagement zumindest von ebenso großer Bedeutung ist wie die familiäre Pflege und Fortsetzung bildungsbürgerlicher und akademischer Traditionen.

Richtet man den Blick auf die einzelnen Wirtschaftssektoren und -branchen, so zeigt sich ein relativ deutliches Bild. Die Abiturientenquote liegt mit Ausnahme des Handels, wo sie nur gut 80% erreicht, durchweg um die 90%, mit einem leichten Vorsprung der Industrie vor der Versicherungswirtschaft und (vielleicht etwas überraschend) auch dem Bankgewerbe. Hinsichtlich der Hochschulabschlüsse sieht es ganz ähnlich aus. Mit dem Handel, der es "nur" auf eine Akademikerquote von 68% bringt, gibt es wieder einen Ausreißer nach unten, mit dem Bereich Energie/Bergbau, der 90% zu verzeichnen hat, diesmal auch einen nach oben, der Rest pendelt aber durchgängig um die Marke von 78%, mit einem leichten Plus wieder für die Industrie. Die Differenzen im formalen Bildungslevel der Topmanager sind zwischen den einzelnen Wirtschaftssektoren also insgesamt nicht nennenswert. Die einzige Ausnahme bildet der Handel, der ganz offensichtlich unternehmerische Traditionen in der Familie gegenüber hohen Bildungstiteln stärker als alle anderen Branchen favorisiert.

Alles in allem kann man daher sagen, daß unternehmerisches Denken, das durch die Erfahrungen innerhalb der Familie erworben worden ist, die Bedeutung hoher Bildungsabschlüsse und vor allem eines Universitätsexamens für die Besetzung von Spitzenpositionen in der Wirtschaft spürbar zu relativieren vermag, die Anforderungen an das formale Bildungsniveau deutscher Topmanager insgesamt aber nichtsdestotrotz sehr hoch sind, wie auch der Vergleich mit den anderen Elitegruppen zeigt, die bis auf die Verwaltungs- und die Wissenschaftselite ein niedrigeres Bildungslevel aufweisen (Wildenmann et al. 1982, 211f.).

2.2.2 Schwerpunkte in der Studienfachwahl

Was die Wahl einzelner Studiengänge in der jetzt allmählich abtretenden Generation von Topmanagern angeht, bietet sich ein in vielerlei Hinsicht doch eher überraschendes Bild. Generell erstaunt schon, wie eindeutig nur zwei Fächer, Betriebswirtschaft und Jura, die Szenerie beherrschen. Von allen Nennungen[14] entfallen mit 76% über drei Viertel auf sie. Die Naturwissenschaften bringen es demgegenüber gerade auf 10,6% und die Ingenieurwissenschaften sogar nur auf 8,8%.

Daß drei von fünf Bankmanagern mit Universitätsabschluß Jura studiert haben und der Rest bis auf eine einzige Ausnahme Wirtschaftswissenschaften, war angesichts der traditionellen Dominanz der Juristen in diesem Sektor zu erwarten (Hartmann 1989, 1990). Daß sich im Handel die Topmanager im Verhältnis 3:1 auf die beiden Fächer Wirtschafts- und Rechtswissenschaften verteilen, ist auch nicht sonderlich überraschend. Daß mit 28% aber nur ein gutes Viertel der Industriemanager mit Examen einen natur- oder ingenieurwissenschaftlichen Studiengang gewählt hat, fast drei Viertel dagegen Wirtschaftswissenschaften (42%) und Jura (27%), Absolventen des rechts-

14 Weil bei der Frage nach dem Schwerpunkt des Hochschulstudiums Doppelnennungen möglich waren, übertrifft die Anzahl der Nennungen mit 183 die der Universitätsabsolventen (152) um gut 20%. Bei allen folgenden Prozentangaben ist das zu berücksichtigen. Eine genaue Zuordnung der Studienfächer und damit eine Behebung dieses Schwachpunkts war leider nicht möglich. Da Kombinationen von Jura und Ingenieur- oder Naturwissenschaften aber wohl nur sehr selten vorkommen dürften, solche von natur- und ingenieurwissenschaftlichen Studiengängen und vor allem von Betriebswirtschaft mit allen drei anderen aber durchaus, dürfte der Anteil der Betriebswirtschaft in Relation zu den anderen Fächern am ehesten etwas überhöht sein, der von Jura wohl am genauesten der Realität entsprechen. Die Differenzen sind allerdings so gering, daß sie die Aussagekraft der Angaben nicht in Frage stellen.

wissenschaftlichen Studiums also fast genauso stark unter ihnen vertreten sind wie Naturwissenschaftler und Ingenieure, Betriebs- und Volkswirte sogar deutlich stärker, das ist schon erstaunlich. Größere Anteile können die Naturwissenschaftler und Ingenieure einzig in den zwei Branchen erringen, in denen Großkonzerne mit jahrzehntelanger Tradition, hohen wissenschaftlichen Anforderungen und einer starken Position auf dem Weltmarkt eindeutig dominieren, in der Chemie- und der Elektroindustrie. In der chemischen Industrie haben die Topmanager mit Universitätsexamen immerhin zu über einem Drittel (37%) Naturwissenschaften (zumeist wohl Chemie) studiert, verglichen mit jeweils einem guten Viertel (26%) für Jura und Wirtschaftswissenschaften. In der Elektroindustrie ist die Situation für die Ingenieure und Naturwissenschaftler sogar noch besser. Mit 45% liegen sie hier gleichauf mit den Betriebs- und Volkswirten und klar vor den Juristen. In allen anderen Industriebranchen sieht es aber eher trostlos für die "Techniker" aus. Mit weniger als einem Viertel sind sie dort unter den studierten Spitzenmanagern vertreten. Von der Dominanz der Ingenieure und Techniker, die ausländische Beobachter in deutschen Chefetagen immer wieder festzustellen glauben (Child et al. 1983; Lane 1989; Locke 1989; Warner / Campbell 1993), ist jedenfalls nichts zu verspüren.

Diese Feststellung bleibt auch dann richtig, wenn man die Studienfachwahl differenziert nach der sozialen Herkunft der Topmanager betrachtet. Es zeigen sich bei näherem Hinsehen jedoch einige bemerkenswerte und z.T. auch überraschende Zusammenhänge. Den Erwartungen entsprechend sieht das Bild bei den studierten Kindern der höheren Beamten aus. Die Hälfte von ihnen hat Jura studiert, direkt gefolgt von den Wirtschaftswissenschaften mit gut 45%. Alle anderen Fächer bringen es zusammen nur auf 10%. Dabei sind die Natur- und Ingenieurwissenschaften nicht stärker vertreten als die Geisteswissenschaften oder die Land- und Forstwirtschaft. Eine ähnliche Dominanz der Rechts- und Wirtschaftswissenschaften ist auch noch bei den Söhnen von Landwirten und denen von Führungskräften der zweiten und dritten Ebene anzutreffen, mit einem Übergewicht von Jura bei der erstgenannten Gruppe und den Wirtschaftswissenschaften bei der zweiten. Während das bei den Kindern der Landwirte zu erwarten war, verwundert es bei denen der höheren Angestellten schon ein wenig, daß unter ihnen kein einziger Ingenieur ist und die Juristen dreimal so stark repräsentiert sind wie die Naturwissenschaftler. Umgekehrt widerspricht es auch landläufigen Vorstellungen über den Nachwuchs von akademischen Freiberuflern, daß hier der

Anteil der Natur- und Ingenieurwissenschaftler doppelt so hoch ist wie der der Juristen.

Offensichtlich schlagen sich hier die unterschiedlichen familiären Erfahrungen nieder. Während relativ viele Söhne der akademischen Freiberufler (überwiegend Rechtsanwälte und Ärzte) das Fehlen technischer Kenntnisse und Abschlüsse (wie bei ihren Vätern) offenbar als wichtiges Handicap für eine Karriere in den Führungsetagen großer Unternehmen angesehen haben, haben die Kinder von Führungskräften der 2. und 3. Ebene aus der traditionell starken Stellung der Juristen in den Spitzen der Großkonzerne und dem "begrenzten" Erfolg ihrer eigenen Väter zu einem überraschend großen Teil wohl den Schluß gezogen, daß ein juristisches Staatsexamen für die Besetzung von Positionen im Topmanagement wichtiger ist als ein Abschluß in einem natur- oder ingenieurwissenschaftlichen Fach. Mit dieser Überlegung stehen sie im übrigen nicht allein. Auch die Söhne größerer Unternehmer haben sich im Verhältnis 2:1 für die Wahl des juristischen und gegen die eines natur- oder ingenieurwissenschaftlichen Studiengangs entschieden. Die familiären Erfahrungen mit dem beruflichen Alltag eines Unternehmensleiters haben offenkundig gegen ein technisch-naturwissenschaftlich ausgerichtetes Studium gesprochen. Mit nur 15% sind sie in diesen Fächern weit unterproportional vertreten.

Deutlich überdurchschnittlich sind unter den Ingenieuren, Chemikern, Physikern dagegen die Kinder aus Familien repräsentiert, die über keine oder relativ geringe Erfahrungen mit der Ausübung von Managementfunktionen in großen Firmen verfügen. Den größten Anteil an natur- und ingenieurwissenschaftlichen Abschlüssen weisen nämlich die Söhne kleinerer und mittlerer Angestellter mit 38% auf, unmittelbar gefolgt vom Nachwuchs der Anwälte, Ärzte etc. mit immerhin auch noch einem Drittel. Auch wenn man berücksichtigt, daß die Kinder von Direktoren, Geschäftsführern und Vorstandsmitgliedern das Studium der Natur- und Ingenieurwissenschaften dem juristischen im Verhältnis 5:3 vorgezogen haben und bei ersteren so wenigstens den Durchschnittswert erreichen, bleibt doch der Eindruck bestehen, daß die familiären Erfahrungen mit Führungsfunktionen in der Wirtschaft deutlich stärker gegen als für einen natur- oder ingenieurwissenschaftlichen Abschluß sprechen.

Eindeutig favorisiert wird durch derartige Erfahrungen das Studium der Wirtschaftswissenschaften. Fast zwei Drittel der Söhne von Führungskräften der 1. Ebene und jeweils gut die Hälfte derer von Führungskräften der beiden folgenden Ebenen und von größeren Unternehmen besitzen einen Abschluß in Betriebs- oder Volkswirtschaft. Mit einem Durchschnittswert von 55% übertreffen sie die Ingenieure und Naturwissenschaftler um mehr als das Dreifache und auch die Juristen um das Doppelte.

Die deutschen Topmanager der in den 90ern in den Ruhestand gehenden Generation sind also entgegen weitverbreiteten Vorurteilen in erster Linie Kaufleute und nicht Techniker oder Juristen, wenn es um ihre universitären Ausbildungsabschlüsse geht. Diese Feststellung unterstreicht auch ein Blick auf die anderen Elitegruppen dieser Alterskohorte. Während die Topmanager unter den Absolventen wirtschaftswissenschaftlicher Studiengänge nämlich ganz eindeutig an der Spitze liegen, mit einem fast doppelt so hohen Prozentsatz wie die nächstfolgende Gruppe[15], befinden sie sich bei den Ingenieuren und Naturwissenschaftlern bzw. den Juristen nur im Mittelfeld, deutlich hinter den Elitegruppen aus Wissenschaft und Militär bzw. Politik und Verwaltung (Wildenmann et al. 1982, 213).

Im internationalen Vergleich gilt Ähnliches. Die Dominanz der in Wirtschaftwissenschaften diplomierten Spitzenmanager ist nur in den USA genauso groß. In Großbritannien und Frankreich ist die Situation dagegen eine ganz andere. Unter den britischen Topmanagern sind die Absolventen wirtschaftswissenschaftlicher Studiengänge und Ausbildungen (Business Schools zwar stark vertreten, aber keineswegs dominant. Akademiker mit geisteswissenschaftlichen Abschlüssen spielen hier eine relativ große Rolle, gar nicht zu vergleichen mit der Lage in Deutschland, wo solche "Exoten" wie die Absolventen geisteswissenschaftlicher Fachrichtungen eine absolute Randerscheinung darstellen und nicht viel häufiger anzutreffen sind als diplomierte Soziologen, Pädagogen oder Forstwirte. In Frankreich wiederum trifft zu, was für Deutschland oft angenommen wird. Es dominieren die Ingenieure. Der Prozentsatz der PDGs mit einem wirtschaftswissenschaftlichen Abschluß ist im Laufe der Zeit zwar deutlich gestiegen, erreicht aber immer noch nicht den Anteil, den die Zöglinge der ingenieurwissenschaftlichen Grandes Écoles einnehmen.

Die Generation deutscher Spitzenmanager, die derzeit noch die Mehrzahl der Spitzenpositionen in den Großunternehmen besetzt, zeichnet sich im internationalen Vergleich, soweit es die fachspezifischen Studienabschlüsse betrifft, also eindeutig durch die dominierende Position der Absolventen

15 Die Gruppe der Spitzenfunktionäre von wirtschaftlichen Interessenverbänden wie dem BDI oder dem DIHT bleibt aufgrund ihrer Nähe zu den Topmanagern und den dementsprechend ähnlichen Werten in vielen Punkten hier wie auch bei den anderen Vergleichen ausgeklammert.

wirtschaftswissenschaftlicher Studiengänge aus. Juristen und Ingenieure, die vielfach als in den deutschen Chefetagen stark überrepräsentierte Gruppen angesehen werden, kommen dagegen im internationalen Vergleich nur auf durchschnittliche Werte, wenn sie nicht sogar manchen Ländern gegenüber unterrepräsentiert sind. Letzteres gilt für die Ingenieure in Relation zur Lage in Frankreich, ersteres vor allem für die Juristen, die in den meisten großen Industriestaaten zwischen einem Fünftel und einem Viertel der Topmanager stellen (Armstrong 1986; Child et al. 1983; Marceau 1989; Priest / Rothman 1985; Reed 1989; Useem / Karabel 1986) und dabei überall vor allem im Finanzsektor ein großes Gewicht besitzen.

2.2.3 Lehre und Promotion

Nachdem sich gezeigt hat, wie wenig gängige Vorstellungen über die universitäre Ausbildung deutscher Spitzenmanager der Realität entsprechen, stellt sich die Frage, ob das auch für zwei weitere, vor allem im Ausland weitverbreitete Annahmen gilt: die große Bedeutung, die einer betrieblichen Lehre für das Erreichen von Managementpositionen hierzulande zugeschrieben wird, und die große Rolle, die die Promotion für die Besetzung solcher Positionen spielen soll.

Richtet man den Blick zunächst auf die Frage, wieviel Prozent der in der Mannheimer Studie befragten deutschen Spitzenmanager vor ihrem Einstieg ins Berufsleben eine Lehre absolviert haben, so ergibt sich ein ziemlich eindeutiges Bild: Eine Ausbildung zum Bank-, Versicherungs-, Industrie-, Großhandels- oder Einzelhandelskaufmann hat jeder vierte der Manager abgeschlossen, eine gewerbliche Lehre dagegen so gut wie niemand. Ähnliches gilt auch für den Besuch von Berufsfachschulen und Meisterkursen. Den Abschluß eines solchen beruflichen Bildungsganges weist ebenfalls nur eine sehr geringe Anzahl unter den Topmanagern auf. Ein Berufspraktikum hat dagegen immerhin jeder siebte Spitzenmanager abgeleistet. Jeder zweite ist allerdings ohne jeden derartigen beruflichen Ausbildungsabschluß ins Topmanagement gelangt (s. Tab. 2.5).

Tabelle: 2.5: Berufliche Ausbildungsabschlüsse und Promotionen nach sozialer Herkunft (in Prozent) [16]

Beruf des Vaters	Kaufmännischer Lehrabschluß	Gewerblicher Lehrabschluß, Fachschule etc.	Berufspraktikum	keine dieser beruflichen Ausbildungen[17]	Promotion	
					ja	nein
Landwirt (bis 20 ha)	66,7	-	66,7	-	50,0	50,0
Landwirt (20-50 ha)	-	-	-	100,0	100,0	-
Landwirt (über 50 ha)	-	-	-	100,0	50,0	50,0
Akademischer Freiberufler	-	-	-	100,0	83,3	16,6
Selbständiger Unternehmer (bis 10 Beschäftigte	37,5	6,3	12,5	50,0	43,8	56,2
Selbständiger Unternehmer (10 und mehr Beschäftigte)	24,3	-	2,7	62,1	35,1	64,9
Beamter (einfacher/mittlerer Dienst)	35,7	-	14,3	38,5	28,6	71,4
Beamter (gehobener Dienst)	20,0	10,0	15,0	56,3	50,0	50,0
Beamter (höherer Dienst)	30,0	20,0	13,3	51,9	60,0	40,0
Angestellter (einfacher Ang., Sachbearbeiter, Meister)	22,2	-	11,1	66,7	66,7	33,3
Angestellter (Prokurist, Abteilungsleiter)	28,6	-	21,4	53,8	57,1	42,9
Direktor, Geschäftsführer, Vorstandsmitglied	16,7	16,7	33,3	33,3	50,0	50,0
Arbeiter (inkl. Meister)	38,5	-	23,1	57,1	30,8	69,2
Insgesamt	26,8	7,5	15,2	49,7	48,1	51,9

Differenziert man diese generellen Werte nach den Berufen der Väter, zeigt sich eines sofort: Die Vorstellung, auf den Abschluß einer Lehre als solide

16 Die Prozentwerte bei den beruflichen Ausbildungsabschlüssen können sich auf mehr als 100% summieren, weil einzelne Manager zwei Abschlüsse aufweisen, z.B. eine kaufmännische Lehre und ein Berufspraktikum absolviert haben. Sollten sie unter 100% liegen wie bei den einfachen/mittleren Beamten, so ist das auf die Herausnahme des Fachhochschulabschlusses zurückzuführen, der m.E. nicht so einfach zur Kategorie der beruflichen Ausbildungsabschlüsse zu rechnen ist, aber auch nicht zur Kategorie "keinerlei berufliche Ausbildung" gezählt werden sollte.

17 Schul- und Hochschulausbildung gelten hier nicht als berufliche Ausbildung.

Basis und Absicherung des späteren Berufsweges würde vor allem der Nachwuchs aus den Familien von Arbeitern, unteren und mittleren Angestellten und Beamten sowie kleineren Selbständigen und Landwirten setzen, ist im Kern zutreffend. Mit Ausnahme der Söhne von einfachen und mittleren Angestellten liegt der Nachwuchs aus diesen sozialen Kreisen vorn, wenn es um den Abschluß einer Lehrausbildung geht. Der Abstand zu den Söhnen größerer Unternehmer, leitender Angestellter und höherer Beamter ist aber im Durchschnitt nicht so gravierend, wie man erst einmal hätte vermuten können. Erstaunlich ist dabei vor allem der hohe Anteil kaufmännischer Lehrabschlüsse unter den Kindern der höheren Beamten auf der einen Seite und das völlige Fehlen eines gewerblichen Lehrabschlusses bei den Arbeiterkindern sowie die niedrige Quote an ehemaligen kaufmännischen Lehrlingen unter dem Nachwuchs kleinerer und mittlerer Angestellter auf der anderen.

Wie bei der Wahl der Studienfächer scheinen auch bei der Entscheidung für oder gegen eine Lehre die familiären Erfahrungen eine große Rolle zu spielen, denn abgesehen von den Söhnen der mittleren und größeren Landwirte und der akademischen Freiberufler weist jene Gruppe den niedrigsten Prozentsatz an Absolventen einer kaufmännischen Lehre auf, deren Väter mit Sicherheit fast durchweg eine solche Lehre durchlaufen haben, die Kinder von einfachen und mittleren Angestellten. In diesem Fall hat die Erfahrung, daß der Vater es mit einer Lehre nicht sehr weit gebracht hat, offenkundig gegen eine Lehre und für ein zügiges Anstreben höherer Bildungsabschlüsse gesprochen. Dasselbe dürfte auch bei den Arbeiterkindern hinsichtlich einer gewerblichen Lehre gelten. Sie wurde als Zeitverschwendung und nicht als solides Fundament einer späteren Ausbildung etwa zum Ingenieur angesehen.

Lenkt man den Blick nun von der sozialen Herkunft der Topmanager mit Lehrabschluß auf die Branchenzugehörigkeit, so bietet sich ein völlig eindeutiges Bild: Unter den Managern aus dem Handel und dem Bankgewerbe gibt es weit überdurchschnittlich viele mit einer kaufmännischen Lehre, unter denen aus der Industrie (und dabei vor allem den drei großen Branchen Automobilbau, Chemie und Elektro) dagegen nur sehr wenige. Während im Handelsbereich fast jeder zweite der befragten Topmanager einen Abschluß als Bank-, Industrie-, Groß- oder Einzelhandelskaufmann in der Tasche hat und im Bankgewerbe auch mehr als ein Drittel, werden in der Industrie nur bei den Maschinenbau- und Nahrungsmittelunternehmen wenigstens durchschnittliche Werte erreicht. Alle anderen Branchen bewegen sich weit darunter, liegen nur zwischen 10% und 20%. Der Abschluß einer Lehre wird also in erster Linie dort als sinnvolle Basis einer Managementkarriere angesehen, wo man es auch allgemein vermutet: im Handel mit seiner sehr traditionellen Einstellung einer Karriere von der Pieke auf[18] und im Bankgewerbe, wo ein Abschluß als Bankkaufmann auch für die Kinder aus den gehobenen Kreisen immer schon einen besonderen Reiz hatte. In der Industrie und dort vor allem in der klassischen Großindustrie spielt er dagegen nur eine Nebenrolle.

Die gerade unter ausländischen Beobachtern fast durchgängig verbreitete Vorstellung, daß deutsche Manager dank des einzigartigen Systems betrieblicher Berufsausbildung über eine gemeinsame fachliche Basis mit den Facharbeitern und Angestellten verfügen, muß angesichts dieser Tatsache doch in Frage gestellt werden, zumindest soweit es die noch dominierende Generation von Spitzenmanagern betrifft. Ihre große Mehrheit hat niemals eine längere betriebliche Ausbildung absolviert, sondern allenfalls ein kurzes Praktikum während der Schul- und Hochschulzeit. Außerdem hat die Minderheit von gut 25%, die eine Lehre gemacht hat, fast ausnahmslos eine kaufmännische Ausbildung gewählt und ist überwiegend im Finanz- und Handelsbereich tätig. Von den fachlichen Gemeinsamkeiten zwischen dem technisch ausgerichteten deutschen Topmanager und dem qualifizierten deutschen Facharbeiter, die in ausländischen Analysen immer wieder betont werden, kann bei genauerem Hinsehen eigentlich nicht die Rede sein. Sicherlich ist die Kluft zwischen beiden hierzulande nicht so groß wie in Frankreich oder den USA, in den Augen der Beobachter von außen wird sie durch den Vergleich mit der eigenen Situation aber erheblich kleiner, als sie in Wirklichkeit ist. Es ist mit der Lehre dasselbe wie mit den natur- und ingenieurwissenschaftlichen Studiengängen. Ihre Bedeutung für die Besetzung von Positionen im Topmanagement deutscher Industriekonzerne wird gemeinhin (und gerade von seiten ausländischer Beobachter) schlicht überschätzt.

Bei den Promotionen ist das völlig anders. Hier bestätigt sich das allgemeine Vorurteil, denn mit knapp 50% ist der Anteil an Akademikern mit Doktortitel außerordentlich hoch. Die Quote differiert je nach sozialer Herkunft und Branchenangehörigkeit allerdings ganz erheblich, reicht von unter 30% bis 100% bei den nach dem Beruf des Vaters unterschiedenen Gruppen und von unter 20% bis zu mehr als drei Vierteln bei den verschiedenen Wirtschaftsbereichen und -branchen.

Was den Zusammenhang von sozialer Herkunft und Promotion betrifft, so ist er im großen und ganzen dem zwischen sozialer Herkunft und Studium

---

18 Typisch ist in dieser Hinsicht auch der oben geschilderte weit unterdurchschnittliche Anteil von Abiturienten und vor allem Universitätsabsolventen unter den Topmanagern des Handels.

vergleichbar. Unter dem Durchschnitt liegen wieder die Söhne von Arbeitern und Beamten des einfachen und mittleren Dienstes auf der einen sowie kleineren und größeren Unternehmern auf der anderen Seite, deutlich darüber die Kinder von Landwirten, akademischen Freiberuflern und einfachen wie mittleren Angestellten. Die Gründe dürften weitgehend dieselben sein wie bei der Entscheidung für oder gegen ein Studium.

Bemerkenswert sind dabei aber zwei Besonderheiten. Gerade bei dem Nachwuchs von Führungskräften der 1. Ebene und von größeren Unternehmern ist der Anteil derer, die zwar ein Studium abgeschlossen, anschließend jedoch nicht mehr promoviert haben, besonders hoch. Er beträgt bei der erstgenannten Gruppe knapp 45% und bei der zweiten sogar über 50%. Bei den anderen Angestellten- wie auch den meisten Beamtenkindern und den Söhnen der kleineren Selbständigen ist die Differenz zwischen Universitätsabsolventen und Doktoren weit geringer. Sie bewegt sich zwischen einem Viertel und einem Drittel. Je höher die Väter in der Hierarchie größerer Unternehmen standen, um so geringer war das Interesse ihres Nachwuchses, einen Doktortitel zu erwerben. Ganz offensichtlich besagten die Erfahrungen dieser Väter, daß die Zeit, die eine Promotion stets kostet, einen nicht zu unterschätzenden Nachteil darstellt und man es sich daher sehr genau überlegen muß, ober der Aufwand wirklich lohnt.

Die vergleichsweise geringe Bereitschaft der Söhne von größeren Selbständigen, einen Doktortitel zu erwerben – sie liegen mit 35% (vor den Arbeiterkindern mit 30%) an zweitletzter Stelle –, schlägt sich auch in der Promoviertenquote der einzelnen Branchen nieder. Die niedrigsten Anteile an promovierten Topmanagern verzeichnen der Handel mit nur 18% und die Elektroindustrie mit nur 30%, also die beiden Branchen mit den höchsten Anteilen an Kindern größerer Unternehmer. Zur sozialen Herkunft als der einen wesentlichen Ursache kommen dann, wie auch die Differenz zwischen Handel und Elektroindustrie zeigt, noch branchentypische Traditionen hinzu. Der Handel wird stärker als alle anderen Branchen von der Mentalität des Selfmademan geprägt, was sich in einer weit überdurchschnittlichen Quote an Lehrabsolventen und einer weit unterdurchschnittlichen an Doktoren niederschlägt. Das andere Extrem bilden die Chemieindustrie mit 76% promovierten Topmanagern und das Bankgewerbe mit 64%. Beide werden damit ihrem Ruf gerecht, hinsichtlich akademischer Titel besonders traditionell und elitär orientiert zu sein. Ein Aufsichtsrats- oder Vorstandsvorsitzender einer Großbank ohne Doktortitel ist ebensowenig vorstellbar wie ein Chemiker in leitender Stellung ohne denselben. Da beide Branchen ihre Topmanager zudem zu relativ geringen Prozentsätzen aus Familien größerer Unternehmer und überproportional aus den Kreisen gehobener und höherer Beamter, höherer Angestellter und akademischer Freiberufler rekrutiert haben, spricht auch von seiten der familiären Einflüsse alles für eine über dem Durchschnitt liegende Quote an promovierten Topmanagern.

Wie häufig der Doktortitel bei der Besetzung einer Spitzenposition in der Wirtschaft trotz all dieser internen Unterschiede aber immer noch anzutreffen ist, zeigt sich beim Vergleich mit den anderen Elitegruppen. Einzig die wissenschaftliche Elite weist einen noch höheren Anteil an Doktoren auf. Die Verwaltungselite liegt gerade einmal auf demselben Niveau, und alle anderen Gruppen fallen deutlich hinter die Topmanager zurück (Wildenmann et al. 1982, 211f.). Das Vorurteil, in den Chefetagen deutscher Großkonzerne säßen besonders viele Doktoren, ist also immer noch zutreffend.

2.2.4 Die Mitgliedschaft in studentischen Verbindungen und anderen Vereinigungen

Der hohe Akademikeranteil in der jetzt allmählich abtretenden Generation von Topmanagern wirft die Frage auf, ob dadurch hierzulande auch Netzwerke entstanden sind, die den Polytechniciens oder Enarques von den Grandes Écoles, den Old Boy Networks von Eton und Oxbridge oder den Alumni-Organisationen der Ivy-League-Universitäten in etwa vergleichbar sind. Da es in Deutschland keine Tradition von Ehemaligen-Vereinen einzelner Universitäten gibt, muß sich der Blick auf die studentischen Verbindungen richten.

Die schlagenden Corps und die Burschenschaften mit ihren "alten Herren" und den engen Verbindungen auch nach der Universitätszeit stellten das deutsche Pendant zu den Polytechniciens oder Etonians dar. Zu ihren Glanzzeiten im Kaiserreich und in der Weimarer Republik gehörten ihnen 50-60% der Studenten an. Selbst in den 50er Jahren waren es noch knapp 30% (Jarausch 1984, 123, 220). Die Topmanager haben also in einer Zeit studiert, die im Unterschied zu heute noch sehr stark von den studentischen Verbindungen geprägt wurde. Da besonders die Mitglieder der schlagenden Corps traditionell "in allen höheren Staatsämtern und den Führungsspitzen der Wirtschaft weit überrepräsentiert" (Jarausch 1984, 68) waren und insofern sehr effektive Netzwerke gerade unter der Verwaltungs- und Wirtschaftselite bestanden, liegt die Vermutung nahe, daß ein erheblicher Teil der deutschen Topmanager zu einer der vielen studentischen Verbindungen gehört.

Dies trifft erstaunlicherweise überhaupt nicht zu. Nur gut jeder zehnte der befragten Spitzenmanager ist Mitglied einer Verbindung. Förderndes Mitglied ist nur jeder dreißigste, und Funktionen in den Verbindungen üben sogar nur 3% aus. Um ein funktionierendes Netzwerk schaffen oder erhalten zu können, sind solche Prozentsätze bei weitem zu gering. Im Vergleich mit den Ehemaligen-Organisationen der Grandes Écoles, der britischen Public Schools oder der US-amerikanischen Elite-Universitäten spielen die studentischen Verbindungen und ihre "alten Herren" hierzulande allenfalls eine unbedeutende Nebenrolle. Daran ändert auch die Tatsache nichts, daß die Mitgliedschaft in ihnen in weit überdurchschnittlichem Maße von dem Nachwuchs aus Unternehmerfamilien gesucht wird. Jeder sechste Sohn eines Unternehmers, egal ob mit einem kleinen oder einem großen Betrieb, gehört einer Verbindung an, so daß fast die Hälfte der Topmanager in den studentischen Verbindungen aus Unternehmerfamilien stammt, während die Söhne von höheren Beamten und akademischen Freiberuflern entgegen allgemeinen Erwartungen unterdurchschnittlich bzw. überhaupt nicht vertreten sind. In Unternehmerkreisen scheint die Tradition der schlagenden Corps und der Burschenschaften also noch am ehesten weiterzuleben, an der allgemeinen Bedeutungslosigkeit der Verbindungen im deutschen Topmanagement ändert das aber auch nichts.

Es könnte nun sein, daß die Funktion effektiver Netzwerke in Deutschland von anderen Organisationen und Vereinen wahrgenommen wird, die an die Stelle der studentischen Verbindungen getreten sind. In erster Linie wäre da an die renommierten Vereinigungen der Rotarier und der Lions International zu denken, denen viele Mitglieder der sog. "besseren Kreise" angehören. Mit einem guten Viertel sind solche Organisationen, zu denen in der Untersuchung auch die Freimaurer gezählt wurden, unter den befragten Topmanagern tatsächlich erheblich stärker repräsentiert als die schlagenden Corps und die Burschenschaften. Überproportional vertreten sind vor allem die Söhne von Führungskräften der 1. Ebene, von denen jeder dritte in einer dieser Organisationen Mitglied ist, und von höheren Beamten, wo der Prozentsatz mit knapp 37% sogar noch höher liegt. Der Nachwuchs akademischer Freiberufler ist dagegen auch hier wieder nur in relativ geringem Umfang anzutreffen, Unternehmerkinder mit ungefähr einem Viertel leicht unterdurchschnittlich. Trotz der verglichen mit den studentischen Verbindungen recht hohen Mitgliedsquote, die die Rotarier, Lions International oder Freimaurer unter den

Topmanagern aufzuweisen haben, erreichen sie die Wirksamkeit der Ehemaligen-Organisationen anderer Industriestaaten aber bei weitem nicht.

Das hat in erster Linie zwei Gründe. Zum einen fehlt ihnen die klare berufliche und karrierebezogene Ausrichtung, die vor allem die Ehemaligen-Organisationen der Grandes Écoles und der Grands Corps auszeichnet. Man tauscht zwar auch bei Rotarier- oder Lions-Treffen Informationen aus, die den Beruf und die Karriere betreffen und dementsprechend auch fördern können, es passiert aber nicht organisiert, sondern eher zufällig und beiläufig, weil der Hauptzweck der Rotary- und Lions-Clubs karitativer Natur ist. Die Effizienz der Netzwerke bekannter Grandes Écoles wird daher in beruflichen Fragen nicht einmal ansatzweise erreicht.[19] Zum anderen fehlt ihnen das entscheidende Motivationselement, das die anderen Ehemaligen-Vereinigungen so stark macht. Wenn ein Rotarier einem anderen Rotarier behilflich ist, eine bessere Position in der Wirtschaft zu erreichen, ist der Nutzen für ihn selbst weit geringer, als dies bei einem vergleichbaren Vorgang unter Enarques oder Etonians der Fall ist; denn während bei letzteren der Erfolg jedes einzelnen für alle anderen insofern von Bedeutung ist, als er einen erneuten Beleg für die außergewöhnlich hohe Qualität der jeweiligen Ausbildung und damit auch für die Qualität der Absolventen dieser Ausbildung darstellt, bleibt ein solcher Effekt bei den Rotariern oder Lions International aus. Wenn ein Rotarier außergewöhnlich erfolgreich im Beruf ist, sagt das etwas über seine Person und seine Ausbildung aus, nicht jedoch etwas über die anderer Mitglieder, da die Grundlage der Organisation ja nicht in einer gemeinsamen Ausbildung oder gemeinsamen beruflichen Erfahrung zu suchen ist.

Zieht man die anderen Elitegruppen in die Betrachtung mit ein, so ändert sich der Gesamteindruck nicht. Die Bedeutung der studentischen Verbindungen ist auch bei ihren Mitgliedern gering, bewegt sich durchweg in derselben Größenordnung wie bei den Topmanagern. Überdurchschnittliche Prozentsätze haben erwartungsgemäß die Spitzen der Verwaltung und des Militärs mit 19% bzw. 16% zu verzeichnen, unterdurchschnittliche die Eliten aus den Bereichen Massenmedien und Kultur mit 6,8% bzw. 0% (Wildenmann et al. 1982, 244). Bei der Mitgliedschaft in Organisationen wie Rotary International oder Lions International, die insgesamt ebenfalls auf demselben Level

19 Einer der interviewten Personalberater mit sehr großer Berufserfahrung äußerte sich in diesem Punkt folgendermaßen: "Lions und Rotary spielen überhaupt keine Rolle. Wir haben zwar Rotary-Mitglieder bei uns und Lions-Mitglieder, die bekommen aber erstens daher nie einen Auftrag und zweitens können sie die Verbindungen nicht nutzen, weil da zu 80% Nichtwirtschaftsleute drin sind. Außerdem, wer geht schon mal auf diese Jahrestreffen, um die Leute zu sehen."

liegt wie bei den Topmanagern, ist die interne Gewichtung fast genau umgekehrt. Überproportional vertreten sind Politiker, Wissenschaftler und Kulturschaffende mit 25-35%, unterproportional Verwaltungsbeamte mit 20% und die Militärs mit nur 12% (Wildenmann et al. 1982, 237f.). Insgesamt spielen jedoch weder die studentischen Verbindungen noch die Vereinigungen wie Rotary International oder Lions International auch nur annähernd die Rolle, die die Ehemaligen-Organisationen und die exklusiven Clubs in Frankreich, Großbritannien und den USA für den internen Kommunikationsprozeß und den inneren Zusammenhalt der Führungseliten in Staat und Wirtschaft spielen. Etwas Vergleichbares existiert in der Bundesrepublik schlicht und einfach nicht.

2.3 Topmanager – Veränderungen seit 1969

Die bislang umfassendste Erhebung über deutsche Topmanager stammt aus dem Jahre 1969. Damals befragte Kruk die Aufsichtsrats- und Vorstandsmitglieder sowie die Geschäftsführer und Eigentümer der 200 größten Industrieunternehmen, der 91 größten Kreditinstitute, der 46 größten Versicherungen, der 25 größten Handelsunternehmen und der 14 größten Dienstleistungsfirmen hierzulande, insgesamt 2.053 Personen, von denen 1.662, also 81% auch geantwortet haben. Ein Vergleich der Ergebnisse dieser Untersuchung mit den Resultaten der Mannheimer Studie verspricht aus zwei Gründen interessante und aufschlußreiche Erkenntnisse. Zum einen hat in den 70er Jahren ein außerordentlich umfassender Generationswechsel in den Chefetagen deutscher Großkonzerne stattgefunden. Waren von den Topmanagern des Jahres 1969 noch über 85% bis 1919, also fast durchweg im Kaiserreich geboren, so hat sich der Anteil dieser Geburtsjahrgänge im nächsten Jahrzehnt auf nur noch knapp 10% reduziert. Mit über 90% dominieren nun die Kinder aus der Zeit der Weimarer Republik und des Nationalsozialismus mit ihren z.T. völlig anderen Erfahrungen. Zum anderen markiert das Jahr 1969 auch in der Geschichte der Bundesrepublik eine Zäsur. Es war das vorläufige Ende der Rolle der CDU/CSU als Regierungspartei und der Beginn der sozialliberalen Koalition unter Willy Brandt, was dieses Jahr so wichtig macht. Der Regierungswechsel war Ausdruck einer veränderten gesellschaftlichen Situation. Das Aufbrechen traditioneller Strukturen und die

Reformierung der Gesellschaft galten als Gebote der Stunde, das auch die Spitzenmanager vor neue Aufgaben stellte.

Bezogen auf die eingangs gestellte Frage, ob die im internationalen Vergleich relativ große soziale Durchlässigkeit im Topmanagement deutscher Großunternehmen eine generelle Erscheinung darstellt oder nur den besonderen Bedingungen in der jungen Bundesrepublik geschuldet ist, sind deshalb gerade von einem solchen Vergleich wichtige Erkenntnisse zu erwarten. Sachverhalte und Tendenzen, die trotz des genannten doppelten historischen Bruchs ein hohes Maß an Kontinuität aufweisen, dürften nämlich auch prinzipiell eine große Stabilität besitzen, gravierende Veränderungen auf neue Trends und Entwicklungen hinweisen.

Betrachtet man unter diesem Gesichtspunkt die Ergebnisse der 69er Erhebung, so fallen im Vergleich zu den Daten der Mannheimer Studie sofort zwei Dinge ins Auge: Die soziale Rekrutierung der Topmanager ist durch den Generationswechsel in den 70ern deutlich exklusiver geworden, der Anteil der Abiturienten und Akademiker hat sich demgegenüber so gut wie gar nicht verändert. Im einzelnen bietet sich folgendes Bild: Was die soziale Herkunft betrifft, stammten damals 52,9% aus den von Kruk (Kruk 1972, 18) als die höheren Schichten definierten Schichten I ("Minister, Staatssekretäre, Diplomaten, Generäle, Superintendenten, Universitätsprofessoren, Großgrundbesitzer, Generaldirektoren") und II ("höhere Beamte oder Offiziere, Richter, Rechtsanwälte, Ärzte, Studiendirektoren, Grundbesitzer oder auch Vorstände oder Geschäftsführer von Unternehmen") (s. Tab. 2.6).[20]

---

20 Der Prozentsatz von 52,9%, den Kruk nennt, erhöht sich zwar leicht, wenn man wie bei der vorliegenden Untersuchung die öffentlich-rechtlichen Kreditinstitute mit ihrem deutlich unterdurchschnittlichen Wert herausnimmt. Da die in Familieneigentum befindlichen Unternehmen in der Krukschen Erhebung aufgrund des breiteren Samples aber weit stärker als im Mannheimer Sample vertreten sind und in puncto soziale Herkunft einen weit über dem Durchschnitt liegenden Wert aufweisen, diese beiden Unternehmenstypen zudem fast gleichstark vertreten sind (s. Tab. 3.6), ist allenfalls mit einer sehr geringfügigen Abweichung zu rechnen. Die Erfassung der gesamten Aufsichtsrats- und Vorstandsmitglieder durch Kruk ändert daran auch nichts, weil zwischen den einzelnen Gruppen keine gravierenden Differenzen hinsichtlich ihrer sozialen Rekrutierung bestehen. Der geringere Wert für die stellvertretenden Vorstandsmitglieder fällt ebenso wie der höhere für die Aufsichtsratsmitglieder angesichts des geringen Umfangs beider Gruppen nicht so sehr ins Gewicht. Bei den Aufsichtsratsmitgliedern ist zudem zu berücksichtigen, daß hier eine hohe Zahl von Familienangehörigen in den Aufsichtsräten der Familienunternehmen den Prozentsatz nach oben treibt. Insgesamt ist die Differenz in Hinblick auf die soziale Herkunft zwischen den von Kruk befragten Topmanagern und denen der Mannheimer Elite-Studie von 1981 fast genau so groß wie die zwischen den beiden älteren und der jüngsten Mannheimer Erhebung, nämlich um die 15%. Egal ob man die kleineren

Tab. 2.6: Die soziale Herkunft von Topmanagern 1969 (in Prozent)

	Höhere Schichten			**Niedere Schichten**		
Position im Unternehmen	Schicht I	Schicht II	Zus.	Schicht I	Schicht II	Zus.
Aufsichtsrat	20,6	39,2	59,8	33,5	6,7	40,2
Vorstandsvorsitzender	14,6	39,5	54,1	38,4	7,5	45,9
Vorstandsmitglied	13,1	38,9	52,0	40,6	7,4	48,0
Stv. Vorstandsmitglied	9,3	36,0	45,3	46,8	7,9	54,7
Zusammen	14,1	38,8	52,9	39,7	7,4	47,1
Wirtschaftszweige						
Industrie	13,9	40,6	54,5	37,5	8,0	45,5
Öffentl.-rechtl. Kreditinst.	8,5	36,6	45,1	47,9	7,0	54,9
Andere Kreditinstitute	18,4	36,3	54,7	38,8	6,5	45,3
Versicherungen	13,1	38,9	52,0	41,9	6,1	48,0
Handel, Verkehr, Sonstiges	16,9	30,3	47,2	44,9	7,9	52,8
Eigentumsform						
Börsengesellschaften	15,6	39,4	55,0	36,9	8,1	45,0
Konzerneigentum	9,6	38,0	47,6	45,9	6,5	52,4
Familieneigentum	23,2	46,3	69,5	26,5	4,0	30,5
Öffentl.-rechtl. Eigentum	9,7	34,4	44,1	47,7	8,2	55,9
Auslandseigentum	18,2	37,9	56,1	34,8	9,1	43,9
Sonstiges Eigentum	7,6	37,1	44,7	48,8	6,5	55,3

Quelle: Kruk 1972, Tab. 13.

Bei den Topmanagern der Mannheimer Untersuchung liegt der Prozentsatz um fast ein Viertel höher, nämlich bei ungefähr 66%, da gemäß der Krukschen Unterscheidung auch die Unternehmer mit 2-9 Beschäftigten (insgesamt 4,9%) und ein Teil der Landwirte mit 20-50 ha Grundbesitz (0,5%) zu den "höheren Schichten" gezählt werden müssen. Dieser starke Anstieg ist ein eindeutiges Zeichen dafür, daß sich die Verhältnisse in Deutschland in diesem Punkt damals "normalisiert" haben. Die große Differenz, die noch in den späten 60er Jahren zwischen der vergleichsweise offenen sozialen Rekrutierung von Topmanagern hierzulande und der im Vergleich dazu sehr viel geschlosseneren in Ländern wie Frankreich, Großbri-

Unternehmer wie Kruk zu den oberen Schichten zählt oder das nicht macht, wie die Mannheimer Forscher, der Unterschied zwischen den Spitzenmanagern Ende der 60er und denen Anfang der 80er bleibt der gleiche, wenn man identische Kategorien für die soziale Einstufung verwendet. Entscheidend für die Differenz zwischen der Krukschen Werten und denen der Mannheimer Studie von 1981 sind also nicht die unterschiedliche Kategorisierung und die unterschiedlichen Antwortquoten, sondern die realen Veränderungen Ende der 60er, Anfang der 70er Jahre.

tannien und den USA bestand, ist im Verlauf der 70er Jahre erheblich verringert und, soweit es Großbritannien und vor allem die USA betrifft, z.T. sogar eingeebnet worden. Die Chancen des Nachwuchses aus den breiten Mittelschichten oder gar der Arbeiterschaft, in Spitzenpositionen der deutschen Wirtschaft zu gelangen, haben sich in diesem Zeitraum gravierend verschlechtert, d.h. den in anderen führenden westlichen Industrienationen üblichen Prozentsätzen angepaßt.

Die bis Anfang der 70er Jahre vergleichsweise große soziale Durchlässigkeit in den Chefetagen der deutschen Großunternehmen ist also überwiegend den Sonderbedingungen geschuldet, die in Deutschland nach dem Ende des 2. Weltkriegs herrschten. Die sehr große Zahl der gefallenen oder auf andere Weise ums Leben gekommenen Männer hatte auf der einen Seite Karrieremöglichkeiten eröffnet, die in normalen Zeiten den Kindern von mittleren und unteren Beamten- und Angestelltenhaushalten wie erst recht denen aus Arbeiterfamilien verschlossen waren und sind. Auf der anderen Seite hatte das Ende des Deutschen Reiches auch tiefgreifende Erschütterungen und Veränderungen für die klassischen Eliten mit sich gebracht. Dies betraf vor allem die ostelbischen Großgrundbesitzer und den preußischen Adel bzw. das preußische Offizierskorps. Sie existierten als gesellschaftliche Kräfte de facto nicht mehr.

In einer solchen Phase der Umstrukturierung der Eliten ist es für soziale Aufsteiger einfacher, sich ihren "Platz an der Sonne" zu erobern. So etwas ist ganz offensichtlich in den 50er und 60er Jahren auch passiert. Mit dem Generationswechsel in den 70ern ist der Spielraum für einen sozialen Aufstieg dann wieder spürbar enger geworden. Die soziale Rekrutierung von Topmanagern hat sich mit einem Anteil von zwei Drittel für den Nachwuchs aus Familien, die, um mit Kruk zu sprechen, den "höheren Schichten" zuzurechnen sind, wieder auf dem Level eingependelt, das auch schon für das Kaiserreich und die Weimarer Republik galt[21]. In dieser Hinsicht ist im historischen wie im internationalen Vergleich eine "Normalisierung" de Verhältnisse eingetreten.

Im Unterschied zur sozialen Rekrutierung hat sich im Niveau des höchsten jeweils erreichten Bildungsabschlusses allgemein nichts geändert. Der Anteil der Abiturienten lag damals mit 88,3% ebenso nur geringfügig niedriger wie der der Akademiker mit 73,9 oder der der Doktoren mit 46,6%, und die

21 Zur sozialen Rekrutierung von Unternehmern und Topmanagern im Wilhelminischen Kaiserreich und in der Weimarer Republik s. Kaelble 1978, 1983, Stahl 1973 und Zapf 1965a, b.

Quoten für die einzelnen Herkunftsschichten scheinen auch stabil geblieben zu sein[22] (s. Tab. 2.7).

Tab. 2.7: Die Bildungsabschlüsse der Topmanager 1969 nach sozialer Herkunft (in Prozent)

	Höhere Schichten			**Niedere Schichten**			**Insges.**
Bildungsabschluß	Schicht I	Schicht II	Zus.	Schicht I	Schicht II	Zus.	
Lehrabschluß	35,0	36,0	35,7	43,7	65,1	47,0	41,1
Abitur	98,6	94,6	95,6	82,8	65,1	80,1	88,3
Studienabschluß	79,0	79,5	79,4	70,6	53,1	67,8	73,9
davon:							
Jura	37,6	35,4	36,0	28,0	23,3	27,4	32,3
Wirtschaftswissenschaft.	11,2	17,8	16,1	23,8	38,4	25,6	20,2
Jura und Wirtschafts-wissenschaften	17,6	9,7	11,7	9,3	17,0	10,8	11,0
Nichttechnische Fächer zusammen	68,8	65,7	66,5	62,7	78,4	64,6	65,7
Ingenieurwissenschaften	19,4	23,1	22,1	18,2	13,3	17,6	20,2
Naturwissenschaften	11,8	11,2	11,4	19,1	8,3	20,3	14,1
Technische Fächer zusammen	31,2	34,4	33,5	37,3	21,6	35,4	34,3
Alle Fächer zusammen	100,0	100,0	100,0	100,0	100,0	100,0	100,0
Promotion	54,4	49,8	51,0	43,8	30,1	41,6	46,6
Mitgliedschaft in studentischen Verbindungen	34,4	40,4	38,8	30,8	15,9	28,4	33,9

Quelle: Kruk 1972, Tab. 15, 16, 17, 21, 22, 24 sowie eigene Berechnungen anhand der Angaben aus diesen Tabellen

Unterhalb dieser allgemeinen Ebene sind beim Generationswechsel in den 70er Jahren aber eine ganze Reihe von interessanten und bemerkenswerten Veränderungen vor sich gegangen. Das gilt für das Absolvieren einer betrieblichen Berufsausbildung wie auch für die Wahl der Studienfächer. Was den ersten Punkt betrifft, so ist hier ein erheblicher Rückgang um über 25% zu verzeichnen. Der Abschluß einer Lehre (vorwiegend im kaufmännischen Bereich) hat stark an Bedeutung eingebüßt. Von über 40% ist der Anteil der Topmanager mit Lehre auf unter 30% gesunken. Das liegt sogar deutlich

22 Genau läßt sich das nicht sagen, da die Klassifizierungskritierien nicht völlig identisch sind. Angesichts der Parallelen in den Werten für die unterste Schicht bei Kruk und die Arbeiter- sowie die einfachen und mittleren Beamtenhaushalte in dieser Untersuchung scheinen die Übereinstimmungen aber doch sehr groß zu sein.

unterhalb des Wertes, den 1969 noch die Kinder aus den Familien der höchsten Schicht, also von Spitzenbeamten, Generälen, Großgrundbesitzern, Topmanagern und größeren Unternehmern erreichten.

Parallel zum Bedeutungsverlust des Lehrabschlusses hat sich auch ein gravierender Wandel in der Wahl der Studienfächer vollzogen. Die Wirtschaftswissenschaften haben auf Kosten von Jura und, was sehr überraschend ist, vor allem auf Kosten der Ingenieur- und Naturwissenschaften enorm zugelegt. Der Anteil der beiden letztgenannten Fächer ist sowohl für jedes einzeln genommen als auch in ihrer Gesamtheit fast halbiert worden, von 34,3% damals auf nur noch 19,4%. Damit verglichen ist der Rückgang bei den Rechtswissenschaften von ca. 5%[23] fast unerheblich. Die massiven Verluste der Natur- und Ingenieurwissenschaften entfallen dabei so gut wie ausschließlich auf die Industrie. Der Prozentsatz der Topmanager in diesem Wirtschaftssektor, der einen solchen Abschluß gemacht hat, ist von über 50% auf nur noch 28% gefallen. Nach dem Generationswechsel war nicht mehr jeder zweite Spitzenmanager in der Industrie Ingenieur, Chemiker etc., sondern nur noch gut jeder vierte.[24] In den anderen Bereichen, in denen diese Berufsgruppen auch damals schon nur sehr schwach im Topmanagement vertreten waren, ist es bei diesem Zustand geblieben. Dominant sind nun dort wie in der Industrie die Betriebs- und Volkswirte geworden, die ihren Anteil in der Industrie fast haben verdoppeln und insgesamt um über 70% haben steigern können.[25] Einzige Ausnahme bleibt das Bankgewerbe, wo die Juristen ihre Vorherrschaft weitgehend haben behaupten können.

Der Aufstieg der Wirtschaftswissenschaften unter den Studienfächern und der Niedergang der Natur- und Ingenieurwissenschaften sind sicherlich auch Ursachen für den drastischen Rückgang, den die studentischen Verbindungen

---

23 Bei dieser Bewertung sind die Prozentsätze für das Doppelstudium Jura und Wirtschaftswissenschaften allerdings ausgeklammert worden, da eine genaue Zuordnung nicht möglich war und Kruk selbst die Studenten mit beiden Studien den Wirtschaftswissenschaftlern zuordnet (Kruk 1972, Tab. 21).

24 Zu ähnlichen Werten gelangt auch ein Artikel des Industriemagazins vom November 1988, der die Bildungsabschlüsse aller Vorstandsmitglieder der 50 größten deutschen Industriekonzerne aufführt. Von den 50 Vorstandsvorsitzenden waren 12 Ingenieure und 4 Naturwissenschaftler, insgesamt also 32% (Industriemagazin, Nr. 11, November 1988, 4f.). Was die 60er Jahre betrifft, so kommt eine Untersuchung von Poensgen über die Vorstandsmitglieder sämtlicher Aktiengesellschaften aus den 15 wichtigsten Industriebranchen sogar zu dem Ergebnis, daß in den Großunternehmen mit mehr als 1,4 Mrd. DM Umsatz damals über 65% der Vorstandsmitglieder Ingenieur- oder Naturwissenschaften studiert hatten (Poensgen 1982, 17).

25 Die Absolventen des Doppelstudiums Recht und Wirtschaft sind den Absolventen der Wirtschaftswissenschaften zugeschlagen worden (s. Fußnote 20).

zu verzeichnen haben. Statt jedes dritten Topmanagers, wie noch 1969, gehört in der folgenden Generation von Spitzenmanagern nur noch jeder zehnte einer solchen Organisation an. Da die Ingenieure in den 60ern mit einem Anteil von über 60% noch vor den Juristen mit 50% die Gruppe mit dem höchsten und die Betriebswirte mit einem Anteil von nur 28% die akademische Gruppe mit dem niedrigsten Prozentsatz an Verbindungsmitgliedern darstellten (Kruk 1972, Tab. 24), hat die gravierende Veränderung des Kräfteverhältnisses zwischen diesen beiden Berufsgruppen im Topmanagement sicherlich auch zum starken Bedeutungsverlust der studentischen Verbindungen beigetragen. Ausschlaggebend war sie aber nicht, denn auch die Betriebswirte lagen ja noch um das Zweieinhalbfache über dem heutigen Wert. Verantwortlich für den Sturz der Verbindungen in die (unter dem hier interessierenden Aspekt) weitgehende Bedeutungslosigkeit dürfte deshalb in erster Linie der mit dem Generationswechsel in den Führungsetagen der deutschen Wirtschaft einhergehende Bruch mit alten Gepflogenheiten sein.

Die Topmanager des Jahres 1969 hatten überwiegend noch an den Universitäten des deutschen Reichs mit all ihren Traditionen und dem hohen Anteil an Verbindungsmitgliedern unter den Studenten studiert. Für die neue Generation, die in den 70ern in die Chefsessel drängte, galt das allenfalls noch in sehr eingeschränktem Maße; denn die Verbindungen waren zwar auch in den 50er Jahren noch ziemlich einflußreich, verglichen mit ihren Hochphasen war ihr prozentuales Gewicht aber schon halbiert worden. Außerdem war auch das universitäre Leben nicht mehr dasselbe wie noch vor 1945. Eine, wenn auch beschränkte, geistige Öffnung war in den 50ern unter dem Einfluß vor allem der angelsächsischen Wissenschaft und Kultur nicht ausgeblieben. Die alten, seit Jahrzehnten gültigen Traditionen waren durch den Zusammenbruch des Deutschen Reiches zumindest erschüttert, wenn nicht generell in Frage gestellt worden. Das anfängliche Verbot der politisch schwer belasteten studentischen Korporationen durch die Besatzungsmächte tat ein übriges (Jarausch 1984, 213ff.). Während es für viele Akademiker im deutschen Reich und auch für viele studierte Spitzenmanager der Geburtsjahrgänge bis 1920 noch selbstverständlich war, einer studentischen Verbindung anzugehören, galt so etwas für die folgende Generation nicht mehr. Die Mitgliedschaft war mehr und mehr zur privaten Angelegenheit einer Minderheit geworden und hatte damit auch die Funktion verloren, die Zugehörigkeit zu einem effektiven Netzwerk von "alten Herren" in Spitzenpositionen aller wichtigen gesellschaftlichen Bereiche zu gewährleisten.

Alles in allem zeigt sich, daß die Vorstellungen, die sich besonders ausländische Beobachter von den deutschen Topmanagern machen, in einigen Punkten zwar der Situation der 60er Jahre entsprechen, durch die in den 70ern erfolgten Veränderungen aber ausgesprochen überholungsbedürftig geworden sind. Von einer Dominanz der Techniker kann ebensowenig gesprochen werden wie von einer großen Bedeutung der Lehrausbildung. Das Bild wird seit den umfangreichen Neubesetzungen in den Vorstandsetagen während der 70er Jahre bestimmt von Männern, die einen Hochschulabschluß aufweisen, diesen vorzugsweise in einem wirtschaftswissenschaftlichen Fach gemacht haben, das Innenleben eines Unternehmens, wenn überhaupt, so weniger durch eine Lehre als durch ein betriebliches Praktikum oder die täglichen Erfahrungen im väterlichen Betrieb kennengelernt haben und sich zu fast zwei Dritteln aus den Familien von Unternehmern, leitenden Angestellten, akademischen Freiberuflern und höheren Beamten rekrutieren.

3. Auswahlmechanismen und -kriterien bei der Besetzung von Spitzenpositionen

Angesichts der Tatsache, daß die Rekrutierung der zur Zeit die Vorstandsetagen der Großunternehmen dominierenden Generation deutscher Topmanager ganz überwiegend aus den Reihen des gehobenen Bürgertums erfolgt ist, die in den 60er Jahren diesbezüglich noch bestehenden Unterschiede zu den anderen führenden westlichen Industriestaaten wie Frankreich, Großbritannien und den USA also eingeebnet oder zumindest stark verringert werden konnten, stellt sich eine entscheidende Frage: Anhand welcher Auswahlkritierien und -mechanismen werden die Spitzenpositionen in der deutschen Wirtschaft besetzt? Denn diese Kriterien und Mechanismen sorgen ja ganz offensichtlich dafür, daß die soziale Rekrutierung der Topmanager zu ungefähr zwei Dritteln aus einem kleinen Spektrum am oberen Ende der Gesellschaftshierarchie erfolgt.

Eine grundsätzliche Differenz zur Situation in Ländern wie Frankreich, Großbritannien und den USA muß dabei gleich zu Beginn konstatiert werden. Elitäre Bildungsinstitutionen privaten oder auch staatlichen Charakters spielen in Deutschland keine Rolle im Prozeß der Kandidatenauslese. Es existieren hierzulande keine Einrichtungen, die im Status wie vor allem in der gesellschaftlichen Bedeutung mit den Grandes Écoles, den Public Schools und Oxbridge oder den renommierten Privatschulen der Ostküste und den Ivy-League-Universitäten auch nur annähernd vergleichbar wären.[1]

Aus einer ganzen Reihe von historischen Gründen, die an dieser Stelle nicht näher erläutert werden sollen, zeichnet sich das deutsche Bildungssystem durch den Verzicht auf ausgesprochene Elite-Ausbildungswege und -stätten sowie das Fehlen eines bedeutsamen Privatsektors aus. Was den schulischen Bereich betrifft, so trifft die erste Feststellung auch schon auf je-

1 Näheres zu den Elite-Bildungsstätten in Frankreich, Großbritannien und den USA in Kap. 4

ne Bildungsinstitution zu, die dort noch am ehesten den Ruf von Exklusivität genoß, das klassische humanistische Gymnasium mit den schriftlichen Abiturfächern Latein und Altgriechisch. Es sorgte Anfang des Jahrhunderts zwar noch für ein erhebliches Maß an sozialer Auslese, seine Exklusivität war aufgrund der nicht vorhandenen Differenzierung zwischen den Gymnasien in verschiedenen Städten und des daraus resultierenden Fehlens reichsweit anerkannter Elite-Gymnasien – niemand ging beispielsweise von Köln nach Berlin oder Göttingen, nur um dort ein bestimmtes Gymnasium zu besuchen – aber schon damals wesentlich geringer als die der angesehenen britischen Public Schools und blieb auch hinter der der renommierten französischen Lycées zurück (Cassis 1988, 23). Durch die starke Zunahme der Gymnasiastenzahl und die rechtliche wie vom Image her auch faktische Gleichstellung der neusprachlich ausgerichteten Gymnasien verlor das humanistische Gymnasium in den folgenden Jahrzehnten endgültig seine Sonderstellung, so daß es sich schon in den 50er Jahren in puncto soziale Auslese grundsätzlich von den angesehenen britischen und US-amerikanischen Privatschulen unterschied, eine Differenz, die aufgrund der enormen Expansion des höheren Schulwesens seit Ende der 50er inzwischen noch sehr viel größer geworden ist (Hohorst et al. 1975; Kaiserliches Statistisches Amt 1913; Kraul 1984; Köhler 1978, 1990; Statistisches Reichsamt 1931ff.; Statistisches Bundesamt 1954, 1989).

Was für das altsprachlich-humanistische Gymnasium galt und gilt, traf und trifft auch auf die Privatschulen hierzulande zu. Ihr Anteil an der gesamten Schülerschaft der allgemeinbildenden Schulen war in den 50er Jahren mit 3% nicht nur viel geringer als in den angelsächsischen Ländern, die innere Struktur des Privatschulwesens war und ist bis heute auch eine andere als in Großbritannien oder den USA. Wirkliche Elite-Schulen spielen in Deutschland im Gegensatz zu den genannten Ländern praktisch keine Rolle. Fast 80% aller Schüler an Privatschulen gehen traditionell auf konfessionsgebundene Schulen (über drei Viertel davon auf katholische), die sich von den staatlichen Schulen nicht nennenswert unterscheiden (Arbeitsgruppe Bildungsbericht am Max Planck Institut für Bildungsforschung 1994, 232; Weiss / Matern 1989, 160; Lemper / von Westphalen 1982, 196f.). Dies gilt für die Unterrichtsinhalte, die Unterrichtsorganisation, aber auch für die Schulgebühren. In der Regel fallen ebenso wie an den öffentlichen Schulen keine an. Selbst für den Besuch der in wenigen Fällen angeschlossenen Internate muß nicht einmal die Hälfte dessen bezahlt werden, was die bekannten britischen und US-amerikanischen Privatschulen verlangen (Weiss / Matern 1989, 161, 172).

Ähnliche Ausbildungsbedingungen und auch ähnlich hohe Schulgebühren wie in den angelsächsischen Ländern gibt es hierzulande traditionell nur an wenigen nicht konfessionsgebundenen Internaten, zumeist sog. Landerziehungsheimen. Auf sie entfallen aber nicht einmal 1‰ der gesamten Schülerschaft (Arbeitsgruppe Bildungsbericht am Max Planck Institut für Bildungsforschung 1994, 234; Weiss / Matern 1989, 160f., 172). Außerdem sind einzelne Internate zwar sehr renommiert und bieten ihren Schülern in fast jeder Hinsicht eine den bekannten Public Schools vergleichbare exklusive Erziehung, es fehlt ihnen jedoch die Einbettung in ein umfassendes System gleichartiger Privatschulen und damit die gesellschaftliche Relevanz. Netzwerke, die von solchen einzelnen Institutionen ausgehen, mögen im Einzelfall durchaus wirksam sein, mit der Effektivität der Old Boy Networks der Etonians oder anderer angesehener Privatschulen in Großbritannien oder den USA sind sie aber nicht ansatzweise zu vergleichen. Der Prozentsatz der Kinder auch der "gehobenen gesellschaftlichen Kreise", die in Deutschland solche Internatsschulen besuchen, ist viel zu klein, als daß diese Einrichtungen als gemeinsame Sozialisationsinstanz und als wirksames soziales Differenzierungsinstrument zugunsten dieser Kreise dienen könnten.[2]

Was für die Schulen in Deutschland zutrifft, gilt in noch weit höherem Maße für die deutschen Universitäten. Zum einen existieren private Universitäten in so geringer Zahl, daß sie für das deutsche Hochschulwesen strukturell bedeutungslos sind. Zum anderen fehlen auch im staatlichen Sektor Universitäten oder ähnliche Institutionen, die wie die französischen Grandes Écoles einen ausgesprochen elitären Charakter aufweisen. Derartige Elite-Ausbildungsstätten gibt es hierzulande vor allem aus zwei Gründen nicht. Erstens existiert keine Tradition gesonderter Elite-Universitäten. Zwar zeichneten sich einzelne Universitäten wie Göttingen, Heidelberg oder Marburg früher durch eine überdurchschnittlich exklusive soziale Zusammensetzung ihrer Studentenschaft aus (Titze 1981, 191f.), eine Sonderstellung wie Oxford und Cambridge in Großbritannien, Harvard, Yale oder Princeton in den

2 Dies gilt auch für die anthroposophisch ausgerichteten Waldorfschulen. Mit einem Anteil von 7,5% an allen Privatschülern kommen sie zwar auf fast den zehnfachen Anteil der Landerziehungsheime (Weiss / Matern 1989, 161), insgesamt erreichen sie aber auch nur ungefähr 0,4%. Außerdem sorgen die mit durchschnittlich gut 2.000 DM pro Jahr recht niedrigen Schulgebühren dafür, daß von einer den angesehenen britischen oder US-amerikanischen Privatschulen vergleichbaren sozialen Exklusivität nicht einmal annähernd die Rede sein kann.

USA oder die Grandes Écoles in Frankreich besaßen sie aber dennoch nicht. Zweitens sorgt die Kulturhoheit der Länder in der Bundesrepublik und die insgesamt eher auf Dezentralisierung ausgerichtete Bildungspolitik dafür, daß die Personal- und Sachmittel nicht auf einige bevorzugte Universitäten konzentriert, sondern relativ flächendeckend und gleichmäßig verteilt werden. Der Wegfall von Studiengebühren seit den 60er Jahren und die geringe Rolle von Spenden tun ein übriges, um diesen Zustand zu erhalten. Die in den letzten Jahren zunehmend forcierten Bemühungen um mehr Wettbewerb unter den Hochschulen und die verschiedenen Versuche, nach US-amerikanischem Vorbild Ranglisten der deutschen Universitäten aufzustellen, haben daran bislang nichts Nennenswertes zu ändern vermocht.[3]

Außerdem spricht noch ein weiterer Punkt dagegen, daß die Universitäten in Deutschland eine ähnliche soziale Selektionsfunktion erfüllen wie die Elite-Hochschulen in Frankreich, Großbritannien und den USA. Es fehlt ihnen nicht nur der exklusive Charakter dieser Einrichtungen, die Verbindung zwischen Student und Universität ist auch viel lockerer als dort. Dafür sorgt sowohl die Tatsache, daß sich hierzulande keine "Campus-Universitäten mit integrierten Wohnbezirken für Studenten und Professoren nach dem angelsächsischen Modell" (Arbeitsgruppe Bildungsbericht 1994, 648) entwickelt haben, als auch die Größe der Universitäten. Eine starke Identifizierung mit der "eigenen" Universität kann sich in den deutschen Universitäten schon allein aufgrund der dürftigen Kontakte zwischen den Studenten und ihren Professoren wie auch innerhalb dieser beiden Gruppen nicht entwickeln. Dementsprechend fehlen trotz einiger Ansätze in jüngster Zeit (an den kleinen Universitäten) hierzulande auch die für die anderen Länder so typischen Ehemaligen-Organisationen. Old Boy Networks finden also nicht nur an den Schulen, sondern ebenso an den Universitäten keine Basis.

Zusammenfassend kann man daher sagen, daß das deutsche Bildungssystem zwar auch allgemeine Auslesefunktionen im sozialen Sinne erfüllt, indem das Abitur und vor allem der Hochschulabschluß nur für eine Minderheit, die sich überproportional aus der oberen Hälfte der Gesellschaft zusammensetzt, erreichbar sind, die für die USA, Großbritannien und vor allem Frankreich charakteristische Formung einer kleinen Elite durch die Vergabe

---

3 Die "Hitlisten", die in den letzten Jahren aufgestellt wurden, unterscheiden sich je nachdem, wer befragt wurde, derart stark, daß ein allgemein anerkanntes Ranking System wie in den USA derzeit nicht in Sicht ist. Dies gilt für die einzelnen Studienfächer, noch viel stärker aber für die Universitäten in ihrer Gesamtheit (Arbeitsgruppe Bildungsbericht 1994, 680ff.).

exklusiver Bildungstitel jedoch ausbleibt. Für die Rekrutierung von Topmanagern spielt es deshalb auch nur eine relativ allgemeine Rolle. Es engt den Kreis der in Frage kommenden Kandidaten zwar ein, der verbleibende Rest ist aber noch derartig groß, daß von einer wirklichen Vorauswahl nicht die Rede sein kann, geschweige denn von einer eindeutigen Vorentscheidung zugunsten von Kandidaten mit bestimmten exklusiven Bildungsabschlüssen wie etwa denen einer Grand École. Wenn die abgelegten Examina für die Auswahl der Topmanager aber keine entscheidende Funktion im Sinne eines die große Mehrzahl der Bewerber aus dem Rennen werfenden Ausschlußkriteriums besitzen, fragt sich, wie sich die auch hierzulande wirksame soziale Auslese dann durchsetzt, welche Auswahlkriterien und/oder -mechanismen dann dafür sorgen, daß die Spitzenpositionen in der deutschen Wirtschaft ganz überwiegend vom Nachwuchs der oberen 3-5% des Sozialgefüges dieser bundesrepublikanischen Gesellschaft besetzt werden.

3.1 Interne und externe Rekrutierung

Ein wesentliches Charakteristikum bei Besetzungsverfahren für Positionen im Topmanagement deutscher Großunternehmen ist das große Gewicht, das der unternehmensinternen Rekrutierung zukommt. Ein deutlich größerer Teil der Topmanager als in Ländern wie Frankreich oder Großbritannien hat sein gesamtes Berufsleben nur in einem einzigen Unternehmen verbracht und damit auch seine ganze Karriere bis hin in den Vorstand ausschließlich dort gemacht.

Ein deutsch-französischer Vergleich aus dem Jahre 1990 zeigt das ganz klar. Von den PDGs der 200 größten französischen Unternehmen (150 Industriekonzerne und 50 Finanz- und Dienstleistungsfirmen) hat nur ein gutes Fünftel seine Position einer reinen Managementkarriere in der Wirtschaft zu verdanken. Knapp die Hälfte kommt dagegen aus dem staatlichen Bereich, über ein Viertel allein aus den Grands Corps der staatlichen Verwaltung, und das restliche Viertel besteht aus Firmengründern, Firmenerben oder Familienmitgliedern der Firmeneigentümer. Von den knapp 22%, die einen klassischen Aufstieg innerhalb eines Wirtschaftsunternehmens gemacht haben, haben wiederum nur ganze 28,5% alle Karriereschritte in einer einzigen Firma vollzogen. Insgesamt hat also nur eine verschwindende Minderheit von gut 6% der PDGs die jetzige Position auf dem Wege einer sog. "Hauskarriere" erreicht.

In Deutschland ist das völlig anders. Von den Vorstandsvorsitzenden, Geschäftsführern oder sonstigen Leitern der vergleichbaren 200 größten Unternehmen haben zwei Drittel ihre berufliche Laufbahn ausschließlich als nicht den Eigentümerfamilien angehörende Manager in der Wirtschaft durchlaufen. Mit 48,65% hat knapp die Hälfte von ihnen sogar immer nur für ein und dasselbe Unternehmen gearbeitet (Bauer / Bertin-Mourot 1993, 138f.). Ein knappes Drittel der deutschen Topmanager hat also eine "Hauskarriere" gemacht.

3.1.1 Branchen- und Größendifferenzen

Bei diesem hohen Prozentsatz muß man allerdings beachten, daß es durchaus beträchtliche Differenzen zwischen einzelnen Branchen und Größenklassen gibt. Was die Branchen betrifft, so zeichnen sich vor allem die Chemieindustrie mit den drei IG-Farben-Nachfolgern an der Spitze und die Großbanken durch eine fast 100%ige Besetzung der Vorstandsposten aus den eigenen Reihen aus. Ausnahmen wie der ehemalige Vorstandssprecher der Deutschen Bank, Alfred Herrhausen, sind bislang sehr selten. Relativ häufig kommen Vorstandsbesetzungen von außen dagegen in der Konsumgüterindustrie oder bei den Automobilzulieferern vor.

Das unterschiedliche Maß an externen Rekrutierungen hängt zum einen mit Firmentraditionen zusammen, die in der Großchemie und bei den Großbanken besonders ausgeprägt sind. Diese Traditionen besagen, daß der wirtschaftliche Erfolg über die Jahrzehnte die Politik der internen Besetzung von Toppositionen immer wieder bestätigt hat und es daher keinen Grund gibt, von diesem Weg abzuweichen. Zum anderen schlagen hier auch die unterschiedlichen Gewichte der ausgesprochenen Großkonzerne in den einzelnen Branchen durch. Die Chemieindustrie und das Bankgewerbe werden wie kaum eine andere Branche durch wenige Großunternehmen dominiert. Solche beherrschenden Riesengebilde wie die BASF, Bayer und Hoechst in der chemischen Industrie oder die führenden Großbanken wie die Deutsche Bank oder die Dresdner Bank legen aber angesichts ihres personellen Potentials großen Wert darauf, freiwerdende Spitzenpositionen soweit irgend möglich aus dem eigenen Hause zu besetzen. Man fürchtet (wohl zu Recht), mit einer höheren Zahl an externen Rekrutierungen die eigenen Führungskräfte der 2. und 3. Ebene zu demotivieren, weil man ihnen die Perspektive eines Aufstiegs bis ganz nach oben nimmt oder sie zumindest erheblich verunsichert.

Ein Personalberater illustrierte die Folgen einer verstärkten Orientierung nach außen am Beispiel eines führenden, international tätigen Markenartikelunternehmens, das für seine ausgezeichnete Nachwuchsplanung und -förderung allgemein bekannt ist. Als dort vor einigen Jahren erstmals ein neuer Marketingchef von außen geholt wurde, also gerade in dem Bereich, der in der ganzen Wirtschaft ob seiner Qualität ein sehr großes Renommee besaß, die Spitzenposition extern besetzt wurde, soll ein "Schüttern" durch das gesamte Unternehmen gegangen sein. Die Verunsicherung der anderen Manager durch diesen Schritt muß also beträchtlich gewesen sein. Bei den starken Spannungen im VW-Management dürfte dieser Aspekt ebenfalls eine Rolle spielen, denn VW hat für ein Unternehmen dieser Größe seit dem Amtsantritt von Piëch sehr viele Topmanager von außen eingestellt.

VW ist auch ein gutes Beispiel dafür, daß es innerhalb einer Branche und zwischen Firmen ähnlicher Größe erhebliche Differenzen in der Rekrutierungspolitik geben kann. Dies ist vor allem dann der Fall, wenn die ökonomische Lage der Unternehmen sehr unterschiedlich ist. Konzerne, die in wirtschaftliche Schwierigkeiten geraten, sind naturgemäß immer eher geneigt, es mit externem "Sachverstand" zu versuchen, als langjährig erfolgreiche. Das alte Management und die mit ihm in der Regel verknüpfte Politik der internen Besetzung von Führungspositionen hat ja ganz offensichtlich versagt. Je größer die Krise, um so umfangreicher daher auch der Wechsel in der Chefetage.

3.1.2 Ökonomische Veränderungen und neue Rekrutierungsstrategien

Diese Aussage trifft auf einzelne Unternehmen, auf ganze Branchen, letztlich aber auch auf die gesamte deutsche Wirtschaft zu. Ihre nachlassende Konkurrenzfähigkeit auf den internationalen Märkten hat die Bereitschaft zur externen Besetzung von Spitzenpositionen in den letzten zwei Jahrzehnten deutlich steigen lassen. Das zeigt ein Vergleich mit den Daten der Krukschen Erhebung von 1969 ganz klar. Damals hatten noch zwei Drittel aller Vorstandsvorsitzenden und sogar drei Viertel derer in der Industrie eine "Hauskarriere" gemacht (Kruk 1972, 25f., Tab. 28). 20 Jahre später hatte sich dieser hohe Prozentsatz (bei einem vergleichbaren Untersuchungssample) halbiert. Der radikale Wandel binnen zweier Jahrzehnte ist zu einem nicht unerheblichen Teil die Konsequenz der schwächer werdenden Stellung vieler deutscher Industriebranchen und -firmen auf dem Weltmarkt. Es ist allerdings auch ein nicht zu übersehender genereller Trend zu mehr Mobilität in den Topetagen deutscher Großkonzerne festzustellen. Die für eine Reihe führender Konzerne in der Industrie wie im Finanzbereich schon fast sprichwörtliche "Beamtenmentalität"[4] auch in Karrierefragen ist gerade in den letzten zehn Jahren stark erschüttert und z.T. auch massiv durchbrochen worden. Immer häufiger wird der "Grundsatz: intern vor extern", wie es ein Personalmanager einer der dominierenden deutschen Großbanken kurz und knapp formulierte, unberücksichtigt gelassen und einem Kandidaten von außen der Vorzug vor einem "Eigengewächs" gegeben.

Nach übereinstimmender Ansicht der meisten interviewten Personalmanager[5] und -berater hat dieser Umdenkungsprozeß bisher die Vorstandsebene deutlich stärker erfaßt als die darunter liegende Führungsebene der Bereichs- und Betriebsleiter, Hauptfilialdirektoren etc., auf der die Beharrungskräfte noch ganz eindeutig das Bild bestimmen.

"Externe Besetzungen sind eher selten, wobei die Situation beim Vorstand anders ist. Da haben wir – wir haben sieben Vorstandsmitglieder – in den letzten zwei Jahren zwei von außen geholt." (Personalmanager eines der beiden Automobilkonzerne)[6]

"Normalerweise gibt es keine Besetzungen von außen. Im obersten Führungslevel sprechen da im Augenblick allerdings drei prominente Beispiele dagegen." (Personalmanager des EDV-Herstellers)

"Es ist in den letzten Jahren in 50% der Fälle so gewesen, daß wir Vorstandsfunktionen aus den eigenen Reihen besetzt haben – Bereichsleiter, so nennt sich die nächste Ebene darunter – fast immer." (Personalmanager eines der beiden Versicherungsunternehmen)

"Wir haben jetzt zwei Vorstandspositionen intern besetzt und eine extern." (Personalmanager eines der beiden Handelskonzerne)

Die Neigung, Vakanzen mit externen Managern zu besetzen, ist spürbar größer, wenn es um Vorstandspositionen geht. Das hat auch eine innere Logik. Will man von seiten der Anteilseigner und/oder des Aufsichtsrats "frischen Wind" in ein Unternehmen bringen, wirklich tiefgreifende Neuerungen einführen und durchsetzen, dann geht das am einfachsten von der Spitze

---

4 Der Begriff "Oberbeamte" für untere Führungspositionen in der Deutschen Bank ist dafür ebenso charakteristisch wie die Rede vom "Siemens-Beamtenapparat", die in der deutschen Wirtschaft gang und gäbe ist.

5 Mit dem Begriff Personalmanager werden im folgenden alle Gesprächspartner aus den Großkonzernen selbst charakterisiert, unabhängig davon, ob es sich um Vorstandsmitglieder, Bereichsleiter oder Führungskräfte der 3. Ebene handelt. So soll verhindert werden, daß einzelne Gesprächspartner aufgrund der z.T. firmenspezifischen Titel zu identifizieren sind.

6 In dem anderen Automobilkonzern ist die Quote der extern rekrutierten Vorstandsmitglieder noch größer.

aus. Konsequenterweise wird in Problemfällen am häufigsten die Position des Vorstandsvorsitzenden mit einem Kandidaten von außerhalb besetzt. Beispiele dafür gibt es in den letzten Jahren zuhauf, seien es die spektakulären Fälle wie die Feuerwehrfunktion des "Sanierers" Kajo Neukirchen bei KHD, SKF und der Metallgesellschaft, seien es die weniger spektakulären wie die Übernahme des Vorstandsvorsitzes bei Siemens-Nixdorf durch den früheren ABB-Topmanager Schulmeyer oder bei Porsche durch Wendelin Wiedeking.

Wie stark sich die Wechselhäufigkeit von Vorstandsvorsitzenden ganz allgemein von derjenigen unterscheidet, die bei Führungskräften der 2. Ebene festzustellen ist, kann man sehen, wenn man den Prozentsatz der Vorstandsvorsitzenden ohne "Hauskarriere" aus der Untersuchung von Bauer / Bertin-Mourot (1993) mit dem vergleicht, den die umfassende und mit 34.000 Befragten für alle Erwerbstätigen im Westen der Republik auch repräsentative Umfrage des Bundesinstituts für berufliche Bildung (BIBB) und des Instituts für Arbeitsmarkt- und Berufsforschung (IAB) 1991 für alle "Angestellten mit umfassenden Führungsaufgaben und Entscheidungsbefugnissen (z.B. Direktor, Geschäftsführer, Vorstand)" von Betrieben mit mehr als 500 Beschäftigten (außerhalb des öffentlichen Dienstes) ermittelt hat. Schon auf den ersten Blick zeigt sich eine deutliche Differenz. Während 38,6% aller höheren Führungskräfte in der BIBB/IAB-Erhebung ihre Karriere nur in einem einzigen Betrieb gemacht haben (Sonderauswertung der BIBB/IAB-Umfrage), ist der vergleichbare Anteil bei den Vorstandsvorsitzenden, Geschäftsführern und sonstigen Leitern der 200 größten deutschen Unternehmen mit 31,8% um fast ein Fünftel geringer.

Der tatsächliche Unterschied ist aber noch größer, denn eine externe Rekrutierung ist in den wirklich großen Unternehmen auf den oberen zwei Führungsebenen erheblich seltener als in mittelständischen Betrieben. Die interviewten Personalmanager der Großkonzerne aus den verschiedenen Branchen wie auch die befragten Personalberater schätzen den Anteil der von außen geholten Topmanager dieser zwei Ebenen im Durchschnitt der letzten 10-20 Jahre auf nicht mehr als 5-10% aller jährlichen Neubesetzungen.[7] In der Gruppe der Firmen, die mit Umsätzen zwischen einer und fünf Milliarden

---

7 Typisch sind in dieser Hinsicht Äußerungen wie folgende: *"Etwas über 90% besetzen wir intern."* (Personalmanager einer Großbank)
"Externe Besetzungen sind selten, sehr selten." (Personalmanager einer führenden Versicherungsgesellschaft)
"Extern unter 5%." (Personalmanager eines Chemiekonzerns)
"Zielsetzung ist grundsätzlich die interne Besetzung." (Personalmanager eines Medienkonzerns)

DM auf den Plätzen zwischen 50 und 150 im industriellen Bereich rangieren, steigt der Prozentsatz nach Einschätzung der Personalberater schon auf 20-25%, um bei den Firmen mit einigen hundert Millionen DM Umsatz Werte von (je nach Schätzung) 30-50% zu erreichen. Bei vielen Tochtergesellschaften ausländischer Konzerne, die sich in dieser Größenordnung bewegen, sind externe Besetzungen nach Aussagen von in diesem Sektor tätigen Personalberatern sogar die Regel. Vergleicht man auf diesem Hintergrund die Prozentangaben von Bauer / Bertin-Mourot und der BIBB/IAB-Erhebung, dann wird deutlich, um wieviel die Wechselhäufigkeit von Vorstandsvorsitzenden und anderen Leitern großer Firmen über der von Bereichsleitern etc. liegt. Denn da die von Bauer / Bertin-Mourot erfaßten Unternehmen aufgrund ihrer Größe im Schnitt eine wesentlich geringere Quote an externen Rekrutierungen aufweisen als der in der BIBB/IAB-Umfrage vertretene sehr viel größere Kreis von Unternehmen, müßte der Anteil der "Hauskarrieren" bei den Managern der ersten Gruppe eigentlich erheblich höher liegen. Daß es eher umgekehrt ist, läßt sich nur mit der Eingrenzung auf die Spitzenpositionen bei Bauer / Bertin-Mourot erklären. Vorstandsvorsitzende müssen demgemäß überproportional häufig von außen geholt werden.[8]

Ist der Wechsel an der Spitze dann erst einmal vollzogen, folgen die Veränderungen im restlichen Vorstand fast automatisch. Dabei muß es zwar nicht immer so turbulent zugehen wie bei VW, wo fast alle Vorstandspositionen seit dem Amtsantritt von Piëch neu und vielfach auch von außen besetzt worden sind, ein Teil der Vorstandsmitglieder verläßt das Unternehmen aber in der Regel über kurz oder lang, wenn ein Externer zum Vorstandsvorsitzenden berufen wird. Die Absicht, "frischen Wind" ins Unternehmen zu bringen, ist dabei nicht beschränkt auf jene Konzerne, die wie VW, Porsche oder Siemens-Nixdorf schwerwiegende ökonomische Probleme und durchgreifende Umstrukturierungen zu bewältigen haben. Sie steht auch hinter solchen externen Vorstandsbesetzungen, bei denen es um die Schaffung neuer

8 Dafür, daß gerade die Position des Vorstandsvorsitzenden häufig extern besetzt wird, sprechen auch die Resultate einer aktuellen Untersuchung von Schrader und Lüthje über das Ausscheiden von Vorstandsvorsitzenden. Sie kommen in ihrer Erhebung bei 32 bekannten Großunternehmen des verarbeitenden Gewerbes zu dem Ergebnis, daß lediglich in einem Drittel der Fälle „ein planmäßiger, altersbedingter Wechsel“ (Schrader / Lüthje 1995, 488) im Vorstandsvorsitz erfolgte, in den anderen Fällen zumeist aufgrund eines erzwungenen oder freiwilligen Ausscheidens des Amtsinhabers eher kurzfristig entschieden werden mußte. Da bei internen Besetzungen langfristige Planungen eine sehr viel größere Rolle spielen als bei externen, ist der hohe Anteil der kurzfristigen Entscheidungen ein deutliches Indiz für das starke Gewicht externer Besetzungen.

Vorstandsressorts geht, die für neue Ideen sorgen oder sich mit neuen Aufgabenfeldern befassen sollen. Bekannte Beispiele dafür sind Daniel Goeudevert, der eine solche Funktion bei VW innehatte, und Horst Teltschik, der von der Bertelsmann-Stiftung zu BMW wechselte, um dort das neu geschaffene Ressort "Politik und Wirtschaft" zu übernehmen. Sie sollen bzw. sollten sich mit Fragen beschäftigen, die normalerweise nicht von Vorständen deutscher Großkonzerne behandelt werden. Externer Sachverstand war in diesen Fällen daher stärker gefragt, als es üblich ist. In weniger ausgeprägter Form als in diesen doch eher "exotischen" Bereichen, aber dennoch deutlich erkennbar spielen Bewerber von außen eine große Rolle, wenn es um den Aufbau neuer Geschäftsfelder oder die Auseinandersetzung mit neuen Herausforderungen in Bereichen geht, die über lange Zeit eher "stiefmütterlich" behandelt worden sind und auch werden konnten.

Letzteres ist verantwortlich für die zunehmende Zahl an früheren Topmanagern aus der Industrie, die von großen Versicherungsgesellschaften für die Vorstandsposten "Personal" und "Vertrieb/Marketing" rekrutiert werden. Beide Bereiche sind in der Versicherungswirtschaft in letzter Zeit nämlich mit Anforderungen konfrontiert, die es früher so nicht oder kaum gab. Die beschaulichen Zeiten eines regulierten Binnenmarktes sind vorbei. Gerade für den Vertrieb bedeutet das eine enorme Umstellung. Die Konkurrenz wird erheblich härter und aggressiver werden. Industriemanager, die das aus ihren Branchen schon kennen und um die Bedeutung offensiver Marketingstrategien wissen, haben da gegenüber den klassischen Versicherungsmanagern einige Vorteile. Sie können in einen Bereich vorstoßen, der nach Ansicht der Topmanager aus der Versicherungswirtschaft den größten Mangel an qualifiziertem Führungspersonal aufweist. Mit 60,3% rangierte der Vertrieb bei einer Umfrage unter den Vorstandsmitgliedern der 120 größten Versicherungsunternehmen hierzulande deutlich an erster Stelle (Heidrick & Struggles o.J., 22). Werbung und Marketing waren bislang eben nicht so wichtig wie in anderen Branchen, vor allem denen mit Massenprodukten. Es fehlt dementsprechend auch eine ausreichende Nachwuchsförderung. Noch stärker gilt dies natürlich für die Sektoren, die gänzlich neu sind. Das Vorstandsressort "Elektronische Medien" bei Bertelsmann ist dafür ein Beispiel. Es wurde mit dem früheren Finanzminister Manfred Lahnstein besetzt, weil externer Sachverstand für dieses stark von politischen Gegebenheiten abhängige Geschäftsfeld unabdingbar erschien.

Generell gilt in all den genannten Fällen, daß, wenn von außen besetzt wird, dies in der Regel eher für Vorstandspositionen gilt als für die 2. Führungsebene. Ausschließlich in einem Unternehmen verlaufende Karrieren enden häufig genau auf dieser 2. Ebene. Will man wirklich in die Topetage, muß man auch bereit sein, die Firma zu wechseln.[9]

3.1.3 Branchenfremde Kandidaten

In zugespitzter Form trifft diese Aussage zu, wenn es sich um Bewerber aus einer fremden Branche handelt. Sie haben es in der deutschen Wirtschaft immer noch schwer. Charakteristisch für die Situation sind die folgenden Äußerungen eines Personalmanagers und eines Personalberaters:

"Es gibt – nicht in nennenswertem Umfang – auch Leute, die aus anderen Branchen kommen. Ich selbst bin ein Anhänger der These, daß wir ein bißchen 'Benzin im Blut' haben müssen, habe auch Beispiele vor Augen, daß Führungskräfte, die quer eingestiegen sind, sich dann tatsächlich sehr schwer getan haben, sich in diese Welt zu integrieren. Ich bin ein Anhänger der These, weil man von einer Führungskraft eigentlich ein Grundengagement erwartet, das deutlich über ein wie auch immer geartetes Durchschnittsengagement hinausgehen sollte. Und ich glaube, diese ganze Firma atmet gewissermaßen Benzin, und wer da nicht in dieser Atmosphäre mitatmen kann, der wird sich da auch nicht so integrieren können, daß er diese Verhaltensweise, die überall selbstverständlich ist, erwartet wird, aufweist und das Auto als Zentrum des Daseins der Firma, der Existenz der Firma, und seines eigenen Arbeitsplatzes ansieht." (Personalmanager eines der beiden Automobilkonzerne)

"Es gibt erst mal Branchenwechsel, die überhaupt nicht vorkommen. Wenn sie einen Entwicklungschef haben, der – ich sage mal – im Extremfall Gummimaschinen gemacht hat, der ist Maschinenbauer, kann aber morgen nicht Werkzeugmaschinen bauen. Da ist die Branche so eng, daß der im Prinzip aus dieser Branche wahrscheinlich nie rausgeht – freiwillig jedenfalls nicht. Wichtig ist auch die Kenntnis einer bestimmten Abnehmerschaft.

9 Für diese Schlußfolgerung sprechen auch die Ergebnisse der Untersuchung von Eberwein und Tholen über deutsche Industriemanager (Eberwein / Tholen 1990). In ihrem (von der Firmengröße her allerdings sehr breit gestreuten) Sample dominieren auf der 2. Führungsebene die als "Industriebürokraten" bezeichneten Manager mit einer "Hauskarriere" mit einem Anteil von fast 70% eindeutig, während sie auf der ersten mit nur gut 36% eine klare Minderheit gegenüber den als "Wechsler" bezeichneten Manager mit Managementerfahrungen in mehreren Unternehmen oder auch außerhalb der Wirtschaft darstellen. Folgerichtig zählen dann auch nur 32,2% der "Industriebürokraten" zur obersten Führungsebene, dagegen 57,5% der "Wechsler" (Eberwein / Tholen 1990, 90).

Wenn einer als Verkaufschef oder Verkaufsgeschäftsführer immer an den deutschen Lebensmittelhandel verkauft hat, die Tengelmanns und Metros und Rewes, dann bleibt der da, und das war ja auch ein wesentliches Kriterium seiner Einstellung. Wenn der bisher nur Elektrofachhandel gemacht hat, wird der niemals Geschäftsführer bei Asko für den Vertrieb. Die Branchen spielen also verkaufsgeprägt eine wesentliche Rolle, entwicklungsgeprägt und technologiegeprägt: sprich: Produktion. ...

Controlling ist zwar relativ breit, aber es ist beispielsweise schon ein Unterschied, ob ich in der chemischen Industrie Controlling mache – z.B. da, das ist ja das Typische, wo sie eine aufspaltende Fertigung haben, einen Ausgangsstoff Rohöl, wo die ganzen Derivate rauskommen – oder im Maschinenbau, denn man hat eine ganz andere Kostenrechnung und ein ganz anderes Controlling als ein Maschinenbauer, der erst die Einzelteile macht und dann daraus eine Maschine zusammenbaut, mit Zwischenlägern und Bewertungsproblemen und Ähnlichem. Also ich kann mir nicht vorstellen, daß ich zu einem Maschinenbauunternehmen jemanden bringe, der als Controller aus einer Erdölraffinerie kommt. Das paßt überhaupt nicht. Da ist selbst die Industrie noch zu groß. Aber wenn sie sagen: ob der Apparate gemacht hat, Geräte, Maschinen, Anlagen, das ist alles ähnlich." (Personalberater)

Wie beide Aussagen illustrieren, haben Bewerber aus derselben Branche zumeist die besseren Karten, wenn eine Führungskraft der oberen zwei Ebenen extern rekrutiert wird. Bei ihnen kann man davon ausgehen, daß sie die Produkte und Märkte schon kennen. Deshalb wird bei Besetzungen von außen in der großen Mehrzahl der Fälle ein Versicherungsmanager zu einer anderen Versicherung gehen, ein Pharmamanager zu einem anderen Pharmaunternehmen und ein Automanager zu einem anderen Automobilkonzern. Wechsel zwischen verwandten Branchen wie Versicherungswirtschaft und Bankgewerbe oder chemischer und pharmazeutischer Industrie gibt es schon erheblich seltener. Daß aber eine obere Führungskraft von einer Pharmafirma zu einem Flugzeugbauer, von einem Markenartikler zu einem Maschinenbauunternehmen oder gar von einem Finanzinstitut in die Industrie wechselt et vice versa, das gibt es trotz einiger Änderungen in den letzten Jahren immer noch relativ selten, zumindest in den großen Unternehmensbereichen Produktion, Forschung / Entwicklung und Marketing / Vertrieb, denn hier ist die Verknüpfung zwischen Aufgabe und Produkt doch relativ eng.

Größere Chancen haben branchenfremde Kandidaten dagegen in jenen Sektoren, die über alle Branchengrenzen hinweg vergleichsweise ähnliche

Strukturen und Funktionen aufweisen. Dies gilt beispielsweise für das Controlling, aber auch für das Finanz- und das Personalwesen. Die spezifischen Bedingungen einer Branche prägen zwar auch diese Bereiche, wie die Äußerung des Personalberaters zeigt, der Einfluß ist aber weit geringer als etwa in der Produktion oder in der Entwicklung. Die größten Erfolgsaussichten haben Bewerber aus anderen Branchen deshalb auch in der EDV, denn dieses Ressort ist wohl das am wenigsten branchenabhängige, wie u.a. die Besetzung einer Reihe von höheren Führungspositionen in großen Versicherungsunternehmen oder in den Großbanken mit Industriemanagern belegt. Bei der oben angeführten Umfrage unter Topmanagern der Versicherungswirtschaft wurde der EDV-Bereich denn auch mit 46,5% der Nennungen klar auf Platz eins gesetzt, als es um die Einsatzmöglichkeiten branchenfremder Führungskräfte ging. Auf den nächsten Plätzen folgen erwartungsgemäß die Ressorts Controlling, Finanzen und Personal, während die Befragten sich Branchenfremde in den Kerngebieten des eigentlichen Versicherungsgeschäfts (z.B. Haftpflicht-, Sach- oder Lebensversicherung) als Führungskräfte kaum oder nur schwer vorstellen können, und zwar um so weniger, je komplizierter die Materie ist. Das Schlußlicht unter den Nennungen bildet dementsprechend der Sektor Rückversicherung mit 0,9% (Heidrick & Struggles o.J., 26).

Generell gilt dabei für alle Ressorts, daß die Chancen für Branchenfremde bei der Besetzung von Vorstandspositionen größer sind als bei der Besetzung von Führungspositionen der 2. und 3. Ebene. Je höher die Position angesiedelt ist, desto geringer ist in der Regel nämlich die Bedeutung der branchenspezifischen Faktoren. Das trifft auch auf den Vorstand selbst zu. Der Anteil der aus einer anderen Branche kommenden Topmanager ist in den meisten Wirtschaftssektoren unter den Vorstandsvorsitzenden in der Regel größer als bei den anderen Vorstandsmitgliedern – ausgenommen vielleicht die Bereiche Finanzen, Personal und Controlling/EDV, soweit sie im Vorstand extra vertreten sind. Ausschlaggebend dafür ist die Tatsache, daß es, wie es einer der erfolgreichsten deutschen "Headhunter" formulierte, *"wenn Sie ganz nach oben kommen, mehr eine Koordinationsaufgabe zwischen den einzelnen Funktionen ist, Sie daher, wenn Sie dann ganz oben übergreifend Chef sind, auch mal von Reifen zu Auto und zu Bremsen und zu Kühlschränken und gegebenenfalls auch zu Dienstleistungen gehen können."* Branchenspezifische Kenntnisse spielen in dieser Position eine deutlich geringere Rolle als bei einem Produktions- oder Vertriebsvorstand, persönliche Eigenschaften wie Überzeugungskraft, strategisches Denken und unternehmerische "Visionen" dagegen eine größere. In Kombination mit dem Argument, daß "frischer

Wind" am ehesten von der Spitze aus in ein Unternehmen zu bringen ist, steigert das die Chancen von branchenfremden Kandidaten, in den Augen der Anteilseigner und/oder des Aufsichtsrats als der "richtige Mann" dazustehen. Beispiele für Vorstandsvorsitzende, die aus anderen Branchen kamen, sind denn auch vergleichsweise häufig anzutreffen, wie z.B. der Industriemanager Wendelstadt beim Colonia-Konzern, der drittgrößten Versicherungsgruppe hierzulande, der (allerdings wieder abgelöste) EDV-Mann Bohn bei Porsche oder die vielseitige Verwendbarkeit von Kajo Neukirchen, dem "Mann für Sanierungsfälle", zeigen. In nicht so bekannten Unternehmen mit Umsätzen zwischen mehreren hundert Millionen und zwei bis drei Milliarden DM dürften solche Wechsel noch deutlich öfter als in großen und/oder renommierten Firmen wie den genannten vorkommen.

3.1.4 Nachwuchsförderung und "Headhunting"

Wenn Positionen im Topmanagement größerer deutscher Unternehmen besetzt werden, gibt es im großen und ganzen drei Vorgehensweisen: den systematischen Aufbau von geeigneten Nachfolgern im jeweiligen Unternehmen selbst bei einer internen Rekrutierung und die Einschaltung von "Headhuntern" oder die Nutzung bestehender beruflicher wie persönlicher Kontakte bei einer externen Rekrutierung.

Was die erstgenannte Methode angeht, so ist sie in erster Linie bei den Großkonzernen mit mehreren zehntausend Beschäftigten anzutreffen. " Kleinere" Unternehmen haben in der Regel weder die dafür erforderlichen Kapazitäten in der Personalabteilung oder einer Stabsabteilung noch ein hinreichend großes Reservoir in Frage kommender Kandidaten im eigenen Management. Sie sind deshalb vorwiegend auf unsystematische, oft von Zufällen beeinflußte interne Auswahlprozeduren oder auf Rekrutierungen von außen angewiesen.

Bei den Großunternehmen mit einer gezielten langfristigen Personalplanung für den Führungsbereich ähneln die Verfahren sich im großen und ganzen stark. Die folgende Darstellung der verschiedenen Förderungs- und Selektionsstufen auf dem Weg ins Topmanagement eines bekannten Markenartiklers kann deshalb mit einigen Variationen hinsichtlich der Anzahl der Führungskreise oder ihrer Bezeichnung auch auf die meisten anderen Großkonzerne übertragen werden.

In dieser Markenartikelfirma, die für ihre gute Nachwuchsförderung allgemein bekannt ist, werden jedes Jahr 80-100 Trainees – ausschließlich

Hochschulabsolventen – eingestellt, aus denen das höhere Management der Zukunft primär gebildet werden soll. Diese Trainees sind durch eine ganze Reihe von Auswahlverfahren mit einem intensiven Assessment-Center am Schluß aus einer Menge von 5.000-6.000 Bewerbern herausgefiltert worden. Zwei bis drei Jahre nach ihrer Einstellung werden sie dann zum ersten Mal "potentialmäßig und nicht nur leistungsmäßig" angeschaut, um zu sehen, wer das Potential für einen Sprung ins Management besitzt. Es existieren in dieser Hinsicht vier sog. Listen, von D bis A. Kandidaten, die auf der D-Liste stehen, sollten binnen fünf Jahren den Sprung auf die C-Liste geschafft haben, also beispielsweise vom Product- zum Marketing-Manager aufgestiegen sein, um dann auf ihre Eignung für die Aufnahme in die C-Liste überprüft werden zu können. Wer in diese Liste aufgenommen wird, sollte das Potential haben, in mittelgroßen Konzerngesellschaften z.B. Marketing-Geschäftsführer zu sein. Zeigt er in einer solchen Führungsposition wirkliches General-Management-Potential, dann kommt er auf die B-Liste. Das bedeutet, daß er dann als Vorsitzender einer Firmengeschäftsleitung in Firmen in Frage kommt, die durchaus mehrere tausend Beschäftigte haben können. Hat er auch diesen Karrieresprung geschafft, ist er auf der A-Liste angelangt, die im Unterschied zu den anderen drei Listen keine Entwicklungsliste mehr darstellt, sondern die Inhaber aller Spitzenpositionen vom Geschäftsleiter einer größeren Tochtergesellschaft aufwärts umfaßt. Wird nun eine Position im Management in absehbarer Zeit frei, schreibt der in der Zentrale für die Planung Verantwortliche auf eine sog. "Long List" mehrere Namen von Kandidaten, die auf der jeweils in Frage kommenden Entwicklungsliste D, C oder B stehen und ihm geeignet erscheinen. Von dieser "Long List" werden dann durch den für die Besetzung der vakanten Stelle zuständigen Manager oder, im Falle der B-Liste, den Vorstand des Konzerns einzelne Personen aus unterschiedlichen Gründen gestrichen. Mit den verbleibenden Namen wird dann eine sog. "Short List" aufgestellt. Nachdem geklärt worden ist, ob die in ihr enthaltenen Kandidaten auch wirklich verfügbar sind, sie von ihren Vorgesetzten die "Freigabe" erhalten, wird dann unter diesen zwei bis drei eine Rangfolge aufgestellt. Nach dieser Rangfolge werden sie vom für die Stellenbesetzung zuständigen Gremium interviewt und nach positiver Beurteilung gefragt, ob sie zu einem Wechsel bereit sind. Sollte das nicht der Fall sein oder das Interview negativ verlaufen, wird der nächste auf der Liste eingeladen. Für Positionen der obersten beiden Führungsebenen heißt das, daß der Vorstand das Interview selbst durchführt und danach entscheidet.

Ähnliche Verfahren gibt es in so gut wie allen deutschen Großkonzernen. Es variieren die Bezeichnungen, die statt A-D-Liste auch Führungskreise 1-3 oder unterer, mittlerer und oberer Führungskreis lauten können, die Anzahl der Kreise oder Listen, die in der Regel aber im Bereich 3-4 liegt, die Zeitabstände zwischen den Potentialüberprüfungen und der Standardisierungsgrad der gesamten Prozedur. Letzteres betrifft vor allem die Art und Weise, in der die entscheidenden Interviews mit den Kandidaten für höhere Managementpositionen geführt werden. Sie können – wie in einer der Großbanken beispielsweise – stark strukturiert angelegt sein, indem jeder der "Interviewer" anhand einer festgelegten Anzahl und Definition von ausschlaggebenden Entscheidungskriterien auf einer Skala mit Punktwerten für jedes Kriterium eine Punktzahl einträgt und diese dann hinterher begründet. Damit entscheidet letztlich die Summe der erreichten Punkte. Normalerweise werden allerdings weniger standardisierte Verfahren bevorzugt, bei denen die Kandidaten im offenen Gespräch hinsichtlich ihrer fachlichen wie vor allem persönlichen Eignung für die vakante Führungsposition überprüft werden. Im großen und ganzen aber sieht die Förderung und Auswahl des hausinternen Managementpotentials (trotz der genannten Unterschiede im Detail) weitgehend gleich aus. Langfristige Personalplanung bestimmt überall das Bild.

Fehlt eine solch langfristige Planung, wie bei den meisten "kleineren" Unternehmen, kommt es aufgrund von unvorhergesehenen Ereignissen wie dem Tod oder dem plötzlichen Weggang eines Topmanagers zu kurzfristigen Enscheidungszwängen, wird trotz Planung kein geeigneter Kandidat gefunden oder will man bewußt jemand von außen ins Unternehmen holen, dann wird der andere Weg beschritten. Vor 15 oder 20 Jahren hieß das in der Regel, daß man von seiten der suchenden Unternehmen die über Geschäftsverbindungen oder persönliche Bekanntschaften vorhandenen Kontakte nutzte, um potentielle Kandidaten aufzuspüren. Noch 1982 nannten in einer Umfrage einer führenden Personalberatungsfirma unter 117 Vorstandsmitgliedern und Geschäftsführern von Firmen aus den verschiedensten Branchen und Größenklassen knapp 60% als Auslöser für einen Unternehmenswechsel solche Kontakte. Beruflich bedingte Beziehungen über geschäftliche Verbindungen, Aufsichtsratsmandate etc. besaßen dabei ein leichtes Übergewicht gegenüber privaten Kontakten zu Freunden, Bekannten oder Kollegen (Bremeier et al. o.J., 40). Die Ansprache durch "Headhunter" war dagegen nur für 25% das ausschlaggebende Motiv für den Eintritt in das Topmanagement einer anderen Firma.

Mittlerweile dürfte sich das Bild eindeutig zugunsten der Personalberatungsunternehmen verschoben haben. Die Suche nach Kandidaten für Spitzenpositionen wird von den Firmen auch bei einer Ausweitung in den externen Bereich zunehmend professioneller gehandhabt. Das heißt, daß – wie in den USA oder Großbritannien auch – das "Headhunting" mehr und mehr zum Normalfall wird und den Geruch des Anrüchigen verliert. Besonders große Konzerne sind inzwischen zusehends dazu übergegangen, bei einer Suche außerhalb des eigenen Hauses Personalberater einzusetzen. Es gibt zwar immer wieder prominente Fälle, wo persönliche oder berufliche Kontakte ausschlaggebend sind, wie etwa den des Vorstandsmitglieds der Deutschen Bank, Ronaldo Schmitz, der in seiner früheren Funktion als Finanzvorstand der BASF von einem "Deutsch-Banker" aus dem Aufsichtsrat desselben Unternehmens "entdeckt" und zur Deutschen Bank geholt wurde, der Trend geht jedoch eindeutig in Richtung Professionalität. Über 1.300 Besetzungen von Positionen der obersten beiden Führungsebenen durch die zehn größten Personalberatungsfirmen hierzulande im Jahre 1994 sprechen da eine deutliche Sprache. Die Klagen vieler Personalberater über die "Konkurrenz" vor allem durch die Aufsichtsräte sind deshalb zwar nicht unberechtigt, sie treffen die reale Situation aber immer weniger.

Wird eines der größeren Personalberatungsunternehmen mit der Suche nach einem geeigneten Kandidaten für eine obere Führungsposition beauftragt, ist die Vorgehensweise bei fast allen Firmen dieselbe. Da sie fast ausschließlich nach dem Prinzip der Direktansprache vorgehen und auf die Schaltung von Anzeigen verzichten, weil sich potentielle Kandidaten in diesem kleinen Marktsegment höherer Manager nach ihrer Ansicht nur persönlich ansprechen lassen, gilt es zunächst, den Kreis der in Frage kommenden Führungskräfte durch eine möglichst genaue Beschreibung des Anforderungsprofils[10] einzuschränken. Nachdem dies in längeren Vorgesprächen mit dem jeweiligen Kunden oder Klienten, wie die Kunden in Anlehnung an die Anwaltschaft zumeist genannt werden, passiert ist, beginnt die eigentliche Suche. Zunächst wird intern recherchiert, ob man in anderen Executive-

10 Ein solches, oft auch Spezifikation genanntes Anforderungsprofil enthält genaue Informationen über das den Auftrag erteilende Unternehmen (Umsatz, Organisationsstruktur, Marktanteile, Eigenkapitalquote etc.), die zu besetzende Position (hierarchische Stellung im Gesamtunternehmen, Ressortverteilung, Mitarbeiterzahl, Entwicklungsperspektiven etc.), das dazugehörige Aufgabengebiet (strategische Ziele, kurz- und mittelfristige Anforderungen etc.) und den gesuchten "idealen Kandidaten" (Alter, Nationalität, Bildungsabschluß, Fremdsprachenkenntnisse, persönliche Merkmale und Fähigkeiten, Berufserfahrungen).

Search-Projekten vielleicht mit Managern zu tun hatte, die selbst für die Position in Frage kommen oder interessante Informationen geben können. Zeitlich versetzt beginnen die eigentlichen "Headhunter" dann parallel mit der Ansprache von sog. "Sources", also Informationsquellen, die jemand geeigneten kennen könnten, vielleicht sogar selbst Interesse an der Position zeigen, und direkt ins Auge gefaßten Kandidaten. Hat man – je nach Position – 10-30 potentielle Bewerber gesichtet, d.h. ihre Bereitschaft zu einem Wechsel erkundet und schriftliche Unterlagen eingesehen, lädt man die als prinzipiell geeignet angesehenen zu Interviews ein oder führt sie an irgendeinem anderen Ort. Aus dieser immer noch recht großen Zahl (häufig mehr als 10) wählt man dann abschließend die 3-5 Manager aus, die im Hinblick auf die gestellten Anforderungen den besten Eindruck machen. Sie stellt man dem Klienten, nachdem dieser zuvor ausführliche schriftliche Informationen über die Kandidaten erhalten hat, in Form intensiver gemeinsamer Gespräche vor. Ist die Entscheidung zugunsten eines der ausgewählten Manager gefallen, was durchaus erst nach mehreren Gesprächsrunden der Fall sein kann, erfolgt dann noch so etwas wie eine Nachbetreuung. Man schaut von seiten fast aller Personalberatungsfirmen, ob der ausgesuchte Kandidat sich nachträglich auch wirklich als der geeignete herausstellt. Bei eventuellen Problemen, die sich vor allem in solchen Firmen, die sich noch in Familienbesitz befinden, durch unterschiedliche Erwartungen seitens der Eigentümer und des neuen, von außen gekommenen Managers relativ häufig ergeben, versucht man, allgemein akzeptable Lösungen anzubieten. Ein führendes Beratungsunternehmen erklärt sich sogar bereit, eine Garantie dahingehend abzugeben, daß bei Ausscheiden des vermittelten Kandidaten binnen des ersten halben Jahres ein Ersatzkandidat ohne zusätzlichen Kostenaufwand für den Klienten beschafft wird. Eine Beratung in einem so weitgehenden Sinne stellt bislang allerdings eine Ausnahme dar. Im Sinne einer Begleitung des Wechsels ist sie für die ersten 6-8 Monate bei den meisten Personalberatungsfirmen aber obligatorisch. Nach diesem Zeitpunkt geschieht es nur auf den ausdrücklichen Wunsch des Klienten oder des Kandidaten auch noch weiter. In manchen, komplizierter gelagerten Fällen kann sich eine solche Betreuung dann durchaus über einen Zeitraum von 1-2 Jahren hinziehen.

Unabhängig davon, ob die Rekrutierung von Managern der ersten Führungsebene nun intern oder extern erfolgt oder man beide Verfahren, wie es immer häufiger vorkommt, kombiniert, indem man interne gegen externe Kandidaten antreten läßt, bleibt abschließend eines festzuhalten: Bei großen Konzernen wird die Besetzung solcher hohen Führungspositionen in den meisten Fällen professionell gehandhabt. Systematische Personalplanung und Nachwuchsförderung (auch im Managementbereich) sowie die Einschaltung von Personalberatungsfirmen bei der Suche geeigneter Kandidaten bestimmen heutzutage das Bild. Berufliche Kontakte und persönliche Bekanntschaften sind in den Hintergrund getreten, wenn es um Berufungen von externen Führungskräften geht. Zufälle, Glück und Protegierung haben an Bedeutung verloren, wenn es den internen Aufstieg ins obere Management betrifft. Das aber bedeutet auch, daß sowohl bei den internen als auch vor allem bei den externen Besetzungsverfahren anhand einer Reihe von relativ fest umschriebenen fachlichen wie persönlichen Kriterien entschieden wird.

3.2 Die fachlichen Auswahlkriterien

Was die fachlichen Auswahlkriterien betrifft, so geht es bei ihnen im wesentlichen um drei große Bereiche: erstens die Schul- und Hochschulbildung, zweitens eventuelle Zusatzqualifikationen wie das Absolvieren einer Lehre, Auslandsaufenthalte und Fremdsprachenkenntnisse und drittens die beruflichen Erfahrungen und Erfolge. Obwohl ihr jeweiliges Gewicht je nachdem, ob es sich um ein internes, ein externes oder ein gemischtes Rekrutierungsverfahren handelt, variiert, entscheiden sie doch im wesentlichen darüber, wer in die engere Wahl kommt, wer also die erste Hürde im Rennen um die zur Verfügung stehenden Stellen überwindet und wer nicht.

Ein besonders großes Gewicht kommt diesen fachlichen Kriterien natürlich dort zu, wo die Kenntnisse über die Persönlichkeit des Kandidaten eher gering sind. Das ist in der Regel der Fall, wenn sich jemand von außerhalb bewirbt oder angesprochen wird. Während Kenntnisse über die Persönlichkeit des Kandidaten bei Besetzungen aus den eigenen Reihen nämlich in mehr oder minder ausführlicher Form stets vorhanden sind, fehlen sie bei der Masse der externen Rekrutierungen. Abgesehen von jenen Fällen, in denen intensivere persönliche Kontakte (beruflich oder anderswie vermittelt) für die Wahl eines unternehmensfremden Managers ausschlaggebend sind, d.h. bei allen Einstellungen vermittels einer Personalberatungsfirma, bei der Mehrzahl der auf andere Art und Weise zustandegekommenen Fremdbesetzungen[11]

---

11 Auch wenn externe Kandidaten aufgrund persönlicher oder beruflicher Kontakte - beide sind allerdings nicht exakt voneinander zu trennen, sondern nur im Sinne einer Schwerpunktsetzung - den Einstieg ins Topmanagement eines Unternehmens finden, sind diese Kontakte in der Regel nicht so eng, daß sie nähere Kenntnisse über die Persönlich-

und beim Einstieg in eine Managementlaufbahn über ein Trainee-Programm für den Führungskräftenachwuchs müssen die für die Entscheidung zuständigen Manager nämlich zunächst ausschließlich anhand der eingereichten schriftlichen Unterlagen sowie eventuell noch einiger zusätzlicher, auf vorhandenen Kontakten beruhender Kenntnisse über die beruflichen Erfolge eine erste Auswahl treffen.

Bei dieser ersten Auswahl bleibt dann stets ein großer Teil der Bewerber schon auf der Strecke. Von den Kandidaten, die in den Executive-Search-Verfahren der Personalberatungsfirmen ermittelt werden, sind es in der Regel 30-50%, von den Bewerbern für die Führungskräftenachwuchs-Trainee-Programme der Großkonzerne sogar fast immer deutlich über 90%. Die Tatsache, daß der größte Teil der Topmanager zumindest einmal in seiner beruflichen Laufbahn einen Auswahlprozeß durchlaufen hat, in dem seine aktuellen und/oder zukünftigen Managementqualitäten von Unternehmensrepräsentanten bewertet wurden, die über keine näheren Kenntnisse bezüglich der Persönlichkeit des Kandidaten verfügten, zeigt, wie wichtig die im folgenden näher zu betrachtenden fachlichen Kriterien für einen Aufstieg ins Topmanagement sind.

3.2.1 Schul- und Hochschulbildung

Die Höhe des formalen Bildungsabschlusses spielt dabei heutzutage als Ausschlußkriterium eine sehr große Rolle, eine wesentlich wichtigere als noch vor 25 oder 30 Jahren. Es ist nämlich nicht nur so, daß der größte Teil des zukünftigen höheren Managements in den Großunternehmen mittlerweile eines der Trainee-Programme für Führungsnachwuchskräfte durchläuft, die sich ganz oder überwiegend aus Hochschulabsolventen rekrutieren[12], auch

---

keit des Kandidaten erlauben. Zumeist weiß man auf seiten der suchenden Firma nur Genaueres über den beruflichen Werdegang, die Erfolge als Manager in anderen Unternehmen. Dieses Wissen gibt dann den Ausschlag, sich die Person näher anzuschauen.

12 Bei dem Markenartikel-Konzern ist es z.B. so, daß die 80-100 Trainees, die man "primär sieht für die höheren Management-Karrieren" (Personalmanager des Unternehmens), ausschließlich aus Hochschulabsolventen ausgesucht werden. So strikt wird das zwar nicht überall gehandhabt, es geht aber in den meisten Großkonzernen in dieselbe Richtung. Selbst in den Unternehmen, die bisher großen Wert auf eine gute Ausbildung im Haus gelegt haben und den Absolventen einer solchen Ausbildung ebenfalls Chancen zum Aufstieg ins Topmanagement einräumten, verlieren solche "Eigengewächse" an Boden. In einem großen Elektrokonzern beispielsweise, dessen sog. "Stammhaus-Lehrlinge" bislang Fachhochschul- und sogar Hochschulabsolventen gleichgesetzt wurden, ergreift

bei der Besetzung der Toppositionen im Management durch gestandene Manager wird enormer Wert auf einen Universitätsabschluß gelegt. Wie groß die Bedeutung eines erfolgreichen Studiums ist, beleuchten folgende Aussagen:

"Wer heute noch meint, ohne Studium in den Vorstand eines Handelsunternehmens kommen zu können, der irrt. Das werden die absoluten Ausnahmen sein." (Personalmanager eines der beiden Handelsunternehmen)

"Sehr häufig gerade unmittelbar nach dem Krieg, da gibt es hier sogar Einzelbeispiele, wo Leute mit Volksschulabschluß oder mittlerer Reife und entsprechender Lehre bis in die zweite, dritte Ebene kommen konnten. Das ist heute nicht mehr drin." (Personalmanager eines der beiden Chemiekonzerne)

"Wenn Sie in ein Top-Unternehmen wollen – ohne abgeschlossenes Studium keine Chance." (Personalberater)

"Ja, de facto muß man studiert haben. Es ist fast nicht möglich, oben anzukommen, wenn man nicht studiert hat." (Personalberater)

Gerade die Äußerungen der zwei sehr erfahrenen und zu den erfolgreichsten dieser Branche zählenden Personalberater zeigen ganz eindeutig, wie die Lage ist. In den Chefetagen der meisten größeren Unternehmen, wo sie in den letzten knapp 20 Jahren eine erhebliche Anzahl von Positionen haben besetzen helfen, geht ohne einen Studienabschluß nur in Ausnahmefällen noch etwas. Selbst für den traditionell eher "akademikerfeindlichen" Handel gilt das inzwischen. Für diese Entwicklung seit den 60er Jahren gibt es mehrere Gründe. Der ausschlaggebende ist die Annahme der meisten über die Besetzung von Toppositionen befindenden Manager und Unternehmer sowie auch

---

ein gutes Drittel dieser exklusiven Gruppe von betrieblich ausgebildeten Fachkräften anschließend die Möglichkeit zum Studium. Die Erkenntnis, daß dies der sicherere Weg in Führungspositionen ist, steht bei dieser Entscheidung sicherlich vielfach Pate. Daß sich in solchen Überlegungen auch veränderte Anforderungen niederschlagen, kann man angesichts der folgenden Äußerung als wahrscheinlich annehmen: *"Die Elektro-AG (zum Zwecke der Nichtidentifizierbarkeit gewählter Name) hat eine sehr lange Tradition, Kaufleute intern auszubilden. Da war es sogar so, daß einer, der diese Ausbildung gemacht hat, ohne Studium z.T. mehr Chancen hatte als ein Akademiker, der von außen kam. Denn die Elektro-AG hatte bestimmte kaufmännische Abläufe, die an der Universität nicht gelehrt wurden. Das heißt dann, daß der dem Studienabgänger im rein administrativen Teil immer um Längen voraus war, weil er einfach die Erfahrung gehabt hat, wie das gemacht wird. Wenn man kaufmännische Verfahren in Zukunft mit EDV, sei es eine SAP-Lösung oder was auch immer, abdeckt und man Kaufleute nur noch dort braucht, wo es knirscht und Standardabwicklungen nicht mehr durchführbar sind, dann wird es wieder wichtiger, eine akademische Vorbildung zu haben."* (Personalmanager eines EDV-Herstellers)

der sie beratenden Personalberater, daß mit Ausnahme der Generation, die aufgrund des 2. Weltkriegs keinen normalen Bildungsweg absolvieren konnte, jemand, der die Position eines Spitzenmanagers anstrebt und auch das Zeug dazu hat, sich mit einem Bildungsabschluß unterhalb eines Hochschulexamens in der Regel nicht zufrieden gibt. Die folgenden Äußerungen sind für diese Einstellung typisch:

"Leute, die in unserem Bildungssystem aufwachsen und an sich selbst einen hohen Standard setzen, sagen: Ich möchte viel aus meinem Leben machen, die setzen sich fast notwendigerweise diesen höheren Anforderungen aus und studieren. Wenn wir Leute einstellen und da bewirbt sich jemand als Bankkaufmann, den würde ich mir wahrscheinlich nicht angucken." (Personalmanager des Medienkonzerns)

"Wir haben eigentlich schon zu Zeiten, als noch relativ wenige studierten, gesagt: Wenn einer nun wirklich was auf dem Kasten hat, dann macht er eigentlich mit links sein Abitur und studiert dann halt. Warum sollte einer, der nun wirklich super Potential hat und Ehrgeiz und Karrierewillen, um der 'General' von dem Konzern X oder Y zu werden, auf eine Fachhochschule gehen oder nach der mittleren Reife abgehen und eine Schlosserlehre machen." (Personalmanager des Markenartikelunternehmens)

Zu dieser Grundeinschätzung kommt dann noch eine Reihe weiterer Argumente, von denen vor allem zwei wichtig sind. Zum einen sorgt der hohe Akademiker-Anteil in den Vorständen der meisten Großunternehmen dafür, daß man ein Studium dort allein schon deshalb positiv bewertet, weil diese Bewertung ja auch etwas über den eigenen Lebensweg aussagt. Eine solche Einstellung ist so prägend für viele Vorstände, daß, wie ein Personalberater sagte, selbst diejenigen in diesen Kreisen, die keine Akademiker sind, *"Wert darauf legen, daß jemand Akademiker ist"*, wenn ein Topmanager gesucht wird. Man unterstelle *"Akademikern eben, daß sie intellektuell besser geschult"* seien und versuche, *"immer möglichst viele positive Kriterien"* zu sehen, *"um dann bei der Entscheidung auf der sicheren Seite"* zu sein. Die Wahl eines Kandidaten ohne Hochschulabschluß beinhalte insofern immer ein Risiko für die zuständigen "Entscheidungsträger", als man beim Scheitern des ausgewählten Managers mit dem Vorwurf konfrontiert werden könne, daß das schließlich bei jemand ohne Studium vorherzusehen gewesen wäre. Es gibt insofern eine unterschwellig wirkende Tendenz zur Anpassung an vorherrschende Auffassungen, die sich im übrigen auch bei der fast generell zu beobachtenden sehr geringen Berücksichtigung der in öffentlichen Verlautbarungen immer wieder geforderten "Querdenker" (Berth 1993) niederschlägt.

Man scheut auch in diesen Fällen in der Regel das Risiko, wählt lieber die Option, bei der hinterher niemand kritisch anmerken kann, daß man das doch hätte ahnen müssen bei "so einem Mann".[13]

Das zweite wichtige Argument liefert die Arbeitsmarktlage. Da es für die meisten Positionen auch im Managementbereich inzwischen eine relativ große Anzahl potentieller Kandidaten gibt, kann man bei der Auswahl die Kriterien weiter ausreizen, als das früher der Fall war. Man nimmt dann eben einen Akademiker, auch wenn es vielleicht nicht unbedingt nötig ist, weil man auf Nummer Sicher gehen will und die hohe Anzahl von Hochschulabsolventen auf allen Ebenen großer Unternehmen[14] die Wahl eines "Nichtstudierten" zum oberen Manager auch zu einem gewissen Risiko hinsichtlich seiner Akzeptanz macht. Hochschulabsolventen paßten, so ein Personalberater mit über 15jähriger Erfahrung in diesem Geschäft und vorheriger eigener Managementkarriere, *"natürlich besser in das Führungsgefüge, weil eben bei großen Konzernen fast alle dort ein Hochschulstudium haben und deshalb bestimmte Türen in der Karriereentwicklung verschlossen sind, wenn sie das nicht haben."*

Logische Konsequenz all dieser Überlegungen und Einstellungen ist die Tatsache, daß die Klienten der größeren Personalberatungsfirmen ein abgeschlossenes Hochschulstudium quasi obligatorisch in das Anforderungsprofil für gesuchte Manager der oberen beiden Ebenen aufnehmen lassen. Das gilt auch für die eher "mittelständischen" Unternehmen[15], obwohl diese vielfach hinterher dann auch bereit sind, einen Kandidaten ohne Hochschulexamen zu

---

13 Ein Personalberater räumte ein, daß das auch in seiner Branche so sei. Bei den Vorstellungen gehe man häufig auch lieber den sichereren Weg, auch wenn dabei ein guter und interessanter Kandidat hintenrüber falle. Aber in Kenntnis der Klienteneinstellung könne man sich solche "riskanten Dinge" und "wahrscheinlichen Flops" nur ein- bis zweimal pro Jahr erlauben.

14 Wie die Lage heute vielfach schon ist, illustriert folgende Äußerung eines Personalmanagers einer großen Versicherungsgesellschaft: *"Heute ist der Sachbearbeiter ja Akademiker, und wenn er zu uns kommt, hat er noch Glück, daß er überhaupt einen Arbeitsplatz hat. Früher war das anders. Da war der normale Einstieg in die Versicherungswirtschaft der Versicherungskaufmann, und Akademiker gab's irgendwo mal vereinzelt, und das war was ganz Tolles."*

15 Mit mittelständisch sind hier wie im folgenden nicht Betriebe mit einigen hundert Beschäftigten gemeint, sondern schon Firmen mit mehreren tausend Beschäftigten und mehreren hundert Mio. bis 1 oder 2 Mrd. DM Umsatz. Mittelständisch ist insofern nur als Abgrenzungsbegriff zu jenen Unternehmen zu verstehen, die entweder zu den wirklich großen der deutschen Wirtschaft zählen oder als Töchter internationaler Konzerne vielfach nach anderen Vorstellungen gemanagt werden als vergleichbar große deutsche Unternehmen.

akzeptieren. Gewünscht wird ein solcher aber zunächst doch erst einmal. Insgesamt allerdings haben Manager ohne Studium bei mittelständischen Unternehmen, die weniger als eine Milliarde Umsatz machen und sich in Familienbesitz befinden, immer noch recht gute Karten, soweit sie sich in ihrem Berufsleben als tatkräftig und erfolgreich erwiesen haben. Bei den Großkonzernen und den Tochtergesellschaften multinationaler Großunternehmen helfen solche Qualitäten heutzutage aber allenfalls noch in Ausnahmefällen, das Handicap eines fehlenden Hochschul- oder zumindest Fachhochschulabschlusses wettzumachen, wenn es um die Besetzung von Spitzenpositionen geht. Für externe Kandidaten ist es ohne Examen fast aussichtslos, interne dagegen haben hin und wieder noch eine Chance.

Wer nun annimmt, mit der enormen Bedeutung eines Universitätsexamens sei eine ebenfalls hohe Wertschätzung der Promotion verbunden, unterliegt einem Irrtum. Während der Hochschulabschluß mittlerweile bei vielen großen Firmen fast so etwas wie ein Ausschlußkriterium für Positionen im Topmanagement geworden ist, hat der Doktortitel an Glanz verloren. Zwar verfügt die Mehrzahl der Vorstandsvorsitzenden führender Unternehmen in Industrie[16], Handel und vor allem im Finanzsektor noch über diesen Titel, seine Bedeutung wird aber durchweg als sinkend bis stark sinkend eingeschätzt. Diese Haltung erstreckt sich inzwischen selbst auf die Großchemie, wo der Doktortitel für die Chemiker und Juristen bis heute obligatorisch ist.[17] Bei einem der drei IG-Farben-Nachfolger gibt es sogar ausdrückliche Bestrebungen, den Doktortiteln ihren Stellenwert dadurch zu nehmen, daß man sie – von der Unternehmensspitze angefangen – auf Türschildern oder in Rundschreiben einfach nicht mehr aufführt.

Für den zunehmenden Bedeutungsverlust der Promotion sind in erster Linie zwei Faktoren verantwortlich. Zum einen geht im Zuge der Internationalisierung der Märkte und Unternehmen vom Ausland und vor allem von den USA, die im Managementbereich auf akademische Titel fast durchgängig verzichten, eine Tendenz zur Anpassung an die internationalen Gepflogenheiten aus. Die große Rolle, die die Promotion im deutschsprachigen Raum lange Zeit gespielt hat, bleibt dabei Stück für Stück auf der Strecke. Zum anderen, und das dürfte das gewichtigere Argument sein, kostet der Erwerb eines

---

16 Von den Vorstandsvorsitzenden der 50 größten deutschen Industrieunternehmen verfügten 1988 immerhin noch 29 über einen Doktortitel, vor allem die Juristen und Naturwissenschaftler.

17 Die Juristen müssen sich dabei nach den Chemikern richten, bei denen die Promotion fast der normale Studienabschluß ist und die einen Juristen ohne Doktortitel "nicht für voll nehmen" (Hartmann 1990a, 67).

Doktortitels einfach zu viel Zeit. Die deutschen Manager mit ihren im internationalen Vergleich sowieso schon zu langen Studienzeiten werden durch eine Promotion noch älter, bevor sie das erste Mal ins Berufsleben treten. Sie geraten dadurch bei multinationalen Konzernen zunehmend in die Lage, bei europaweiten Ausschreibungen für Toppositionen als zu alt abgelehnt zu werden, wie ein Personalberater aus eigener Erfahrung berichtete.[18] Aber auch in der inländischen Konkurrenz mit Nichtpromovierten ziehen sie aufgrund ihres Alters immer häufiger den Kürzeren. Der Rat, den ein sehr bekannter deutscher Vorstandsvorsitzender seinem heute als Personalberater tätigen Sohn vor Jahren (allerdings ohne Erfolg) in dieser Beziehung gab, dürfte die vorherrschende Einstellung in den Topetagen der deutschen Wirtschaft ziemlich genau treffen. Er riet von einer Promotion mit der Begründung ab, daß *"das zuviel Zeitaufwand und der Karriere letztendlich nicht förderlich"* sei.

Die Promotion wird allerdings nur allmählich ihr bisheriges Gewicht verlieren. Auf der einen Seite gibt es nämlich immer noch viele Manager und Personalberater, für die die Promotion etwas Positives über den Charakter eines Kandidaten aussagt. Sie zeigt in ihren Augen, daß er in der Lage ist, *"auch mal ein dickes Brett durchzubohren"*, wie es ein Bankmanager formulierte. Sie steht also als Synonym für Durchhaltevermögen und eine richtige Einschätzung der eigenen Leistungsfähigkeit. Auf der anderen Seite läßt sich bei vielen Mittelständlern ein Trend beobachten, der dem für die Großunternehmen geschilderten zumindest teilweise entgegenläuft. Mittelständische Unternehmer, die früher keine Chance besaßen, einen promovierten Akademiker für ihre Firma zu gewinnen, rekrutieren nun in verstärktem Maße Doktoren für ihr Management, um dadurch an gesellschaftlichem Renommee zu gewinnen. Erfahrungen wie die eines Personalberaters, dem ein Mittelständler in Baden-Württemberg ganz stolz *"seinen Herrn Doktor"* wie ein Statussymbol präsentierte, dürften mittlerweile häufiger zu machen sein. Gerade bei Unternehmen, die in der Provinz liegen, besteht in dieser Hinsicht sicherlich oft ein gewisser "Nachholbedarf".[19] Am allgemeinen Bedeutungsver-

---

18 *"Wenn ich eine Position in einem europäischen Headquarter besetze, dann habe ich Mühe, auch nur 3-4 deutsche Kandidaten zu bekommen, weil die immer vier, fünf Jahre älter sind als die Engländer, Franzosen oder Spanier. Das ist ein großes Problem."* (Personalberater)

19 Es gibt allerdings auch rationalere Varianten dieser Haltung, wie folgende Aussage eines Personalberaters mit sehr langer Berufserfahrung im mittelständischen Bereich zeigt: *"Ich habe jetzt eine Position, wo mir wirklich ein fachhochschulgraduierter Betriebswirt nur deshalb abgelehnt worden ist, weil er in sieben Jahren eine Unternehmensgruppe von*

lust der Promotion in den Chefetagen der deutschen Wirtschaft ändert sich dadurch allerdings nichts Nennenswertes. Er wird nur verlangsamt.

Viele Beobachter haben in diesem Zusammenhang darauf verwiesen, daß in Deutschland der internationalen Entwicklung gemäß der Erwerb eines MBA den eines Doktortitels in Zukunft ablösen werde. So hat beispielsweise die erste umfassende Umfrage unter deutschen Managern zu diesem Thema ein eindeutiges Resultat erbracht: Von den 515 befragten Führungskräften, zu über 60% Unternehmer, Vorstands- oder Aufsichtsratsmitglieder und Geschäftsführer und zu gut einem Drittel promoviert waren, rieten dreimal mehr zum Erwerb eines MBA-Titels als zu einer Promotion. Nur ganze 17% gaben keine Empfehlung für ein MBA-Studium und weniger als ein Drittel wollten einen MBA nicht bevorzugt einstellen (Industriemagazin 1990, 74ff.). Dieses auf den ersten Blick absolut klare Bild wird bei näherem Hinsehen allerdings etwas getrübt. Zunächst sind in dieser von einer großen Personalberatungsfirma durchgeführten Erhebung MBAs mit über 10% weit überproportional unter den Befragten vertreten. Sodann ist der Sektor Finanzdienstleistungen/Consulting, der für die Rekrutierung von MBAs bekannt ist, deutlich überrepräsentiert. Schließlich scheint, obwohl Angaben zur Größe der Unternehmen fehlen[20], der Anteil führender Konzerne eher klein zu sein.

Dieser Eindruck bestätigt sich, wenn man sich die beruflichen Erfolge der deutschen Absolventen des renommierten INSEAD anschaut. Der Direktor des Instituts für Karriereplanung am INSEAD, Prof. Werner, hat nämlich 1987 für die Abschlußjahrgänge 1960-1985 ermittelt, daß es von den 242 INSEAD-Absolventen aus Deutschland ganze zwei in den Vorstand oder die Geschäftsleitung eines Großkonzerns gebracht und auch nur 11 eine Position als Bereichs- oder Hauptabteilungsleiter in solchen Unternehmen erreicht hatten. 79 Inseadiens dagegen waren "nur" Geschäftsführer einer mittelgroßen Firma, d.h. 87% all derer, die es bis in die erste Führungsebene geschafft hatten (Werner 1987, 104). In deutschen Großkonzernen scheinen MBAs also nicht so begehrt zu sein wie etwa in US-amerikanischen, denn für einen Zeitraum von über 25 Jahren und ein so angesehenes Institut wie das INSEAD, immerhin eines der drei renommiertesten in ganz Europa, ist die Bilanz doch ziemlich ernüchternd.

---

einer Milliarde - Familienunternehmen - übernehmen soll, die heute in Verbänden eine große Rolle spielt. Da können sie sich einen Menschen, der mit so einem kleinen Bildungsdefizit kommt, ohne Dr. ist schon schlecht, nicht vorstellen, nur weil sie in den Verbänden die Rolle wieder übernehmen wollen. Das ist dann wegen der Außenwirkung, wenn Sie so wollen, wegen der Visitenkarte."

20 Das ist häufig ein Indiz dafür, daß die ganz großen Unternehmen nicht dabei sind.

Obwohl der MBA-Titel in den Interviews der vorliegenden Untersuchung nicht explizit angesprochen worden ist, ist auch hier eher Unterstützung für eine nicht so optimistische Einschätzung zu finden. Als Positivum wurde ein MBA-Abschluß von niemandem erwähnt, z.B. bei den Fragen zur gewünschten Ausbildung von Topmanagern. Die einzige Äußerung, die sich ausdrücklich auf MBAs bezog, war negativ. Der Personalmanager des großen Markenartikelunternehmens erzählte, daß ein den vergangenen Jahren mehrere Versuche mit "Testpersonen" durchgeführt worden seien, die sämtlich als gescheitert eingestuft worden seien. Daher rekrutiere man in diesem Unternehmen keine MBAs mehr. Sie seien ob ihrer oft überzogenen Ansprüche nicht zu integrieren gewesen. Als allgemeine Schlußfolgerung läßt sich daher sagen, daß ein MBA-Titel zwar auch in Deutschland an Bedeutung gewonnen hat und weiter gewinnen wird, aber doch sehr zweifelhaft ist, ob er jemals die Rolle spielen wird wie der Doktortitel in der Vergangenheit oder der MBA-Abschluß in den USA.[21] Da auch der Besuch eines altsprachlichen humanistischen Gymnasiums, das früher bei vielen Spitzenmanagern ein besonderes Ansehen genoß, allenfalls noch bei einigen Juristen der älteren Generation als ein Indiz für eine besonders positive Persönlichkeitsprägung angesehen wird, bleibt als einziges wirklich wichtiges ausbildungsbezogenes Kriterium (im Bereich des allgemeinbildenden Schul- und Hochschulwesens) der Abschluß eines Studiums.

Abgesehen von der generellen Bedeutung eines akademischen Titels sind dabei vor allem zwei weitere Punkte bemerkenswert. Zum einen wird die Studiendauer in den meisten Fällen stärker gewichtet als die Abschlußnote. *"Zeit ist Trumpf"*, so drückte es der Personalmanager eines der beiden großen Elektrokonzerne aus. Wenn man zwischen zwei Kandidaten zu entscheiden hat, von denen der eine nach acht Semestern mit einem guten Befriedigend und der andere nach 10 Semestern mit einem Gut abgeschlossen hat, wird zumeist der erste genommen. Eine wesentlich über die Regelstudienzeit hinausgehende Studiendauer ist sogar so gut wie gar nicht wettzumachen, selbst durch hervorragende Examina nicht. Die Vollendung des 30. Lebensjahres bildet fast immer – Ausnahmen werden hin und wieder bei promovierten Naturwissenschaftlern und Juristen gemacht – die Schallmauer, die nicht durchstoßen werden darf. Derartige Abwägungen zwischen Note und Dauer des Studiums stellen sich in der Regel zwar nur bei der Einstellung von Füh-

21 Für eine solch skeptische Einschätzung spricht auch das Ergebnis einer Umfrage bei 66 Großunternehmen, nach welchen Kriterien sie ihre Trainees auswählen. MBA und Promotion zusammen brachten es gerade auf 2 Nennungen (Eckstein 1993).

rungsnachwuchskräften, da die Abschlußnoten praktisch nur bei ihnen nähere Beachtung finden[22], die Studiendauer allein stellt aber häufig auch noch bei der Besetzung höherer Managementpositionen ein Indiz dar, das Berücksichtigung findet[23]. Ein in kurzer Zeit absolviertes Studium gilt bei vielen Vorständen und Personalmanagern nämlich als ein (mehr oder minder) wichtiger Anhaltspunkt für Persönlichkeitsmerkmale wie Zielstrebigkeit und Belastbarkeit. Eine vergleichsweise lange Studienzeit ist dagegen in der Regel erklärungsbedürftig, etwa mit dem Hinweis auf die Notwendigkeit, Geld für das Studium zu verdienen, auf langwierige Krankheiten der eigenen Person oder enger Familienangehöriger, auf nicht selbstverschuldete Probleme bei der Examensarbeit oder auch auf sinnvolle Auslandsaufenthalte. In der Mehrzahl der Fälle gibt es nämlich Kandidaten, die vergleichbar gut sind, nur schneller studiert haben und damit ein geringeres Alter aufweisen.

Der zweite interessante Punkt ist die außerordentlich geringe Bedeutung, die dem jeweiligen Studienort zugemessen wird. Die Äußerung eines Personalberaters, daß *"der Studienort noch unwichtiger als die Noten"* sei, ist zwar besonders kraß, trifft die allgemeine Grundhaltung aber doch weitgehend richtig. Wo jemand studiert hat, spielt fast nie eine Rolle. Entscheidend ist allenfalls, bei wem er studiert hat. Bestimmte Lehrstühle haben in Deutschland durchaus einen so guten Ruf, daß Hochschulabsolventen, die ihren Abschluß bei den jeweiligen Lehrstuhlinhabern gemacht haben, es bei der Bewerbung deutlich leichter haben. Das gilt vor allem für die Ingenieur- und Naturwissenschaften. Auf die Universitäten, an denen die in der Wirtschaft positiv bewerteten Professoren lehren, färbt das positive Urteil jedoch durchweg nicht oder nur minimal ab. Zwar haben traditionelle THs wie Aachen oder Darmstadt im ingenieurwissenschaftlichen Bereich auch insgesamt ein leichtes Plus gegenüber anderen Hochschulen, es hat aufgrund der eindeutigen Priorität der Lehrstühle und der recht unterschiedlichen Bewertung der jüngeren Universitäten, die von manchen Managern wegen der Nähe zwi-

---

22 Bei den Bewerbern für Trainee-Programme sind Noten zumeist insofern ein Ausschlußkriterium, als jemand mit einer Abschlußnote unterhalb eines Befriedigend keine Chance hat, im Verfahren zu bleiben. Dieser Selektionsfilter siebt inzwischen allerdings nur noch einen relativ kleinen Teil der Bewerber aus. Im Finanzbereich wird dabei auf gute Noten generell höherer Wert gelegt als in der Industrie (vgl. dazu auch Eckhardt 1990).

23 Für die Noten gilt das nur in Einzelfällen. Es kommt aber überraschenderweise doch ab und zu vor, daß die zuständigen "Entscheider" sich "die Zeugnisse angucken und daran herummäkeln", weil jemand mit keiner "glatten 2" ja "eigentlich Mittelmaß" sei und "man keine mittelmäßigen Leute haben" wolle, so die Aussage eines sehr erfahrenen Personalberaters.

schen Lehrenden und Lernenden inzwischen sogar besser als die allseits bekannten Massenuniversitäten angesehen werden, aber keine wirklich nennenswerten Auswirkungen. Abgesehen von sehr vereinzelten Äußerungen, in denen Bremen und die FU Berlin immer noch stark negativ bewertet wurden, waren sich alle befragten Personalmanager und -berater darin einig, daß es in der deutschen Hochschullandschaft keine herausragenden Ausbildungsstätten gibt. Die wenigen privaten Universitäten wie vor allem Herdecke wurden zwar von einigen Gesprächspartnern hervorgehoben, aufgrund ihrer sehr geringen quantitativen Bedeutung aber mehr im Sinne von Orientierungsmodellen. Für die Rekrutierung von Managern sind sie ohne Belang. Ob sich das in Zukunft zumindest teilweise ändern wird, wie ein paar Personalmanager und -berater vermuteten, ist doch eher unwahrscheinlich angesichts der fest verwurzelten hiesigen Traditionen und des geringen Gewichts dieser Privatinstitutionen.[24]

Mit dem geringen Gewicht, das dem von den Kandidaten jeweils besuchten Studienort auf seiten der für die Auswahl zuständigen Manager und Personalberater zugemessen wurde, korrespondiert im übrigen auch die völlige Bedeutungslosigkeit, die studentischen Verbindungen und Ehemaligen-Treffen bestimmter Lehrstühle oder Institute attestiert wurde. Kein einziger der interviewten Personalmanager und -berater bescheinigte ihnen Wirksamkeit hinsichtlich der beruflichen Karriere im Management. Es bleibt also dabei, daß ein Hochschulabschluß mehr und mehr zur "conditio sine qua non" für die Besetzung von Positionen im Topmanagement großer deutscher Unternehmen geworden ist, es dabei aber nur um das Examen als solches geht, der Studienort im Auswahlprozeß dagegen keine nennenswerte oder sogar überhaupt keine Rolle spielt.

3.2.2 Lehre, Auslandsaufenthalte und Fremdsprachenkenntnisse

Während hinsichtlich des Hochschulexamens große Einigkeit unter den interviewten Personalmanagern und -beratern herrschte, gingen die Meinungen bei der Frage nach der Zweckmäßigkeit einer Lehre für eine Managementkarriere ziemlich weit auseinander. Die Personalmanager waren mehrheitlich der Meinung, eine solche betriebliche Ausbildung sei sinnvoll und bilde auch ein positives Auswahlkriterium; die Personalberater dagegen hielten eine

---

24 Bei der Umfrage zur Trainee-Auswahl wurde der Studienort nur ein einziges Mal als Kriterium genannt (Eckstein 1993).

Lehre fast durchweg für einen Fehler. In ihren Augen vermittelt sie zwar wichtige Einblicke in die berufliche Praxis – darin waren sie sich mit den Personalmanagern einig -, der erforderliche Zeitaufwand sei aber viel zu groß. Typisch sind in dieser Hinsicht Äußerungen wie *"überflüssig, weil sie einfach die Ausbildungszeit nur verlängert"* oder *"eine Lehre noch vorweg halte ich für tödlich im Wettbewerb"*. Angesichts der von so gut wie allen Personalberatern schon als viel zu lang empfundenen Schul- und Hochschulausbildung bewerteten sie den zusätzlichen zeitlichen Aufwand für eine Lehre als ein Handicap in der Konkurrenz mit Bewerbern, die durch den Verzicht auf eine solche betriebliche Berufsausbildung gut zwei Jahre jünger sind.

Die Mehrheit vor allem der in Industriekonzernen tätigen Personalmanager sah das anders. Zwar bestritten sie das Altersproblem nicht, gewichteten die positiven Effekte einer Lehre wie Praxiserfahrung, Kenntnis eines Unternehmens auch aus der Perspektive normaler Beschäftigter oder präzisere Vorstellungen vom eigenen Lebensweg aber stärker. In besonderem Maße traf dies in allen metallverarbeitenden Branchen und bei den Finanzinstituten zu, während eine Lehre in der Großchemie beispielsweise deutlich skeptischer betrachtet wurde. Hier trat die Frage des Alters wieder mehr in den Vordergrund, wie die folgende Aussage eines Personalmanagers aus einem der beiden Großkonzerne der chemischen Industrie anschaulich demonstriert:

"Eine Lehre wird von uns sehr geschätzt. Sie trägt auf der anderen Seite aber zur Verlängerung der ganzen Ausbildungszeit bei. Ich habe hier gerade eine Bewerbung von einem Dipl. Ing. aus Aachen, der im nächsten Monat seine Promotion hat, den Gesellenbrief eines Bauschlossers und den Grundwehrdienst hinter sich hat, aber 36 Jahre alt ist. Mich wundert nicht, daß der Mann 36 Jahre alt ist. Auf der anderen Seite frage ich mich aber, ob wir einen 36jährigen einstellen sollen, wenn wir heutzutage z.T. Frühpensionierungen mit etwas mehr als 55 Jahren haben."

Auch insgesamt sind die Unterschiede zwischen der Mehrzahl der Personalmanager, die eine Lehre als Positivum ansahen, und den Personalberatern, die sie mit wenigen Ausnahmen als nicht sinnvoll betrachteten, weit weniger groß, als sie im ersten Augenblick erscheinen; denn die Personalberater bezogen sich bei ihrer Bewertung überwiegend oder ausschließlich auf die Rekrutierung des Führungskräftenachwuchses. Ein Bankmanager betonte ausdrücklich, daß eine Lehre *"gern gesehen"* wird, *"aber nur beim Berufseinstieg eine Rolle spielt"*. Die Personalberater dagegen maßen die Bedeutung einer Lehre anhand ihrer Erfahrungen mit der Vermittlung von Managern der oberen zwei Ebenen. Daraus läßt sich der Schluß ziehen, daß eine Lehre für die Auswahl von Trainees und auch für "Hauskarrieren" immer noch eine nicht zu unterschätzende Rolle spielt[25], sie für die Besetzung höherer Managementpositionen mit externen Kandidaten aber weitgehend bedeutungslos ist. Aufgrund des zunehmenden Werts, den große Unternehmen auf das Alter der Bewerber legen, ist allerdings damit zu rechnen, daß eine Lehre immer mehr an Boden verlieren wird gegenüber anderen Formen des Erwerbs beruflicher Erfahrungen wie vor allem den Betriebspraktika oder den Ferienjobs. Sie vermitteln auch Einsicht in den betrieblichen Alltag, kosten aber weit weniger Zeit. Wenn in einer Umfrage zu den Auswahlkriterien für Trainee-Programme unter großen Unternehmen Praktika und Nebenjobs fast dreimal so häufig genannt werden wie eine abgeschlossene Lehre (Eckstein 1993, 326), so zeigt das deutlich, wohin die Entwicklung auch bei der Rekrutierung des Führungskräftenachwuchses geht.

Eine genau gegenläufige Tendenz ist bei der Bewertung von Auslandsaufenthalten festzustellen. Sie werden von Jahr zu Jahr als Auswahlkriterium wichtiger, wie Personalmanager und -berater übereinstimmend berichteten. In vielen Großkonzernen sind sie für einen Aufstieg ins Topmanagement inzwischen schon fast unerläßlich. Das gilt vor allem für die Industrie. Bei jedem zweiten der in die vorliegende Untersuchung einbezogenen Industrieunternehmen existieren sogar feste Regelungen, nach denen ein Auslandsaufenthalt für jeden verpflichtend ist, der ins obere Management will. Zwar wird dieses Prinzip in der Praxis nicht 100%ig durchgehalten, es ist aber doch weithin bestimmend für die internen Karriereverläufe. In etwas abgeschwächter Form trifft das auch auf die anderen Industriekonzerne zu, die in diesem Punkt keine formalisierten Regelungen aufweisen. Bei der Wahl externer Bewerber ist ein Auslandsaufenthalt bei großen, international tätigen Unternehmen aus der Industrie inzwischen fast ein Muß.[26] Selbst bei vielen mittelständischen Firmen wird es heute gewünscht, ist allerdings *"noch kein K.O.-Kriterium"*, wie ein Personalberater feststellte. Im Bankgewerbe, vor allem aber in der Versicherungswirtschaft und im Handel sieht die Lage noch anders aus. Der erheblich geringere Grad an Internationalität in Form eigener

25 In der Umfrage zur Trainee-Rekrutierung wurde der Abschluß einer Lehre immerhin von 17% der Befragten als wichtiges Kriterium angeführt, also wesentlich häufiger als Studienort, Promotion, MBA oder das Thema der Diplomarbeit. Die Studiendauer oder Persönlichkeitsmerkmale waren allerdings weit wichtiger für die Auswahl (Eckstein 1993).

26 Typisch ist da folgende Aussage eines Personalmanagers eines Medienkonzerns: *"Heute kann niemand ernsthaft damit rechnen, daß er hier bei uns eine Chance bekommt, wenn er nicht mal im Ausland gewesen ist, sei es, daß er dort gearbeitet hat, sei es, daß er dort studiert hat"*.

Auslandsniederlassungen und (im Falle der Versicherungsgesellschaften und Handelsunternehmen) umfangreicher Geschäftstätigkeit im Ausland verringern die Bedeutung von Auslandsaufenthalten in diesen Sektoren bislang noch spürbar. Bei den Großbanken sind allerdings schon deutliche Veränderungstendenzen hin zu einer höheren Bewertung von Auslandserfahrungen zu beobachten. Mit zeitlicher Verzögerung gegenüber den großen Industrieunternehmen vollziehen sie den Prozeß zum Aufbau wirklich international agierender "Global Players" nach. Damit verändern sich dann zwangsläufig auch einzelne Auswahlkriterien für die Besetzung von Toppositionen.

Auslandsaufenthalte gewinnen ihr Gewicht generell dadurch, daß sie zum einen als Indikator für eine Reihe gewünschter Persönlichkeitsmerkmale gelten – dieser insgesamt wichtigere der beiden Aspekte wird weiter unten noch genauer behandelt –, zum anderen auch ganz einfach eine intensive Fremdsprachenschulung darstellen. Fremdsprachenkenntnisse, die im alltäglichen Leben in den USA oder Frankreich erworben werden, besitzen eine andere Qualität als jene, die nur auf dem Schulunterricht beruhen. Wenn fließendes und verhandlungssicheres Englisch, das inzwischen ein absolutes Muß für so gut wie alle Spitzenpositionen in der Wirtschaft mit Ausnahme des Handels darstellt[27], gefordert wird, tut sich ein Kandidat ohne längere Aufenthalte im angelsächsischen Bereich schwer. In verstärkter Form gilt das für alle anderen Sprachen, die in der schulischen Ausbildung ja durchweg eine wesentlich geringere Rolle spielen, in der Wirtschaft aber zunehmend gefragt sind.

Wie wichtig Fremdsprachenkenntnisse mittlerweile in allen Bereichen, selbst in mittelständischen Firmen geworden sind, illustrieren die folgenden Äußerungen verschiedener Personalberater:

"Wir gucken uns gar keine Leute an, die keine Fremdsprache können. Für uns gilt: Muttersprache plus zwei Fremdsprachen fließend in Wort und Bild."

"Man kann an der Spitze einer deutschen Tochter eines angelsächsischen Unternehmens sein und Englisch fließend sprechen und etwas Deutsch. Umgekehrt klappt das nicht, denn die ganze Finanzabwicklung, die muß fließend in Englisch gehen, und auch die Präsentationen für den Aufsichtsrat."

"Einen Menschen, der nicht Englisch kann, können Sie gar nicht mehr vermitteln."

---

27 Der interviewte Personalmanager aus dem Markenartikelkonzern bemerkte dazu kurz und bündig: *"Wir sagen: Englisch ist keine Fremdsprache - und Punkt!"*

"Es ist traurig, wenn ältere Kandidaten, die ansonsten alle Qualifikationen mitbringen, nicht berücksichtigt werden, weil derjenige vielleicht seinen Chef im Ausland sitzen hat und dahin berichten muß. Da nützt es auch wenig, wenn derjenige sagt: Das müßte ich auffrischen oder da müßte ich einen Kurs machen oder sonst etwas. Das wird meistens nicht akzeptiert."

Bei Kandidaten für Positionen im Topmanagement großer Firmen werden, wie diese Äußerungen zeigen, sehr gute Englischkenntnisse heutzutage als selbstverständlich vorausgesetzt und ebensolche Kenntnisse in einer zweiten Fremdsprache auch immer häufiger verlangt. Ob es sich dabei um Französisch, Spanisch, Italienisch, Russisch oder Japanisch handelt, hängt von den jeweiligen Gegebenheiten ab. Eine Prioritätenliste mit allgemeiner Gültigkeit gibt es nicht. Abgesehen vom Englischen als der weltweiten Business-Sprache existiert keine Rangfolge unter den anderen Sprachen.

Problematisch gesehen werden nur zwei Punkte bei Auslandsaufenthalten. Sie dürfen nicht zu einer merklichen Verlängerung der Ausbildungszeit führen und müssen sich zeitlich in einem Rahmen bewegen, der je nach Lebensalter zwei bis fünf Jahre nicht überschreiten sollte. Zwei Jahre Studium, selbst wenn sie in Oxford oder Harvard absolviert worden sind, rechtfertigen keine Verlängerung der Studiendauer um mehr als ein halbes Jahr. Verzögert sich durch einen solchen Auslandsaufenthalt das Studium um über ein Jahr, wird aus dem positiven Merkmal leicht ein negatives im Sinne von Unentschlossenheit oder Hang zum Savoir-vivre. Im Beruf liegt das Problem anders. Wer zu lange im Ausland war, gerät leicht in den Ruf, sich hierzulande nicht mehr integrieren zu können. Für die Toppositionen in den hiesigen Konzernzentralen ist er damit zumeist aus dem Rennen. In deutlich abgeschwächter Form kann das auch diejenigen treffen, die auf Wunsch des Unternehmens und mit der Aussicht auf einen Karrieresprung ins Ausland gegangen sind. Wenn die Karriereplanung von seiten der Firma nicht hinreichend durchkalkuliert ist oder unerwartete Veränderungen eintreten, was selbst bei den Konzernen, die Auslandseinsätze zur Vorbedingung für einen Aufstieg ins höhere Management machen, immer wieder passiert[28], dann kann aus der erhofften Karrierebeschleunigung hin und wieder auch eine Sackgasse werden. Im oberen Management ist das allerdings die Ausnahme.

---

28 Die Personalmanager aus der Großchemie und der Automobilindustrie wiesen ausdrücklich auf das Problem der Reintegration solcher Führungskräfte hin, die mit großen Versprechungen ins Ausland "gelockt" worden sind und bei ihrer Rückkehr dann alles besetzt finden. So etwas gäbe es allerdings nicht allzu häufig, und bei den wirklich erfolgreichen Kandidaten für Spitzenpositionen komme es so gut wie nie vor.

Deshalb beeinflußt es die generelle Bewertung von Auslandsaufenthalten auch nicht.

Zusammenfassend kann man sagen, daß der Bedeutungsverlust eines Lehrabschlusses und das große und weiter zunehmende Gewicht von Auslandsaufenthalten und hervorragenden Fremdsprachenkenntnissen die in dieser Hinsicht bislang bestehenden Unterschiede zwischen Deutschland und anderen führenden Industrieländern deutlich reduzieren. Sie werden zwar nicht nivelliert, die Annäherung ist aber nicht zu übersehen. Zumindest in den oberen Etagen großer Unternehmen zeichnet sich wie bei der Frage der Promotion eine spürbare Anpassung an die internationalen, d.h. vor allem angelsächsischen Gepflogenheiten ab – eine Reaktion auf die wachsenden Verflechtungen auf den Weltmärkten.

3.2.3 Der berufliche Werdegang

Das größte Augenmerk wird bei der Besetzung der Spitzenpositionen in großen Unternehmen allerdings weder auf die einzelnen Bildungsabschlüsse noch auf Auslandsaufenthalte oder Fremdsprachenkenntnisse gerichtet, es gilt vielmehr der bisherigen beruflichen Laufbahn, den dort gezeigten Leistungen und Erfolgen des Kandidaten. Große Aufmerksamkeit widmet man dabei in der Regel vor allem drei Punkten: der Kontinuität der Karriere, dem Wechsel zwischen verschiedenen Unternehmensbereichen, Unternehmen und zunehmend auch verschiedenen Branchen und schließlich dem Image der Firmen, in denen der Bewerber bisher tätig war.

Was die ersten beiden Punkte angeht, so existiert so etwas wie eine eiserne Regel: Die berufliche Karriere muß Konstanz und Plausibilität aufweisen. Der Kandidat sollte in regelmäßigen Abständen, die mit zunehmendem Alter auch an Länge gewinnen sollten, seine Position in der Unternehmenshierarchie verbessert oder zumindest neue Funktionsbereiche übernommen haben. Wenn jemand beispielsweise in den ersten fünf Jahren zweimal die Firma oder den Unternehmensbereich gewechselt hat, ist das zumeist unproblematisch, weil jedem eine Orientierungsphase zugebilligt wird. Macht er das mit über 40 immer noch, gilt es in der Regel als sicheres Indiz für mangelnden Erfolg. Solche sog. "Jobhopper" kommen für Toppositionen nur ausnahmsweise in Frage. Das ist z.B. der Fall, wenn knallharte Sanierter für kurzfristige Rettungsaktionen gesucht werden. In Bereichen wie der Musikindustrie oder der Mode- und Werbebranche ist man in dieser Hinsicht ebenfalls großzügiger. Generell aber werden solche Manager sehr skeptisch beäugt.

Auf der anderen Seite werden die sog. "Kaminkarrieren", bei denen man sich über 20, 30 Jahre in ein- und demselben Unternehmen und in ein- und demselben Unternehmensbereich, also der Entwicklung, der Produktion oder dem Vertrieb, hochgedient hat, heute in zunehmendem Maße negativ bewertet. Waren solche Karrieren vor 20-30 Jahren gerade in großen Konzernen noch sehr häufig anzutreffen, ist das mittlerweile immer seltener der Fall, zumindest in den oberen Führungsetagen. Von einem zukünftigen Vorstandsmitglied wird heute in zunehmendem Maße erwartet, daß es im Lauf seiner bisherigen Karriere zumindest mehrere Unternehmenssektoren durchlaufen hat, besser sogar noch verschiedene Unternehmen. Dieser Einstellungswandel hat in erster Linie zwei Gründe: Zum einen kann man so sichergehen, daß der bisherige Aufstieg nicht überwiegend der Existenz von mächtigen Förderern und effektiven firmeninternen Seilschaften zu verdanken war, sondern der Leistung des Kandidaten. Zum anderen stellen die schnellen Veränderungen auf den Märkten wie der wachsende Kostendruck verstärkt Anforderungen, die nach einer übergreifenden Sicht der Dinge verlangen, eine rein produktionsorientierte Betrachtungsweise ebensowenig zulassen wie eine rein vertriebs- oder finanzorientierte.

Problematisch wird es daher für all die, die über Zeiträume von 10 oder 15 Jahren immer nur in demselben Unternehmensbereich gearbeitet haben. Bei internen Besetzungen von Spitzenpositionen ist das zur Zeit zwar noch kein wesentliches Handicap, obwohl es auch hier eine Tendenz in diese Richtung gibt, bei externen Rekrutierungen aber hat so jemand es heutzutage schon sehr schwer. Wer so lange nur in einer Firma war, dem wird (mehr oder minder explizit) unterstellt, daß er sich auf die anderen Gegebenheiten in einem fremden Unternehmen nicht mehr richtig und vor allem schnell genug einstellen könne. Die Erfahrungen besagen nämlich, daß bei solchen Leuten, wie es ein Personalberater ausdrückte, *"die nächsten ein, zwei Wechsel dann sehr schnell aufeinander folgen"*, weil sie *"die Anpassungsschwierigkeiten im neuen Umfeld unterschätzt"* haben, es auf die neue Firma schieben und dann eben noch mal wechseln, statt die Schwierigkeiten wirklich durchzustehen. Diese Gefahr ist natürlich besonders groß, wenn man nach langen Jahren in einem multinationalen Großkonzern in ein mittelständisches Unternehmen in Familienbesitz oder aus einer "rauhen" Branche wie der Bauwirtschaft etwa in die Pharmaindustrie geht. Die dabei auftretenden "Kulturschocks" erfordern ein hohes Maß an Flexibilität. Diese jedoch ist, wenn sie denn überhaupt vorhanden war, bei langjährigen "Kaminkarrieren" zumeist verlorengegangen.

Bei externen Kandidaten, die in puncto Kontinuität und Wechselhäufigkeit den Erwartungen und Anforderungen im großen und ganzen entsprechen, kommt dann das dritte angesprochene Kriterium zum Tragen: Welchen Ruf genießen die Firmen, in denen sie zuvor tätig waren. Deren Image spielt bei der Bewertung eines Bewerbers eine große Rolle. Warum das so ist, verdeutlichen die folgenden Aussagen zweier Personalberater:

"Ich rate allen Leuten, die anfangen oder wechseln: Immer nur erste Adressen! Erste Adressen sind der beste Absender für die nächste Adresse."

"Bestimmte Unternehmen gelten als sehr gute Ausbildungsstätten. Wenn Sie wissen, wie die von der Universität rekrutieren, nach welchem Screening- und Auswahlverfahren, und daß sich die besten, die Marketing machen wollen, da erstmal hinbewegen, dann haben die von Natur aus, aufgrund der Erstauswahl die besseren Leute in dem Studium. Es gibt natürlich auch Leute, die den einen oder anderen davon überholen, aber das sind dann doch eher Ausnahmen."

Die Unternehmen, die ein Kandidat im Verlauf seiner beruflichen Karriere durchlaufen hat, sind so wichtig für die Auswahl von Topmanagern, weil sie für bestimmte Qualitäten oder auch Mängel stehen. Generell gilt dabei zunächst, daß jemand, der bei einem bekannten Großkonzern als Trainee oder später als Führungskraft eingestellt worden ist, schon allein deshalb vergleichsweise gute Karten hat, weil er bereits einmal ein sehr strenges (und als solches auch allgemein bekanntes) Selektionsverfahren durchlaufen hat. Wer zu jenen 5% oder noch weniger der Bewerber zählt, die bei renommierten Unternehmen wie BMW, Hoechst, Procter & Gamble oder Siemens als Trainee eingestellt werden, muß schon zu den besten Hochschulabsolventen der jeweiligen Jahrgänge zählen; denn zum einen bewerben sich die Absolventen mit den besten Noten und den größten Ambitionen hinsichtlich einer Managementkarriere in der Regel bei solchen bekannten Konzernen und nicht bei (mehr oder weniger) unbekannten mittelständischen Unternehmen, zum anderen wird selbst unter ihnen noch einmal knallhart ausgesiebt.

Ähnliches gilt auch bei einem Unternehmenswechsel in späteren Jahren. Wer von außen als Abteilungs- oder Hauptabteilungsleiter zu Bosch, Bayer, Unilever etc. gekommen ist, muß über fachliche wie auch Führungsqualitäten verfügen, die ihn aus der Masse der Konkurrenten herausheben. Sonst hätte er diesen Schritt nicht geschafft. Wer dagegen von einem solchen Konzern weggeht, um bei einem mittelständischen Unternehmen einen Sprung nach oben in der Karriereleiter zu machen, der kann zwar auch gut sein, kann aber auch aufgrund fachlicher und sonstiger Schwächen nur einen Ausweg auf einem niedrigeren Anforderungslevel gesucht haben. Bei einem späteren Versuch, die Branche zu wechseln, ist so etwas auf jeden Fall ein Handicap, weil die neue Wunschfirma sich aufgrund des fehlenden Bekanntheitsgrads eines kleineren Unternehmens oft kein klares Bild machen kann und bei ansonsten gleichen Voraussetzungen dazu neigt, den Kandidaten aus dem bekannteren Unternehmen einzustellen. Bei ihm bürgt immerhin das Image der Firma. Bei Wechseln innerhalb einer Branche ist die Situation etwas anders, weil man die Konkurrenz vielfach doch recht gut kennt. Was bleibt, ist allerdings die Tatsache, daß die "besten Leute" normalerweise auch bei den "besten Firmen anzuheuern" versuchen, ein Bewerber aus einem renommierten Unternehmen deshalb in der Regel einen Imagevorteil besitzt.

Unterhalb dieser allgemeinen Ebene sind jedoch einige Differenzierungen notwendig. Wichtig sind dabei vor allem die folgenden drei: Es gibt z.T. erhebliche Differenzen zwischen den Branchen, zwischen den Großunternehmen einer Branche und sogar zwischen einzelnen Unternehmensbereichen, was ihren Ruf betrifft. Wenn jemand aus einer als zukunftsweisend oder ausgesprochen konkurrenzfähig geltenden Branche wie Medien, Pharma, Flugzeugbau, aber auch Großchemie, Automobilbau oder Elektronikindustrie kommt, hat er es leichter als jemand, der in "sterbenden" Branchen wie Kohle und Stahl oder Schiffsbau tätig ist. Bei letzteren stellt sich immer die Frage, warum er das gemacht hat, weil jemand, der wirklich gut ist, nicht in eine Branche ohne Zukunft geht, sondern eine wählt, die wächst und damit gute Aufstiegschancen eröffnet, so jedenfalls die verbreitete Einschätzung bei vielen Personalberatern und Managern, wie folgende Äußerung eines Topmanagers verdeutlicht:

"Ich erinnere mich immer sehr gerne an meine Zeit dort. Im Jahr wurden zwei, zweieinhalbtausend Leute eingestellt, Umsatzwachstum 20-25%, Ergebnis nahezu jedes Jahr verdoppelt. Das hat einen unglaublichen Spaß gemacht. Man hat überhaupt nicht auf Zeit und Arbeitseinsatz geguckt, man hat einfach rangeklotzt, weil es Spaß machte und Erfolg selbstredend dabei war. Wenn ich mir im Vergleich dazu heute anschaue, wenn jemand bei der Ruhrkohle anfängt oder bei einem Stahlunternehmen. Wenn da mal eine Stelle ausgeschrieben wird, dann ist der tagtäglich damit befaßt, zu rationalisieren und Leute rauszuschmeißen. Da kann man zwar auch Erfolgserlebnisse haben, die liegen aber auf einem anderen Level. Wer also heute einen ersten Job sucht, sollte eine boomende Branche, sollte ein erfolgreiches Unternehmen mit einem modernen Management suchen, wo er möglichst viel Freiraum hat, damit er die Möglichkeit hat, seine erlernten Fähigkeiten

– fachlich – mit neuen Erkenntnissen im personellen Bereich einfach ausprobieren zu können." (Personalmanager eines der beiden Handelsunternehmen)

Innerhalb einer Branche, sei sie zukunftsträchtig oder nicht, werden die großen Firmen ebenfalls sehr unterschiedlich bewertet. Es gibt – so die allgemeine Einschätzung – gut und schlecht geführte, modern und traditionell gemanagte, flexible und verkrustete. So hat BMW derzeit ein besseres Image als die anderen Automobilhersteller, Bertelsmann ein besseres als Springer oder Burda, ABB ein besseres als Bosch oder die AEG und Thyssen ein besseres als Krupp/Hoesch. Die guten Bewerber, so die Meinung, gehen eher zu BMW als zu VW, eher zu Bertelsmann als zu Springer etc. etc. Schließlich sind einzelne Unternehmen für bestimmte Bereiche berühmt oder angesehen wie Procter & Gamble oder Unilever für das Marketing, BMW für die Entwicklung oder Schering für die Forschung. Nimmt man all diese Punkte zusammen, resultiert daraus so etwas wie eine grobe Rangfolge der Unternehmen, was ihr Image betrifft. Dieses Image überträgt sich auf die Managementkandidaten, die von dort kommen. Im Finanzsektor hat ein Deutsch-Banker deshalb zumeist bessere Karten als jemand von der DG-Bank, in der Versicherungswirtschaft jemand von der Allianz bessere als von der Volksfürsorge, in der Industrie jemand von BMW bessere als von Krupp/Hoesch etc. etc.; denn obwohl im Einzelfall oft immer noch gefragt wird, warum jemand diesen oder jenen Schritt gemacht hat[29], ist das Image der früheren Arbeitgeber aufgrund der genannten Argumente doch ziemlich prägend, die Tätigkeit in einer Firma mit geringem Ansehen stets sehr erklärungsbedürftig.[30]

---

29 Ein Beispiel für eine sorgfältige Betrachtungsweise gibt folgende Aussage eines Personalberaters: *"Dennoch würde ich mir die Mühe machen, das immer zu differenzieren. Es kann jemand bei Krupp begonnen haben und dann drei oder vier Jahre dort arbeiten und dann plausibel sagen: Ich habe alles versucht, bin das und das geworden, aber gegen diese Strukturen komme ich nicht an, und ich muß was aus mir machen. Wenn jemand aber vier Jahre bei Krupp gewesen ist und nichts gemacht hat und nichts geschafft und bewegt hat, dann ist das was anderes."* So sorgfältig wird allerdings nicht immer analysiert.

30 Diese Feststellung gilt in erster Linie für große Unternehmen. Bei kleineren mittelständischen Firmen kann es nämlich auch so sein, daß sie einen Bewerber aus einem Großkonzern, sofern sie ihn denn haben könnten, nicht wollen, weil sie Angst davor haben, daß er sich in einem weniger gegliederten und auch bürokratisierten Unternehmen nicht mehr zurechtfindet. Leute von Siemens oder Daimler-Benz sind bei solchen Mittelständlern deshalb nicht immer gern gesehen. Man zieht dann oft seinesgleichen vor.

Anhand der Bedeutung, die der Ruf eines Unternehmens hat, läßt sich auch erkennen, warum die Priorität der beruflichen Karriere bei der fachlichen Bewertung eines Managementkandidaten nicht zu einer geringeren Quote an Hochschulabsolventen unter den Topmanagern in der deutschen Wirtschaft führt. Schließlich, so könnte man meinen, ist doch der berufliche Erfolg entscheidend, könnte einen fehlenden Universitätsabschluß also durchaus ersetzen. Daß es aber nur selten so ist, hat einen wesentlichen Grund. Wer in einem großen Unternehmen Erfolg haben will, muß in der Regel so viele Auswahlverfahren durchlaufen – das fängt bei der Einstellung als Trainee in einer großen Firma an und gilt später für jeden Unternehmenswechsel -, bei denen die Entscheidung entweder unmittelbar oder aber vermittelt über das Image des vorherigen Arbeitgebers von der Existenz eines Universitätsexamens bestimmt wird, daß die Wahrscheinlichkeit nicht sehr groß ist, das alles ohne den Vorweis eines Hochschulabschlusses zu überstehen. Am Anfang einer Berufslaufbahn, in deren Verlauf man die eigenen Fähigkeiten erst unter Beweis stellen und Erfolge erzielen kann, steht in der Regel ein Ausleseprozeß, in dem der Abschluß eines Hochschulstudiums eine ausschlaggebende Rolle spielt. Dieser Engpaß ist für die Kandidaten, die die Toppositionen im Visier haben, kaum zu umgehen. Die folgende Aussage eines der weltweit erfolgreichsten Headhunter trifft deshalb den Kern der Sache auch ziemlich präzise:

"Wenn ich jetzt einen Auftrag kriege – nehmen wir das Beispiel von vorhin, mein Zulieferer für die EVUs –, wenn ich da einen Mann bei Siemens auf der zweiten Ebene finde, der alle Zulieferer kennt und da sehr erfolgreich ist, aber nicht studiert hat, trotzdem schon bis dahin gekommen ist, dann ist es egal, dann kann er den letzten Sprung auch noch ohne Uni-Abschluß machen. Aber der kommt gar nicht bis dahin. Das ist so ähnlich wie mit den Frauen. Wenn die Leute sagen: Warum vermittlen Sie eigentlich keine Frauen?, dann sage ich: Ja, weil ich die nicht über sieben Stationen hupfen lassen kann. Und da, wo ich sie für solche Toppositionen wegholen müßte in der Hierarchie, da gibt es die nicht, allenfalls in Ausnahmefällen in Branchen wie Mode und Kosmetik oder so, wo sie einen natürlichen Vorteil haben."

3.3 Die Anforderungen an die Persönlichkeit

So wichtig all die genannten fachlichen Kriterien für die Vorauswahl, d.h. für die Eingrenzung auf den kleinen Kreis der ernsthaft für die Position in Frage kommenden Kandidaten auch sind, bei der letztendlichen Entscheidung spielen sie nur eine untergeordnete Rolle. Da geben bei internen, vor allem aber bei externen Kandidaten die Persönlichkeitsmerkmale den Ausschlag. Sie bestimmen nach Einschätzung der meisten Gesprächspartner zu 60-80%, ob jemand "den Job kriegt".

Die Bewertung der Persönlichkeit des jeweiligen Kandidaten besteht dabei sowohl aus durchdachten und systematischen Elementen als auch aus intuitiven, rein gefühlsmäßigen, deren jeweiliges Gewicht zwar je nach Berater, Manager oder Klient wechselt, jedoch nur in Einzelfällen eine völlige Unausgewogenheit zugunsten der einen oder der anderen Seite aufweist. Daß nur "aus dem Bauch heraus" entschieden wird, kommt bei Mittelständlern zwar immer mal wieder vor, für große Unternehmen gilt das aber durchweg nicht. Umgekehrt besitzen die gefühlsmäßigen Faktoren auch bei den Besetzungen von Toppositionen in Großkonzernen ein großes Gewicht, ein viel größeres jedenfalls, als man angesichts der ausgeklügelten Anforderungsmerkmale annehmen sollte, die in solchen Unternehmen bezüglich der Persönlichkeitsstruktur von Führungskräften ersonnen und formuliert werden.

Wie solche Kriterienkataloge in ihrer Grobstruktur aussehen, verdeutlicht das Beispiel einer Großbank. Sie stellt an ihre Manager folgende Anforderungen: strukturiertes Denken und Handeln, um eine Aufgabe erkennen, die Ziele bestimmen und diese dann auch in einem bestimmten Zeitraum erreichen zu können; geistige Beweglichkeit, um Ideen anderer aufnehmen und fortentwickeln zu können; Initiative und Selbständigkeit, weil man heute Führungskräfte brauche, die "Unternehmer sind, Ideen entwickeln, die dann selbst in die Hand nehmen und umsetzen"; Kommunikations- und Kontaktfähigkeit, um Unterstützung bei den Mitarbeitern zu finden und mit den Kunden richtig umgehen zu können; Kooperations- und Konfliktfähigkeit, um seine Vorstellungen auch unter den Bedingungen der Teamarbeit durchsetzen zu können; sowie schließlich noch Leistungsbereitschaft; Ausdauer und Belastbarkeit, um den enormen Anforderungen physisch wie psychisch gewachsen zu sein. So oder ähnlich sehen die meisten der in Großunternehmen zur Auswahl benutzten "Anforderungslisten" aus. Mal heißt es Kommunikations- und Kontaktfähigkeit, mal Teamfähigkeit, mal heißt es Konfliktfähigkeit, mal Durchsetzungsfähigkeit, mal wird Initiative und Selbständigkeit verlangt, mal unternehmerisches Denken – die Begriffe variieren ebenso wie die Anzahl der herangezogenen Merkmale, im Kern geht es jedoch stets um denselben Grundbestand an persönlichen Eigenschaften.

Ein auch im internationalen Vergleich außerordentlich erfolgreicher und schon sehr lange in der Branche tätiger Personalberater hat es auf Basis seiner langjährigen Erfahrung gerade in der Besetzung von Spitzenpositionen in Großunternehmen auf folgenden Nenner gebracht: Ein guter Topmanager braucht vier wesentliche Persönlichkeitsmerkmale, nämlich *"Phantasie, Augenmaß, Mut und Menschlichkeit"*. Phantasie steht für unternehmerische Visionen; Augenmaß für die Fähigkeit, die in der Ausbildung vermittelten Erfahrungen vergangener Generationen und die im Beruf selbst erworbenen geistig so umzusetzen, daß die Visionen und Ziele auch in realistischen Einzelschritten verwirklicht werden können; Mut für die Bereitschaft, schwierige Situationen durchzustehen und unvermeidlichen Konflikten nicht aus dem Wege zu gehen; Menschlichkeit schließlich für die Fähigkeit, die *"Welt auch durch die Augen der anderen sehen"* und die Mitarbeiter zu einer optimalen Leistung motivieren zu können. Vergleicht man diese vier Punkte mit der doppelt so großen Anzahl an Kriterien bei der Großbank, zeigt sich, daß es im Grund keine Differenz zwischen beiden "Anforderungskatalogen" gibt, die wesentlichen Merkmale nur anders formuliert werden. Gesucht wird letztlich immer der unternehmerisch eingestellte Manager mit persönlicher Ausstrahlung, Sozialkompetenz, Stehvermögen und Führungswillen. Ihn zu finden, ist das Problem. Mit der Aufstellung von Persönlichkeitsmerkmalen allein ist es ja nicht getan. Es stellt sich – in erster Linie bei externen Kandidaten – immer die Frage, wie man sie zuverlässig identifizieren kann, wenn man unter verschiedenen Bewerbern auszuwählen hat.

3.3.1 Der bisherige Lebensweg

Für die Beurteilung der Persönlichkeit wird erst einmal auf jene Angaben zurückgegriffen, die sich diesbezüglich aus dem schriftlichen Lebenslauf der Kandidaten herausfiltern lassen. Das betrifft zum einen Aktivitäten, die nicht unmittelbar berufsbezogen sind, oder auch das Absolvieren des Wehr- oder Ersatzdienstes und den Familienstand, zum anderen die bisherige berufliche Erfolgsbilanz. Im Falle der beruflichen Laufbahn werden diese Informationen dann bei externen Kandidaten vielfach noch ergänzt durch Referenzen, die von Kollegen und/oder Geschäftspartnern eingeholt werden, bei internen

Bewerbern durch die Beurteilung, die sie von Vorgesetzten, Kollegen und Mitarbeitern erhalten.

3.3.1.1 Ehrenamtliche Aktivitäten, Auslandsaufenthalte und Hobbys

Von wirklich großer Bedeutung sind Angaben über ehrenamtliche Aktivitäten, nicht beruflich bedingte Auslandsaufenthalte und Hobbys zwar nur bei der Rekrutierung des Führungskräftenachwuchses, da Topmanager aber nur werden kann, wer diese erste Hürde überwunden hat, und einzelne Aspekte auch bei der Besetzung von höheren Managementpositionen eine Rolle spielen können, sollen auch diese drei Punkte zu Beginn etwas näher beleuchtet werden.

Bei der Rekrutierung von Nachwuchsführungskräften werden in der Regel zunächst Aktivitäten außerhalb der eigentlichen Ausbildung gesucht, die auf Initiative, Teamfähigkeit und ganz generell Führungsqualitäten schließen lassen. Zumeist sind das ehrenamtliche Funktionen in Vereinen, in schulischen oder studentischen Gremien, die schon angesprochenen Auslandsaufenthalte und ausgefallene Hobbys. Was die Übernahme ehrenamtlicher Funktionen in der SV oder im AStA, bei den Pfadfindern oder beim Roten Kreuz betrifft, so gelten sie als Indiz dafür, daß jemand gewillt und auch in der Lage ist, Führungsaufgaben zu übernehmen. Wer in der Jugendabteilung eines Tennisvereins für die Terminplanung oder die Finanzen zuständig war oder in Fachkonferenzen und Berufungskommissionen gesessen hat, hat, so die Überlegung, zum einen schon mal Erfahrung mit der Führung von Menschen erworben und zum anderen auch den Ehrgeiz und/oder das Verantwortungsgefühl, sich für die Interessen anderer einzusetzen. Diese Kandidaten haben, wie es der Personalmanager eines der beiden Elektrokonzerne ausdrückte, *"bei uns immer Pluspunkte gegenüber denen, die vielleicht mit einer Super-Eins geradeaus studiert haben"*. Dabei wird natürlich schon nach der Art der ehrenamtlichen Funktion differenziert. Eine Tätigkeit im AStA und als Schülersprecher wird positiver bewertet als ein Amt im Philatelistenverein, weil sie nicht nur ein größeres zeitliches und persönliches Engagement voraussetzt, sondern vor allem auch das Verhalten in Machtkonstellationen und Situationen trainiert, bei denen die Auseinandersetzungen hart und dem Berufsleben zumindest in etwa vergleichbar sein können.

Längere Auslandsaufenthalte während der Jugend und der Ausbildung gelten vor allem als ein Indiz für eine überdurchschnittliche Eigeninitiative des jeweiligen Bewerbers. Ein Personalmanager aus der Großchemie drückte seine Einstellung zu diesem Punkt mit den Worten aus:

"Wenn jemand Auslandssemester gemacht hat oder mal während der Schulzeit im Ausland war, zeigt das Initiative. Er muß sich in aller Gelegenheit bei der Landschaft, die wir heute haben, intensiv darum bemüht haben. Außerdem muß er auch eine gewisse Leistung gebracht haben, daß er überhaupt ein Stipendium bekommen hat."

Diese Äußerung ist typisch für die Haltung so gut wie aller Gesprächspartner. Außerdem sehen die Unternehmen Auslandsaufenthalte auch deshalb gern, weil sie den Blick für andere Kulturen öffnen. Auf einem fremden Markt kann sich auf Dauer schließlich nur derjenige durchsetzen und/oder behaupten, der die Spezifika des jeweiligen Landes begreift und sich schnell auf die dort herrschenden Gegebenheiten einzustellen vermag. Gerade die Erfahrungen in den Ländern Ost- und Südostasiens zeigen das immer wieder. Die Mißerfolge vieler europäischer und nordamerikanischer Konzerne auf dem japanischen Markt sind eben nicht nur das Resultat bürokratischer Hemmnisse. Sie zeugen auch von mangelndem Verständnis für die japanischen Gepflogenheiten. Wenn jemand Teile seiner Ausbildung im Ausland absolviert oder dort für längere Zeit gejobt hat, wird das daher fast immer positiv bewertet.

Wenn Auslandsaufenthalte zum Kriterium für die Auswahl bestimmter Kandidaten genommen werden, wird allerdings durchweg erwartet, daß jemand während seiner Ausbildungszeit eine längere Zeit im Ausland verbracht hat; denn nur in diesen Fällen hat man wirklich im Ausland gelebt und damit Gelegenheit gehabt, die genannten positiven Persönlichkeitsmerkmale zu erwerben und/oder unter Beweis zu stellen. Dasselbe trifft auch auf jene Ausnahmefälle zu, in denen jemand sich einen längeren Auslandsaufenthalt durch Jobben in verschiedenen Firmen und Geschäften des jeweiligen Landes finanziert hat. Gefragt sind immer die praktischen Alltagserfahrungen. Ob man sie durch ein solches Jobben, als Austauschschüler oder als Stipendiat an einer ausländischen Universität gewonnen hat, ist erst einmal egal.[31] Ein längerer Auslandsaufenthalt während der Ausbildung spricht schließlich ebenso für eigene Initiative wie die Finanzierung eines langen Auslandsurlaubs durch verschiedene Jobs während der Reise. Jeder Aspekt ist wichtig, wie wichtig,

31 Folgende Aussage eines Personalberaters soll das kurz illustrieren: *„Er muß schon einen richtigen Zusammenhang haben da, und wenn man sich als Tellerwäscher durch die Gegend schlägt. Das finde ich gut. Aber gar nichts tun, ein paar tausend Mark vom Vater in der Tasche, vielleicht noch ein Auto, also das nicht."*

entscheiden die jeweiligen Anforderungen, die an den Kandidaten von seiten des auswählenden Unternehmens gestellt werden. Was auf jeden Fall zutrifft, ist das Positivum als solches.

Bei den Hobbys ist die Sache weniger eindeutig. Ob Free Climbing ein Indiz für Risikobereitschaft oder "Verrücktsein" ist, Marathonlaufen eines für Belastbarkeit oder für fehlende Teamfähigkeit, ist generell nicht zu beantworten. In diesem Bereich hängt daher viel von den Vorlieben der über die Einstellung entscheidenden Personen ab. Wer selbst Marathon läuft oder extreme Sportarten betreibt, wird es positiv bewerten, ein anderer vielleicht negativ. Allgemein kann man daher nur soviel sagen: Das Betreiben, und zwar erfolgreich, von Leistungssport während der Ausbildung wird, wenn dadurch keine oder nur wenig Zeit verloren gegangen ist, zumeist als ein Anzeichen für gewünschte Eigenschaften wie Ausdauer, Leistungsbereitschaft etc. genommen. Positiv gesehen werden in der Regel auch Hobbys, die – wie etwa die von einem Chemiemanager angeführten archäologischen Ausgrabungen im Nahen Osten – auf ein hohes Maß an Initiative und ein schnelles Zurechtfinden in fremder Umgebung schließen lassen. Generell wird den Hobbys allerdings erheblich weniger Aufmerksamkeit geschenkt als den angeführten ehrenamtlichen Aktivitäten, dies im übrigen ein wichtiger Unterschied zur angelsächsischen und vor allem US-amerikanischen Rekrutierungspraxis, in der sportliche Leistungen eine große Rolle spielen, weil sie als ein klares Indiz für Teamfähigkeit gelten.[32] Der Hinweis auf eine Tätigkeit als Klassen- oder Schülersprecher, AStA-Mitglied oder Jugendtrainer verliert in letzter Zeit allerdings auch etwas an Bedeutung, weil seine positive Bewertung sich inzwischen unter den Bewerbern herumgesprochen hat und fast jeder, der sich bei einem Großkonzern für eine Trainee-Ausbildung bewirbt, irgendetwas in dieser Richtung angibt. Solche Dinge bleiben daher zwar ein Kriterium, verlieren aber zunehmend die Eigenschaft eines wirksamen "Selektionskriteriums", wie der Personalmanager des Markenartikelkonzerns zutreffend bemerkte. Man muß so etwas angeben, hebt sich dadurch aber nicht mehr aus der Masse der Konkurrenten heraus. Um das zu schaffen, eignen sich nur noch wenige Funktionen wie etwa in einem AIESEC-Vorstand. Sie sind seltener und zugleich leichter zu überprüfen als die normalerweise

---

32 Ein US-amerikanischer Personalberater betonte diesen Unterschied zwischen Deutschland und den USA ausdrücklich und verwies dabei auf einen zusätzlichen Aspekt: *"Das ist auch eine der Sachen, warum Frauen da Probleme haben mit der Karriere. Sie haben lange nicht so oft Teamsport mitgemacht. Und die Ausdrücke, die man benutzt im beruflichen Leben, sind oft aus dem Teamsport. Wenn man die nicht versteht, ist das nicht so einfach."*

einfach als korrekt angenommenen Angaben über eine Funktion als Klassensprecher oder etwas Ähnliches.[33]

Für die Besetzung von höheren Managementpositionen spielen derartige Aktivitäten wie auch die Hobbys eine erheblich geringere Rolle. Die Eigenschaften, für die sie als Indiz gelten, haben die Kandidaten für solche Positionen in ihrem Berufsleben häufig genug unter Beweis stellen müssen, als daß man Jugenderfahrungen noch eine große Bedeutung zumessen müßte. Sie werden zwar positiv zur Kenntnis genommen, beeinflussen die Entscheidung in der Regel aber nicht nennenswert. Eine gewisse Ausnahme stellen nur die Hobbys dar. Bei ihnen gewinnt nämlich ein anderer Aspekt an Gewicht. Sie finden Beachtung, weil sie etwas über mögliche Gemeinsamkeiten des Kandidaten mit seinen zukünftigen Managementkollegen oder den Eigentümern aussagen, insofern also für das persönliche Klima nicht ganz unerheblich sind. Deshalb wird beispielsweise, wenn auf die Hobbys geachtet wird, ein Golfspieler in der Regel bessere Karten haben als ein Fuß- oder Handballer. Er weist, wie es der Personalmanager des Medienkonzerns ausdrückte, eine *"größere Affinität zu den Leuten"* auf, mit denen er auf dieser Führungsebene zu tun hat.

Eine wirklich wichtige Rolle als Auswahlkriterium spielen aber auch die Hobbys nur dann, wenn sie bei einer der zur Entscheidung befugten Person spürbar positive emotionale Reaktionen auslösen oder einen Bestandteil der Berufstätigkeit im weiteren Sinne darstellen. Ersteres ist z.B. der Fall, wenn das Hobby Segeln oder Malen intensiv betrieben wird und der Firmeninhaber oder einer der zukünftigen Vorstandskollegen eine ähnliche Begeisterung dafür entwickelt. Dann entsteht an diesem Punkt oft eine gegenseitige Sympathie, die auch für die Gesamtbeurteilung nicht zu unterschätzen ist, wie weiter unten noch zu sehen sein wird. Als Teil der Managementfunktion wird ein Hobby angesehen, wenn es entweder für das Produktimage wichtig ist oder für geschäftliche Beziehungen. Wird der *"Europachef für einen führenden Motorradhersteller weltweit"* gesucht und der *"fährt nicht Motorrad, können Sie's vergessen"*, so ein Personalberater, und ist auf der 2. Ebene eines Baukonzerns oder des Bereichs Ein- und Verkauf eines Automobilkonzern eine Position zu besetzen, ist die Aktivität oder zumindest die Mitgliedschaft in einem Golfclub auch gefragt, weil dort Geschäftskontakte geknüpft und gepflegt werden können, wie Personalmanager des Baukonzerns und ei-

33 Der Personalmanager eines Markenartiklers meinte in diesem Zusammenhang: *"Ich habe immer geflachst und gesagt: So viele Schulsprecher und Klassensprecher kann es gar nicht gegeben haben, weil ja jeder angab, Klassensprecher gewesen zu sein."*

nes der beiden Automobilunternehmen betonten.[34] Für absolute Toppositionen in Großunternehmen spielt das aber auch nur in Einzelfällen eine nennenswerte Rolle. In diesen Fällen bleibt nur der Aspekt der über gemeinsame Interessen entstehenden persönlichen "Affinitäten" und Sympathien. Der allerdings ist nicht zu unterschätzen.

3.3.1.2 Wehrdienst und Familienstand

Zwei früher oft wichtige Auswahlkriterien, die Ableistung des Wehrdienstes und sog. intakte Familienverhältnisse haben ihre Bedeutung mittlerweile so gut wie vollkommen verloren. Ob jemand seinen "Dienst an der Waffe" in der Bundeswehr geleistet hat, ist bei der Besetzung von Spitzenpositionen in großen Konzernen und auch bei den großen mittelständischen Firmen heutzutage fast immer ohne Belang. Nur noch vereinzelt wird die Zeit bei der Bundeswehr positiv gesehen, als Zeichen dafür, daß jemand gelernt habe, Ausdauer zu zeigen und, falls er eine Vorgesetztenfunktion bekleidet hat, auch zu führen. Zumeist wird die Absolvierung des Ersatzdienstes gleich bewertet, in einer erstaunlich großen Zahl von Interviews sogar vorgezogen, weil dort noch wirkliches Engagement verlangt würde. Die Armee als Kadettenanstalt des Managements hat ausgedient.

Die Institution der Ehe hat bei den großen Konzernen ebenfalls ganz enorm an Bedeutung verloren. Ob ein Topmanager zweimal geschieden ist, wie etwa ein neues Vorstandsmitglied eines der beiden Chemieunternehmen, von seiner Frau getrennt lebt, ledig ist oder aber seit 30 Jahren "glücklich" verheiratet, ist für Entscheidungen über Toppositionen in der Regel unerheblich. Der allgemeine Wandel der Einstellungen und die Tatsache, daß viele Vorstandsmitglieder großer Konzerne aufgrund ihrer vielfältigen Belastungen nicht gerade als harmonisch zu bezeichnende Ehen führen oder bis zu einer Scheidung geführt haben, zeigen da Wirkung. Zwar gibt es immer noch einen gewissen Druck, nichteheliche Lebensgemeinschaften auf Dauer durch Heirat auch zu legalisieren, wie eine Reihe von Gesprächspartnern unter Hinweis auf den saarländischen Ministerpräsidenten Oskar Lafontaine bemerkten, im

---

34 *"Was zur Zeit halt 'In' ist, ist Golf. Das gehört schon fast zum guten Ton, weil Tennis ja inzwischen ein 'Proletensport' geworden ist. Das spielt dann schon eine Rolle, denn dort werden ja Kontakte geknüpft, Geschäftsbeziehungen."* (Personalmanager des Automobilkonzerns)

"Um das Ohr am Markt, am Kunden zu haben, was bedeutet, daß man vom Golfclub bis hin zum Segelclub, oder was es da gibt, schon ein bißchen das Klavier spielen muß unter der Überschrift: Kunde, Kundenorientierung." (Personalmanager des Baukonzerns)

Grund aber wird alles akzeptiert, was im normalen Rahmen bleibt. Die früher relativ verbreitete Haltung, daß jemand, der geschieden ist, seine familiären Verhältnisse nicht habe in Ordnung halten können und deshalb auch Schwierigkeiten haben werde, ein Unternehmen zu führen, ist heute nur noch vereinzelt anzutreffen. Ein offensichtliches Verhältnis mit der Sekretärin wird zumeist allerdings nicht toleriert. So etwas wird vor allem in den klassischen Großkonzernen nicht gern gesehen und stellt dort ein klares Handicap dar. Ob es in jedem Fall den Aufstieg in den Vorstand verhindert, wie ein Personalberater anhand eines Falles schilderte, bleibt zwar offen, ein Nachteil ist es in vielen Unternehmen aber auf jeden Fall.

Eine wirkliche Rolle spielt die Tatsache, ob der Kandidat verheiratet ist oder nicht, heutzutage in der Regel nur noch bei mittelständischen Firmen, deren Eigentümern doch noch recht häufig Wert darauf legen. Hier wirken traditionelle Konventionen noch stärker als in großen Konzernen. Als Geschäftsführer zählt man zur "besseren Gesellschaft" der jeweiligen Stadt und muß sich nach deren Regeln richten. Ähnliches gilt für die Niederlassungs- oder Filialleiter großer Industrie-, Finanz- und Handelsunternehmen. Sind sie in der Provinz tätig, ist eine Ehe oft auch unumgänglich. Man hat in den örtlichen Honoratiorenkreisen Repräsentationsverpflichtungen, bei denen die Anwesenheit einer Ehefrau erwartet wird und eine Scheidung auch immer noch einen gewissen Wirbel verursacht, d.h. eventuell geschäftsschädigend wirkt.

Bei Vorstandspositionen in Großkonzernen spielen solche Überlegungen aber zumeist keine Rolle. Wenn die familiäre Situation des Kandidaten dort überhaupt von Interesse ist, dann nur in zweierlei Hinsicht. Zum einen muß die notwendige Mobilität gewährleistet sein. Der "Schrecken" aller Personalberater ist eine im öffentlichen Dienst als Studienrätin, Amtsärztin etc. angestellte Ehefrau. Sie stelle stets ein erhebliches "Mobilitätshindernis" dar, sei insofern ein bei der Entscheidung nicht zu unterschätzender Faktor, so die durchgängige Aussage. Zum anderen sollte die Ehefrau oder Lebenspartnerin in der Lage sein, ihren Repräsentationsaufgaben nachzukommen. Sie sollte in die höheren Kreise in puncto Benehmen, Konversation etc. hineinpassen. Ansonsten kann es zu Problemen kommen, wie sie ein Personalberater am Beispiel eines Vorstandsmitglieds schilderte, das er, ohne die Ehefrau zu kennen, von einem großen Konzern zu einem anderen vermittelt hat:

"Bei irgendeiner Einladung habe ich zum ersten Mal die Frau gesehen. Da habe ich gedacht: Du liebe Zeit! Da war der ein zweites Mal verheiratet, hatte sich eine wesentlich jüngere geholt, und die war so eine Flippige. Da

habe ich auch gedacht: Oh Gott, wenn ich das gewußt hätte! Das hat auf den Mann auch ein ganz anderes Licht geworfen. Da haben alle gesagt: Wieso hat der das nötig, sich da so eine schräge Tussi zu angeln."

Wie das Beispiel aber auch zeigt, ist selbst in solch "problematischen" Fällen die Entscheidung nur selten von der Person der Gattin oder Lebenspartnerin abhängig. Entweder lernen die neuen Vorstandskollegen sie sowieso erst nach der Berufung kennen, wie in diesem Fall, oder dieses Manko wird als nicht so gravierend eingestuft. Nur bei den Vorstandsvorsitzenden bekannter Großkonzerne wird im Hinblick auf die vielfältigen Repräsentationsverpflichtungen größerer Wert auf diesen Punkt gelegt.

3.3.1.3 Berufliche Erfolge

Wesentlich wichtiger als die bislang angeführten Aspekte des Lebenslaufs sind für die Beurteilung eines Bewerbers die Stationen seines beruflichen Aufstiegs, weil sie nicht nur auf die fachlichen Qualitäten des Kandidaten schließen lassen, sondern auch vergleichsweise zuverlässige Anhaltspunkte für persönliche Eigenschaften liefern. Das erste Indiz stellen dabei immer die bisherigen Erfolge dar. Wer eine (im schon beschriebenen Sinne) kontinuierliche Karriere gemacht hat, dem wird erst einmal zugetraut, daß er wesentliche persönliche Anforderungsmerkmale wie Stehvermögen, Sozialkompetenz und Führungswillen zumindest im Kern erfüllen kann. Ansonsten, so die Annahme, hätte sein beruflicher Aufstieg nicht so stetig verlaufen können. Um Genaueres über die Persönlichkeit zu erfahren, reicht ein solch grober Blick allerdings bei weitem nicht aus. Er stellt nicht mehr als eine Vorsortierung dar, bei der Bewerber mit offensichtlichen Karriereknicks oder vielen Wechseln innerhalb einer relativ kurzen Zeit herausgefiltert werden, um entweder (wie in der Mehrzahl der Fälle) aus dem Rennen auszuscheiden oder aber zu einer Erklärung dieser Schwachpunkte in ihrer Biographie aufgefordert zu werden.

Für eine detailliertere Bewertung der Persönlichkeit wird bei externen Kandidaten abgesehen von den eingeholten Referenzen sehr stark auf das Image der Unternehmen bzw. deren einzelner Bereiche geachtet, in denen der jeweilige Kandidat bisher tätig war. Es ist nämlich nicht nur ein Indiz für bestimmte fachliche Qualitäten, es steht vielmehr auch für bestimmte persönliche Eigenschaften. So wird jemand, der eine Führungsposition bei Unternehmen wie Procter&Gamble oder Hewlett Packard innegehabt hat oder noch innehat, im Durchschnitt ein höheres Maß an Teamfähigkeit aufweisen als jemand, der bei Thyssen oder bei Bosch in einer vergleichbaren Position gesessen hat oder sitzt. Jemand, der bei ABB oder Bertelsmann Führungsaufgaben wahrgenommen hat oder wahrnimmt, wird sich in der Regel durch eine stärkere unternehmerische Ausrichtung von seinen Kollegen bei Siemens oder bei einem der großen Finanzinstitute unterscheiden. Jemand, der aus einem Unternehmen kommt, das wie Thyssen einen umfangreichen Personalabbau hinter sich hat, wird im Schnitt eine größere Durchsetzungsfähigkeit besitzen als jemand, der nur in durchgängig prosperierenden Unternehmen wie der Allianz oder der Deutschen Bank gearbeitet hat.

Besonderer Wert wird insgesamt bei der Betrachtung der schriftlichen Unterlagen, der eingeholten Referenzen und/oder der Beurteilungen durch Vorgesetzte, Kollegen und Mitarbeiter vor allem auf zwei Punkte gelegt, die im Gegensatz zu anderen Persönlichkeitsmerkmalen durch den unmittelbaren Augenschein besonders schlecht überprüft werden können: Ausdauer und Belastbarkeit auf der einen und unternehmerisches Denken auf der anderen Seite. Als Anzeichen für Ausdauer und Belastbarkeit dient in erster Linie die Kontinuität der Karriere. Wer sie im weiter oben schon ausgeführten Sinne nachweisen kann, zeigt damit in der Regel diese beiden erwünschten Eigenschaften. Wer dagegen ständig in relativ kurzen Intervallen das Unternehmen gewechselt hat, ein "Jobhopper" ist, bekommt sehr schnell das Image, Schwierigkeiten nicht durchstehen zu können, unstet und ohne Ausdauer zu sein.[35] Auch diejenigen, die eine höhere Position immer nur durch einen Firmenwechsel erreicht haben, werden kritisch betrachtet. Sie müssen eine solche Karriere sehr plausibel erklären können, wollen sie nicht in den Ruf geraten, niemals wirklich unter Beweis gestellt zu haben, daß sie eine Aufgabe auch längerfristig mit Erfolg bewältigen können.

Wenn es um Indizien für die immer stärker geforderte unternehmerische Einstellung geht, dann wird die berufliche Laufbahn vor allem nach Punkten abgeklopft, die auf ein relativ hohes Maß an Initiative, Tatkraft bzw. Entscheidungsfreude und eine gewisse Risikobereitschaft schließen lassen. Unternehmerisch zu denken, beinhaltet nach Ansicht der Interviewpartner nämlich ganz entscheidend die Bereitschaft, nicht nur auf "Nummer Sicher zu gehen", sondern auch eigene Vorstellungen zu entwickeln, diese tatkräftig umzusetzen, d.h. Entscheidungen nicht auszuweichen oder sie auf die lange

35 Ein sehr erfolgreicher Headhunter brachte das mit der Bemerkung auf den Punkt, daß, *"wenn einer siebenmal hintereinander in 14 Jahren immer nur 2 Jahre irgendwo war, das der typische Junge ist, wo man sagt: Man braucht ein Jahr, bis man rausfindet, was das für ein Kerl ist, und ein Jahr, um ihn wieder loszuwerden."*

Bank zu schieben, und dabei eventuelle Risiken durchaus in Kauf zu nehmen. Wer nichts riskieren wolle, sei auch kein wirklich *"unternehmerisch denkender Mann"*, sondern ein *"Bürokrat"*, ein Mensch mit *"Beamtenmentalität"*. So jemand aber sei angesichts der Tatsache, daß *"die Anforderungen an die gesamtunternehmerische Verantwortung, an dieses Element bei den Leuten, deutlich zunehmen"*, immer weniger gefragt, dies die typische Äußerung eines Personalberaters.

Ob jemand die gewünschten Eigenschaften Initiative, Tatkraft und Risikobereitschaft aufweist, wird in erster Linie an der Bereitschaft zum Aufgabenwechsel abgelesen. Was in dieser Hinsicht vor allem positiv bewertet wird, demonstriert folgende Aussage eines der Personalmanager aus der Großchemie:

> *"Er muß einmal eine Flexibilität besitzen, auch Aufgaben, die angeboten werden und die außerhalb des eigenen Blickfeldes sind, anzunehmen, nicht Angst zu haben davor und zu sagen: um Gottes Willen, wie sind die eigentlich darauf gekommen; jetzt erwartet man von mir etwas, was ich mir eigentlich gar nicht vorstellen kann."*

Als ein wichtiges Indiz für Initiative, Risikobereitschaft und Entscheidungsfreudigkeit gilt deshalb neben dem Wechsel zwischen einzelnen Unternehmensbereichen und auch Unternehmen oft eine Tätigkeit im Ausland. Kandidaten mit einem oder mehreren längeren Auslandsaufenthalten haben in der Regel den Ruf, flexibler, risikofreudiger und tatkräftiger zu sein, sich in fremden Umgebungen schnell zurechtfinden und in relativ kurzer Zeit etwas umsetzen zu können sowie – last not least – natürlich auch die Kultur und Mentalität anderer Völker und Nationen kennengelernt zu haben und die eigenen deutschen Denk- und Verhaltensweisen dadurch relativieren zu können.

3.3.2 Der persönliche Eindruck

Für die Beurteilung der Persönlichkeit sind all die bislang genannten Punkte zwar wichtig, ausschlaggebend ist – vor allem bei externen Kandidaten – jedoch der Eindruck, den die jeweiligen Entscheidungsträger im direkten Kontakt mit ihnen gewinnen.

3.3.2.1 Äußere Erscheinung und Auftreten

Eine außerordentlich große Bedeutung kommt dabei stets der äußeren Erscheinung und dem Auftreten des Kandidaten zu. Sie sind so wichtig, weil der erste Eindruck nach Ansicht fast aller Personalberater häufig schon vorentscheidend ist. *"Wenn jemand Vorstand werden"* wolle, so eine typische Äußerung, müsse er im Unterschied zu Managern der 2. oder 3. Ebene schon *"in den ersten 20 Sekunden positiv überzeugen"*. Ob die für die Rekrutierung zuständigen Manager oder Eigentümer dem jeweiligen Bewerber, den sie bis zu diesem Zeitpunkt anhand schriftlicher Unterlagen und mündlicher Berichte überwiegend unter fachlichen Aspekten kennengelernt haben, auch persönliche Anerkennung und vielleicht sogar Sympathie entgegenbringen, ist beim ersten persönlichen Kontakt nämlich oft schon innerhalb der ersten Minute entschieden.

Wichtig ist hinsichtlich der äußeren Erscheinung zunächst die Kleidung. Was sie betrifft, so gelten in den meisten Großunternehmen immer noch dieselben Regeln wie vor 20 oder 25 Jahren. "Konservativ-elegant" oder "klassisch-modern", derartige Begriffe werden in der Regel genannt, wenn es um die wünschenswerte Bekleidung geht. Verstanden wird darunter in erster Linie folgendes: Man sollte nach Möglichkeit einen Anzug tragen, dessen Farbe sich zwischen Grau und Dunkelblau bewegt, ein längsgestreiftes oder unifarbenes Hemd, vorzugsweise in einem Blauton, eine unauffällige Krawatte, dunkle Socken und schwarze Schuhe. Das bedeutet umgekehrt, daß Kombinationen ebensowenig gern gesehen werden wie "bunte" Anzüge, grüne oder gelbe Hemden, helle Socken und braune Schuhe.

Welche Rolle diese äußerlichen Kriterien bei der Auswahl der Topmanager spielen, illustrieren folgende Aussagen von Personalberatern und -managern:

"Es muß ganz einfach der Klassiker sein, egal wie alt der Kandidat ist. Wir haben eine Präsentation gehabt bei einem der größten deutschen Warenhauskonzerne. Da kam ein Kandidat im Pullover, war der beste Kandidat, ist trotzdem rausgeflogen aus dem Beritt. Der kam aus Schweden, hatte vorher in einem schwedischen Unternehmen gearbeitet, wo die nicht einmal ein Sakko tragen." (Personalberater)

"Ich habe mich vor kurzem mit einem Vorstand eines der größten deutschen Unternehmen getroffen. Wir haben uns da bei der Gelegenheit ein paar Anzüge ausgesucht. Ich habe ein Stück gewählt, konservativ bis in die Knochen: Fischgräten, ein Blazer mit einer grauen Hose. Da guckte der mich so an – und dieser eine Blazer, der war ein Tönchen heller als dun-

kelblau – und hat gesagt: Also, den könnten Sie bei uns nicht anziehen." (Personalberater)

"Es gibt Vorstandsvorsitzende, da ist es schon gelaufen, wenn einer weiße Strümpfe anhat." (Personalmanager eines der beiden Automobilkonzerne)

"Ich wundere mich immer wieder, welchen Wert Vorstände auf das äußere Erscheinungsbild legen, und vom geputzten Schuh bis zur richtigen Krawatte, also da geht es nach unseren Maßstäben gar nicht mal um ordentliche Kleidung, sind das absolute Killer." (Personalmanager einer der beiden Versicherungsgesellschaften)

Nimmt man noch andere Dinge hinzu, die ebenfalls verpönt sind, wie Fliegen oder dicke Siegelringe beispielsweise, wird deutlich, wie stark die Wahl eines Kandidaten auch heute noch von der Kleidung beeinflußt wird. Die oben genannten Kriterien gelten allerdings nicht für alle Unternehmen gleichermaßen. So ist der modische Spielraum bei den Großbanken oder in klassischen Industriebranchen wie Chemie oder Stahl besonders gering. Für die meisten Mittelständler sieht das ähnlich aus, obwohl hier aufgrund des dominierenden Gewichts der Eigentümer Ausschläge in die eine oder andere Richtung häufiger vorkommen. In einzelnen Branchen wie der Mode-, Werbe- oder Filmindustrie herrschen dagegen modische Standards vor, die sich deutlich vom klassischen "Outfit" der Großkonzerne unterscheiden, aber nichtsdestotrotz ebenfalls ein hohes Maß an Verbindlichkeit aufweisen. In diesen Branchen darf die Kleidung nämlich sehr viel extravaganter als allgemein üblich sein, Vorstellungen über den sog. "guten Geschmack" existieren aber genauso wie in den eher konservativen deutschen Großkonzernen.. Insgesamt jedenfalls gibt es in den Topetagen großer deutscher Unternehmen einen "Dress Code", den man, will man dorthin gelangen, nicht verletzen sollte. Wer sich nicht an diese ungeschriebenen Gesetze hält, hat so gut wie immer einen Nachteil, den er durch besondere Vorzüge auf anderen wichtigen Gebieten ausgleichen muß.

Warum die Kleidung eine solche Bedeutung für die Auswahl von Spitzenmanagern besitzt, läßt sich im Kern mit drei Argumenten erklären. Zunächst signalisiert sie, ob und inwieweit der jeweilige Kandidat mit den ungeschriebenen Regeln vertraut und auch bereit ist, sie zu akzeptieren. Wer einen hellen Blazer oder weiße Socken trägt, kennt sich entweder nicht aus in den Gepflogenheiten, die in den Chefetagen deutscher Großunternehmen herrschen, oder er ignoriert sie bewußt. Das erste wird dabei noch negativer bewertet als das zweite. Wenn jemand bewußt aus der Reihe tanzt, kann das ja auch ein Indiz für besonderes Selbstbewußtsein und Durchsetzungsvermögen sein, wenn er es nur aus Unwissenheit tut, ist es ein Anzeichen für mangelndes Einfühlungsvermögen und/oder fehlende "Parkettsicherheit". Generell aber gilt im einen wie im andern Fall – und das macht die allseits bekannten "weißen Socken" zu einem so wichtigen Kriterium – die Einschätzung, daß eine falsch gewählte Kleidung stets Anpassungsprobleme und zumeist auch mangelnde Sensibilität für die Anforderungen einer Spitzenposition signalisiert.

Das zweite Argument hängt eng mit dem ersten zusammen. Es geht diesmal nur nicht um die unternehmensinternen Beziehungen, sondern um die geschäftlichen Kontakte nach außen und die öffentlichen Repräsentationsfunktionen. Als Vertreter des Unternehmens hat man sich auch in dieser Hinsicht an bestimmte Regeln zu halten. Ein Vorstandssprecher einer der Großbanken kann zu einem Geschäftstermin oder einem öffentlichen Empfang nicht mit einem hellen Sakko kommen. Er muß Solidität ausstrahlen, und unter Solidität wird bei ihm auch eine eher konservative Bekleidung verstanden. Das sind die Erwartungen der Geschäftspartner wie auch der größeren Öffentlichkeit. Was derselbe Mann in seiner Freizeit trägt, ist weitgehend unerheblich. Je stärker ein Topmanager nach außen wirkt, um so wichtiger ist die richtige Kleidung deshalb auch. Das für EDV/Controlling oder den F&E-Bereich zuständige Vorstandsmitglied hat in dieser Hinsicht deshalb auch einen größeren Spielraum als das für den Vertrieb oder die Öffentlichkeitsarbeit zuständige. Den größten Wert auf ihre Kleidung müssen aber fast immer die Vorstandsvorsitzenden legen, denn sie repräsentieren das Unternehmen nach außen so stark wie niemand sonst.

Das dritte Argument für die Wahl der "korrekten" Bekleidung schließlich ist ein ganz einfaches. Wer durch seine Kleidung denselben Geschmack signalisiert wie derjenige, der zu entscheiden hat, kann in der Regel mit einem (zumindest leichten) Bonus in puncto Akzeptanz oder sogar Sympathie rechnen. Auf seiten des Entscheidungsträgers können dagegen leicht Vorbehalte oder gar Antipathien entstehen, wenn in Kleidungsfragen ausgesprochen große Differenzen zu beobachten sind. Kleider sagen ja immer auch etwas über die Personen aus, die sie tragen.

Neben der "Kleiderordnung" gibt es hinsichtlich des äußeren Erscheinungsbildes noch einen zweiten Punkt, der von nicht zu unterschätzender Bedeutung ist: die körperlichen Merkmale des Kandidaten. Das beginnt mit längeren Haaren, die in den meisten Fällen ein K.O.-Kriterium darstellen, geht weiter über den Bart, der vielfach negativ gesehen wird, weil da "jemand etwas verbergen will"[36], und die Körperfülle, die, wenn jemand zu deutlichem Übergewicht neigt, für fehlende bzw. mangelhafte Selbstdisziplin steht, und endet bei der Körpergröße. Letzterer kommt dabei ein besonderes Gewicht zu, wie die folgenden Aussagen von Personalberatern verdeutlichen:

"Ich habe einen Freund, der mal Assistent des Vorstandsvorsitzenden eines damals bedeutenden mittelständischen Unternehmens war. Als wir mal telefoniert haben und ich fragte, wie es denn gehe, sagte der: Ach, mir geht es eigentlich ganz gut, aber ich will dir mal was Juristisches sagen: Wenn du später mal Satzungen für Unternehmen zu machen hast, dann muß da drin stehen: §1 Alle Mitglieder des Vorstands müssen mindestens 1,80m groß sein. §2 lautet: §1 gilt analog auch für die Mitglieder des Aufsichtsrats."

"Es spielt natürlich auch eine Rolle, wie der liebe Gott den Menschen gemacht hat. Ich kenne Leute, wo ich mich frage, wie die eigentlich ihre Karriere gemacht haben. Die sehen eben aus wie Warren Beatty und sind 1,90m groß. Die können eine ganze Weile damit leben, ohne wirklich etwas vorzeigen zu müssen."

Ganz allgemein gilt, daß Männer über 1,80m Körpergröße es einfacher haben. Sie erwecken meist schon durch ihre Gestalt den Eindruck, Eigenschaften wie Durchsetzungsvermögen und Führungsfähigkeit zu besitzen, während kleinere Manager das erst durch ihr Verhalten unter Beweis stellen müssen. Von dieser Regel gibt es natürlich Ausnahmen, vor allem wenn kleine Menschen ein besonderes Charisma ausstrahlen und *"den Raum füllen, obwohl sie so klein sind"*. Es bleiben aber Ausnahmen. Auch wenn die Größe kein explizites Auswahlkriterium ist, wirkt sie doch in einem erstaunlichen Maße. Das Ergebnis einer Untersuchung aus den frühen 80ern, die von einer sehr renommierten Personalberatungsfirma durchgeführt wurde und derzufolge zwei Drittel der befragten Manager (sämtlich 1. Ebene) größer als 1,80 waren, also ausgesprochen groß für ihre Generation (Bremeier et al. o.J., 11), dürfte heute ähnlich ausfallen; angesichts der allgemeinen Zunahme der Durchschnittsgröße wird der Anteil der über 1,80m großen Manager allerdings noch höher liegen. Das lassen die Beobachtungen der vorliegenden Studie jedenfalls vermuten, denn von den Interviewpartnern – es wurden nur

---

36 Ein Personalberater stellte mit Blick auf die Barttracht fest, daß *"ein Herr Scharping mit seinem Äußeren nicht so ohne weiteres in eine Führungsposition kommen würde"*. Wie das Beispiel Pischetsrieder von BMW zeigt, hat sich die Einstellung Bärten gegenüber in letzter Zeit allerdings gelockert.

drei Frauen interviewt – maß trotz eines durchschnittlichen Alters von über 50 nur eine Minderheit von ungefähr 20% weniger als 1,80m.

Auch wenn es immer wieder prominente Fälle von relativ kleinen Topmanagern in Großkonzernen gibt, wie etwa den jetzigen Geschäftsführungsvorsitzenden von Bosch, Hermann Scholl, so dürften in den Chefetagen deutscher Großunternehmen großgewachsene Männer doch eindeutig überrepräsentiert sein. Sie bestimmen in vielen dieser Firmen das Bild. Das wiederum begünstigt die Kandidaten mit 1,80m und mehr, denn die deutlich vom Durchschnitt der Bevölkerung abweichende Verteilung von Groß und Klein auf den Vorstandsebenen sorgt für eine unterschwellige Verknüpfung von beruflicher Topposition und überdurchschnittlicher Körpergröße. Beim Begriff Spitzenmanager ist man einfach geneigt, eher an Männer wie Mark Wössner oder Hilmar Kopper als an ihre kleiner gewachsenen Kollegen zu denken. Solche oft im Unterbewußtsein wirkenden Assoziationen beeinflussen die Auswahlprozesse durchaus, weil mit der Körpergröße dann immer wieder, wie es ein Personalberater formulierte, *"Kompetenz oder Leadership"* assoziiert werde. Außerdem muß man noch einen weiteren Punkt einkalkulieren. Männer, die es gewohnt sind, daß man zu ihnen im wahrsten Sinne des Wortes aufschaut, haben nicht selten (mehr oder minder große) Schwierigkeiten damit, einen kleingewachsenen Mann als gleichwertig oder gar als überlegen zu akzeptieren. Viele von ihnen ziehen es vor, auch im Hinblick auf die Körpergröße von gleich zu gleich zu kommunizieren. Diesen Faktor sollte man nicht unterschätzen. Die Bemerkung eines seit fast 20 Jahren in der Branche tätigen Personalberaters, *"daß es die Kleinen immer schwerer haben, doppelt so gut sein müssen, wie die Frauen"*, dürfte daher im Kern nicht ganz falsch sein.

Dies gilt um so mehr, als körperliche Größe immer auch ein wichtiger und prägender Bestandteil des Auftretens einer Person ist. Zumindest auf den ersten Blick fällt es einem großen Menschen leichter, "den Raum zu füllen" als einem kleinen. Wirklich wichtig ist aber ein anderer Punkt. Großgewachsene Personen strahlen in der Regel mehr Selbstsicherheit, Ruhe, Gelassenheit und auch Durchsetzungsfähigkeit aus als kleingewachsene. Denen hängt eher (wie dem Trainer der Fußball-Nationalmannschaft) das Image eines zähen, "bissigen Terriers" an, der sich zwar auch durchsetzen kann, dabei aber seinen kleinen Wuchs durch besonders forsches Auftreten wettmachen muß. Souveränes, gelassenes Auftreten aber ist ein ganz entscheidender Vorteil. Leute, die diesen Eindruck vermitteln, *"haben ein absolutes Plus gegenüber anderen"*, so ein Personalberater in Übereinstimmung mit fast allen anderen Interviewpartnern.

Für Selbstsicherheit und Ruhe gibt es dabei in den Augen der Personalmanager und -berater eine ganze Reihe von Anzeichen in der Gestik, der Mimik, der Körperhaltung, der Bewegung und der Sprache des jeweiligen Kandidaten. Der offene Blick, der feste Händedruck, der ruhige, feste Schritt, die klare Artikulation oder die aufmerksame, aber gelassene Gesprächsführung, d.h. die Fähigkeit auch zuhören zu können, all das sind positive Merkmale. Negativ zu Buche schlagen dagegen schwitzige Hände, die Vermeidung eines direkten Blickkontakts, eine unruhige oder leicht verkrampfte Sitzhaltung, eine gepreßt klingende Stimme oder eine etwas hektische Argumentationsform. Nachteilig wirkt sich in der Regel auch aus, wenn die Körpersprache nicht mit dem übereinstimmt, was der Bewerber mündlich vorbringt, jemand *"hier den starken Mann spielt und es in Wirklichkeit gar nicht ist"*, wie eine Personalberaterin sagte. Wenn jemand den souveränen, erfolgsgewöhnten Manager mimt, dabei jedoch ständig im Sessel hin und her rutscht und eine Zigarette nach der anderen greift, wirkt er unglaubwürdig. Um die Entscheidungsträger von den eigenen Führungsqualitäten überzeugen zu können, müssen Körpersprache und verbale Äußerungen weitgehend kongruent sein. Sich als etwas auszugeben, was man in Wirklichkeit nicht ist, dürfte daher allenfalls in sehr vereinzelten Ausnahmefällen gelingen. Über einzelne kleinere Schwächen hinwegzutäuschen, ist dagegen sicherlich möglich.

Zur äußeren Erscheinung und zum souveränen Auftreten tritt als drittes Auswahlkriterium dann noch die Beherrschung "guter Umgangsformen". Sie hängt ebenfalls eng mit dem Auftreten einer Person zusammen, betont aber andere Aspekte. Diese sind sowohl charakterlicher als auch eher formaler Natur. Was die charakterlichen Elemente betrifft, so existiert ebenso wie beim Auftreten ein entscheidendes Merkmal für eine Beurteilung. Statt Souveränität ist jetzt Höflichkeit gefragt. Für die direkten Kandidatengespräche im Unternehmen oder der Beratungsfirma heißt das vor allem zweierlei: Bei der Begrüßung und Verabschiedung müssen die üblichen Formen gewahrt werden, und während des Gesprächs sollte man das Gegenüber in Ruhe ausreden lassen und selbst keine längeren Monologe halten.

Abgesehen vom unmittelbaren Gespräch, das schon wesentliche Eindrükke vermittelt, achten die meisten Personalberater und -manager noch sehr darauf, wie die Kandidaten mit Personen umgehen, die in der Hierarchie oder im sozialen Status tiefer angesiedelt sind. In der Regel sind das die Sekretärinnen. Ob sich jemand ihnen gegenüber unfreundlich oder von oben herab benimmt, wird genau registriert. Wer einen Fehler oder eine Ungeschicklichkeit nutzt, um seine Machtposition unter Beweis zu stellen, statt darüber hinweg zu sehen oder zu helfen, fällt ebenso negativ auf wie jemand, der das "Hilfspersonal" überhaupt nicht beachtet, sondern nur gegenüber den für ihn offensichtlich wichtigen Personen die Form wahrt. Beide Verhaltensweisen sind nämlich ein gutes Indiz für fehlendes Einfühlungsvermögen und eine Einstellung, die an das geflügelte Wort von der "Herrenreitermentalität" erinnert. Wer sich so verhält, straft Aussagen über einen kooperativen Führungsstil und Teamorientierung durch seinen eigenen Umgang mit Menschen Lügen.

Noch stärker wird ein solcher Charakterzug sichtbar, wenn man sich im Restaurant oder Hotel zum Essen und/oder Gespräch trifft. Gegenüber den Taxifahrern oder Kellnern ist das Verhalten zumeist krasser, weil sie im Gegensatz zu den Sekretärinnen nicht zum Unternehmen oder zur Beratungsfirma gehören, für die Entscheidung also scheinbar ohne jede Bedeutung sind. Dementsprechend werden sie von eher "rücksichtslosen" Charakteren dann auch behandelt. Wenn eine *"gestandene Führungskraft den armen Kellner anbläst für die Qualität des Restaurants"* oder *"sehr schnell ungeduldig wird, nur weil der Kellner langsam ist oder das nicht so gut kann"*, wie es ein Personalberater illustrierte, dann gilt das in den meisten Fällen als klarer Mangel in puncto Umgangsformen, der sich in der Beurteilung der gesamten Persönlichkeit negativ niederschlägt. Da zudem gerade die Kandidaten, die nicht selbstsicher und ruhig sind, ihre diesbezüglichen Schwächen im Auftreten relativ häufig durch ein betont *"zackiges und forsches"* Verhalten *"sozial schlechter gestellten Menschen"* gegenüber zu kompensieren versuchen, zeigen derartige Personen gleich zwei wichtige Schwachpunkte ihrer Persönlichkeit.

Ob diese zu einem K.O.-Kriterium werden oder zumindest zu einem schweren Handicap, ist allerdings nicht immer gesagt, denn das hängt von den Anforderungen der jeweiligen Position ab. Einem Manager, der für einen harten Sanierungsjob gesucht wird, wird man solche charakterlichen Mängel sicherlich zumeist nachsehen. Er wird sich bei der Erfüllung seiner Aufgabe vermutlich sowieso nicht viele Freunde machen. Ein vergleichsweise hohes Maß an Ruppigkeit und Unhöflichkeit ist daher nicht weiter tragisch, manchmal sogar eher erwünscht. Im Normalfall, wo es ja immer auch um eine langjährige Zusammenarbeit mit Mitarbeitern geht, ist das etwas anderes. Da spielt die Fähigkeit, freundlich und der Situation angemessen mit

"Untergebenen" umgehen zu können, schon eine wichtige Rolle und wird dementsprechend auch mit Aufmerksamkeit betrachtet.

Bei den eher formalen Elementen der Umgangsformen liegt das Augenmerk auf einem anderen Punkt. Hier dreht es sich um die Frage, ob der Bewerber sich auch auf dem gesellschaftlichen Parkett sicher bewegen kann. Das beginnt auch mit den Begrüßungsformen, kann bei den Kandidaten für Toppositionen in Großkonzernen aber auch bis zum gekonnten Umgang mit Hummer und Austern sowie der Wahl des richtigen Getränks reichen. Die Anforderungen sind sehr stark positionsbezogen. Je höher die zu besetzende Position in der Hierarchie angesiedelt ist und je mehr Außenkontakte sie erfordert, um so mehr Wert wird auf ein "parkettsicheres" Benehmen gelegt. Ein Geschäftsführer in einer mittelständischen Firma oder ein Bereichsleiter in einem Großunternehmen wird in dieser Hinsicht weniger kritisch beäugt als ein Vorstandsmitglied eines Großkonzerns, ein Vorstand für Controlling, Entwicklung oder Produktion weniger kritisch als ein Vorstand für Marketing und Vertrieb und ein einfaches Vorstandsmitglied weniger kritisch als der Vorstandsvorsitzende.

Mit Kandidaten für die 2. Führungsebene geht man daher auch so gut wie nie gemeinsam essen, mit denen, die für wirkliche Spitzenpositionen in Frage kommen, dagegen relativ häufig. Zu ihrem künftigen Aufgabengebiet zählt ja zu einem erheblichen Teil auch die Repräsentation des Unternehmens in der Öffentlichkeit. Sie haben, wie es ein Personalmanager des Medienkonzerns treffend charakterisierte, so etwas wie einen *"Diplomatenstatus"*, weil sie das Unternehmen nach außen vertreten, sei es bei offiziellen Anlässen wie Empfängen oder Einweihungen irgendwelcher Ausstellungen oder Museen, sei es bei Geschäftsessen mit wichtigen Kunden oder Lieferanten, sei es bei Verbands- oder Vereinstreffen. Stets wird das Image des Unternehmens auch durch seine Topmanager geprägt. Der Vertriebsvorstand eines international tätigen Großkonzerns darf daher auch *"nicht den Hummer vom Teller springen lassen, wenn es Hummer gibt"*, so ein Personalberater. Bei ihm gehört nicht nur der *"richtige Umgang mit Messer und Gabel"*, sondern auch die Beherrschung der ausgefalleneren Varianten dieses "Umgangs" zum Aufgabenspektrum. Er sollte daher zumindest im Groben auch wissen, welcher Wein zu welchem Gericht paßt, um den richtigen bestellen zu können. Für einen Controller ist all das weit weniger wichtig, und bei einem Produktionsleiter auf der 2. Ebene reicht vielfach aus, wenn sein Verhalten den normalen Rahmen nicht verläßt. Die höchsten Anforderungen werden in puncto Umgangsformen dementsprechend an die Vorstandsvorsitzenden der renommierten Großkonzerne aus der Industrie und dem Finanzsektor gestellt. Vor allem in den klassischen Industriekonzernen und bei den Großbanken wird sehr viel Wert darauf gelegt, weil ihre Vorstandsvorsitzenden oder -sprecher in besonders hohem Maße im Licht der Öffentlichkeit stehen. Bei den mittelständischen Unternehmen dagegen wird dieser Punkt in der Regel weit weniger beachtet. Da die Entscheidungen hier oft aber sehr stark von der Persönlichkeit der Eigentümer abhängen, ist es in einzelnen Fällen durchaus möglich, daß das Beherrschen der "gehobenen Etikette" ebenfalls als sehr wichtig angesehen wird. So etwas stellt aber doch eher eine Ausnahme dar.

Ein wirkliches K.O.-Kriterium sind die eher formalen Umgangsformen aber nur relativ selten. Nur wenn jemand sich völlig außerhalb des normalen Rahmens bewegt, so daß er mit seinem Verhalten eindeutig negativ auffällt, kommt es in der Regel zum Ausschluß aus dem Kreis der Kandidaten. Verstöße unterhalb dieser Ebene stellen zwar ein (mehr oder minder gewichtiges) Handicap dar, sie werden aber hingenommen, wenn der Kandidat dieses Manko mit sehr guten oder herausragenden Fähigkeiten auf anderen wichtigen Gebieten zu kompensieren vermag. Je höher die zu besetzende Position in der Hierarchie angesiedelt ist, um so schwieriger ist das allerdings. Ein Vorstandssprecher einer Großbank könnte gröbere Mängel in der "Etikette" kaum wettmachen, während das beim EDV-Leiter derselben Bank durchaus möglich ist.

3.3.2.2 Optimismus und Allgemeinbildung

Ein Topmanager sollte nach Ansicht so gut wie aller Interviewpartner Optimismus ausstrahlen, denn Optimismus – in realistischer Form natürlich – zu verbreiten, bedeute immer, auf der einen Seite in schwierigen Situationen noch *"das Licht am Ende des Tunnels"* zu erkennen und damit Perspektiven aufzeigen zu können, auf der anderen Seite in normalen Zeiten eine positive Grundstimmung zu vermitteln und damit zu einer erhöhten Leistung anzuspornen. Ein Personalberater brachte die allgemeine Einstellung seiner Kollegen in dieser Frage mit der Formulierung auf den Punkt, daß *"jemand, der von der Grundhaltung her pessimistisch ist, eigentlich kein guter Manager sein kann"*; weil *"unternehmerische Visionen"* zu haben, untrennbar mit einer optimistischen Lebenseinstellung verknüpft sei.

Wie sich eine optimistische Lebenseinstellung im Verhalten eines Kandidaten niederschlagen kann, illustriert der folgende, zugegebenermaßen etwas außergewöhnliche Fall, der sich zufällig im Rahmen einer Kandidatenpräsentation ergeben hat, sehr anschaulich:

"Wir hatten einen Klienten, für den wir einen Kandidaten hatten. Der kommt zum dritten Gespräch, kommt rein in die Halle. Davor stehen Polizeiwagen. Das Haus ist gerade beschlagnahmt, weil es in diesem Nahrungsmittelunternehmen einen Skandal gab. Der Chef kam runter und sagte: Entschuldigen Sie, wir haben da ein Riesenproblem. Da sagt der Kandidat: Wieso ein Problem. Das ist halt so, das müssen wir lösen. Erst mal ruhig bleiben! Dann gucken wir uns das mal an. Mich schreckt das überhaupt nicht ab. Das gibt's überall." (Personalberater)

Wer auch in derartigen ungewöhnlichen und überraschenden Situationen gelassen bleibt und zuversichtlich an ein Problem herangeht, stellt seine Führungsqualitäten nachdrücklich unter Beweis. Wer dagegen in einer solchen Lage direkt oder indirekt ausdrückt, daß er mit einem Skandal nichts zu tun haben möchte, oder angesichts des starken öffentlichen Interesses und Drucks in hektische Betriebsamkeit verfällt, der läßt es genau an diesen, von einem Topmanager erwarteten Qualitäten mangeln.

In einem normalen Vorstellungsgespräch ist es vor allem bei externen Kandidaten natürlich erheblich schwieriger, ihre Grundhaltung in puncto Optimismus zu überprüfen. Man versucht es in der Regel mit Fragen zur zukünftigen Aufgabe. Abgesehen vielleicht vom Controlling bevorzugt man dabei den Mann, der das Gefühl vermittelt, die Probleme schon in den Griff zu bekommen und optimistische Perspektiven entwickelt, und nicht den, der in erster Linie messerscharf analysiert, den nötigen Funken Begeisterung aber nicht überspringen läßt. Wenn jemand in einer derartigen Situation das Unternehmen, in dessen oberes Management er ja hinein möchte, geradezu seziert und seine Schwachpunkte deutlich benennt, wird das häufig als Pessimismus oder als *"Miesmachen"*, wie es ein Personalberater ausdrückte, aufgefaßt und dem Kandidaten wird nicht zugetraut, den für die Führung eines Unternehmens notwendigen Optimismus auszustrahlen und die erforderlichen "unternehmerischen Visionen" zu entwickeln. Solche Bewerber haben es deshalb in der Regel sehr schwer, in absolute Spitzenpositionen zu gelangen.

Das letzte wichtige Persönlichkeitsmerkmal, auf das bei den Kandidaten für Toppositionen geachtet wird, ist deren Allgemeinbildung. Ihre Bedeutung nimmt im allgemeinen mit der Höhe und der Außenwirkung der zu besetzenden Positionen zu, ist bei Vorstandsmitgliedern und erst recht den Vorstandsvorsitzenden großer Konzerne also erheblich höher zu veranschlagen als bei den Leitern mittelständischer Unternehmen. Dies wird auch in den

Antworten der befragten Personalmanager deutlich. Sie sind sich fast ausnahmslos darin einig, daß der Allgemeinbildung der Kandidaten eine große Rolle bei der Rekrutierung für die Toppositionen zukomme. Symptomatisch sind in dieser Hinsicht Aussagen wie die folgenden:

"Allgemeinbildung spielt eine große Rolle, denn sie müssen immer wieder Reden halten, sich der Öffentlichkeit präsentieren, in der Lage sein, einen großen Bogen zu schlagen, was man nur mit großer Allgemeinbildung kann." (Personalmanager einer der beiden Großbanken)

"Mangelnde Allgemeinbildung ist vielfach ein Hindernis, um von der 2. in die 1. Ebene zu kommen." (Personalmanager eines der beiden Chemiekonzerne)

"Es gab hier einen Vorgesetzten, der hat sich mit den Kandidaten über Musik und Opern unterhalten und über sonst nichts, einfach, um ganz überfachliche Persönlichkeitsmerkmale abzugleichen." (Personalmanager einer der beiden Automobilfirmen)

"Es ist bei allen Vorgesetzten wichtig, und je höher der Führungskreis, desto wichtiger und desto selbstverständlicher. Wenn ich meinen Kollegen in Japan besuche, dann will ich von ihm was über die japanische Kultur wissen. Oder wenn wir jemanden nach Frankreich schicken, muß der ein Frankreich-Ambiente aufbauen und mir eine Führung durch den Louvre mit Kunden oder nur mit mir bieten können. Also das Fachliche allein genügt absolut nicht." (Personalmanager eines der beiden Elektrounternehmen)

"Allgemeinbildung gehört zur Abrundung einer guten Persönlichkeit und/oder Führungskraft unabdingbar hinzu. Insofern ist das für mich absolute Voraussetzung. Man muß in der Lage sein, sich mit Personen aus fremden Kulturkreisen über Politik, über Wirtschaft, über gesellschaftliche, soziale Aspekte seines Gesichtskreises unterhalten zu können; denn jemand kann noch so ein exzellenter Fachmann sein, erfüllt er die anderen Punkte nicht, ist er als Gesprächspartner uninteressant. Man redet in beruflichen Dingen halt nicht zu 95% über geschäftliche Dinge, sondern zu mindestens der Hälfte auch über private und gesellschaftliche." (Personalmanager eines der beiden Handelsunternehmen)

Wie diese Auswahl zeigt, wird der Allgemeinbildung in den führenden Großkonzernen aller Branchen eine große Bedeutung zugemessen. Das räumen auch die meisten Personalberater ein, obwohl es bei ihnen einzelne skeptische Stimmen dazu gibt.

Wenn es sich um die Besetzung von Toppositionen in weniger großen Unternehmen dreht, sieht das Bild anders aus. Zwar gibt es auch in diesem

Bereich Firmen, in denen der Allgemeinbildung ein wichtiger Stellenwert bei der Besetzung von Spitzenstellungen eingeräumt wird, im Schnitt aber wird ihre Bedeutung doch deutlich tiefer eingestuft. Einige Personalberater negieren sie für derartige Unternehmen sogar fast völlig. Von der Mehrzahl wird allerdings eingeräumt, daß ein "breiterer Horizont" und damit die Allgemeinbildung an Gewicht gewinnen. Zurückgeführt wird das auf die mit der Internationalisierung der Märkte und dem wachsenden Konkurrenzdruck zusammenhängende Gewichtsverlagerung zugunsten der Vertriebs-, Marketing- und General-Management-Funktionen. Der vorwiegend technisch denkende und orientierte Manager, der seine Position stark seinen fachlichen Qualitäten verdanke, sei immer weniger gefragt, der nach außen gewandte und in Gesamtbezügen denkende Manager dagegen zunehmend stärker.

Daß die Allgemeinbildung vor allem für die Besetzung von Toppositionen in Großkonzernen wichtig ist, hat in erster Linie drei Gründe: Zunächst haben die Inhaber solch hervorgehobener Managementpositionen vielfältige gesellschaftliche Verpflichtungen, bei denen ihre Allgemeinbildung, wie der Bankmanager richtig bemerkte, immer wieder gefragt ist; denn Reden kann man sich zwar schreiben lassen, für die oft wichtigen Gespräche am Rande solcher öffentlichen Veranstaltungen oder auch eher privaten Einladungen (zu Vernissagen etwa) nützt es aber nichts, über einen brillanten Referenten zu verfügen. Da muß man selbst in der Lage sein, mit Politikern, Intendanten, anderen Personen des sog. "öffentlichen Lebens" oder auch aus der Wirtschaft in angemessener Weise kommunizieren zu können. Das heißt, daß man in wichtigen Bereichen der Welt- und Innenpolitik ebenso wie in Fragen der Musik und Literatur oder der Geschichte zumindest solide Basiskenntnisse besitzen sollte. *"Man müßte schon"*, so die Formulierung eines Personalberaters, *"die Romantik von der Aufklärung unterscheiden können"*, wenn es beispielsweise um Literatur geht, und sich nicht nur in der gängigen "Entspannungsliteratur" auskennen.

Ähnliches gilt auch für die Gespräche mit Geschäftspartnern, seien es Kunden, Lieferanten oder Kooperationspartner, und Konkurrenten – dies der zweite Grund. Auch bei geschäftlichen Unterhaltungen kann man sich nicht ausschließlich auf's Geschäft konzentrieren. Die Atmosphäre, das gegenseitige Verständnis wird nämlich stark von den Gesprächselementen bestimmt, die sich nicht auf die unmittelbaren ökonomischen Fragen beziehen, sondern allgemeinen Entwicklungen und Erscheinungen auf allen möglichen Gebieten und auch den eigenen privaten Interessen gewidmet sind. Stellt man im Verlaufe langwieriger geschäftlicher Verhandlungen z.B. fest, daß man die Begeisterung für klassische Musik teilt, verbessert das das Klima oft erheblich. Ebenso wichtig ist es auch, in den privaten Unterhaltungen am Rande das Zeitgeschehen von informierter Warte aus beurteilen zu können oder sich in der Kultur des Landes auszukennen, aus dem der Geschäftspartner kommt. Das schafft eine wechselseitige Anerkennung.

Im Unterschied zum ersten Punkt, der öffentlichen Repräsentation, reicht das zweite Argument gerade im Vertriebs- und Einkaufssektor deshalb nicht selten auch bis in die 2. Führungsebene hinunter. Auch der Einkaufsleiter eines großen Unternehmens und erst recht ein Bereichsleiter im Vertrieb müssen oft mit Kunden auf einem gehobenen Niveau "Konversation betreiben" können, denn über den Abschluß eines Geschäfts entscheiden persönliche Sympathien und Antipathien in nicht unerheblichem Maße. Die Kenntnis kultureller Traditionen eines fremden Landes kann da einen wesentlichen Pluspunkt ausmachen, ihre Ignorierung einen wichtigen Minuspunkt, weil sie beim Partner das Gefühl der Mißachtung aufkommen lassen kann. Man kann sich eben *"nicht darauf beschränken, das Produkt zu loben und die Vorzüge unseres Herstellungsverfahrens darzustellen, sondern"*, so ein Personalmanager aus dem Stahl- und Maschinenbaukonzern, *"muß auch in der Lage sein, mit dem Kunden, der aus einem ganz anderen Gedankenkreis kommen kann, zu kommunizieren, weil der sonst unter Umständen sehr schnell das Interesse verliert"*. Ein "anderer Gedankenkreis" kann dabei in geographischer, ebenso aber auch in kultureller oder gesellschaftspolitischer Hinsicht gemeint sein. Sich auf die möglichen Variationen zumindest im großen und ganzen einstellen zu können, das ist für ein interessantes Gespräch häufig erforderlich und eine breitere Allgemeinbildung deshalb auch von Bedeutung.

Der dritte Grund für die positive Bewertung einer guten Allgemeinbildung durch die Vorstands- und Aufsichtsratsmitglieder, die die Entscheidung treffen, liegt in deren eigener Persönlichkeitsstruktur. Sie verfügen in ihrer großen Mehrzahl über eine solche Bildung und sind zu einem nicht unerheblichen Teil nach Aussagen der Personalmanager sogar "richtige Fachleute" in Einzelgebieten wie der Landschaftsmalerei, der Architekturgeschichte oder der Historie des alten Preußen. Auch wenn das mit den "Fachleuten" im einen oder anderen Fall vielleicht etwas hoch gegriffen ist, sind die Personalmanager sich doch weitgehend einig, daß ihre Vorstandsmitglieder in einzelnen Bereichen "sehr profunde Kenntnisse" besitzen.[37] Wenn im Vorstand ei-

---

37 Ein diesbezügliches Beispiel erzählte ein Personalberater, dessen Kandidat in einem Vorstellungsgespräch erwähnte, daß er im Kirchenchor die Werke von Bach und anderen klassischen Komponisten sänge, und beim Klienten damit exakt den richtigen Punkt traf.

nes großen Chemiekonzerns ein Mitglied sitzt, das konzertreif Klavier spielen kann, und ein anderes, das eigene Bilder regelmäßig in Ausstellungen präsentiert, dann ist klar, daß ein Kandidat mit ausgeprägten musischen Interessen und Kenntnissen auf gewisse Sympathien hoffen kann.

Dieser Sympathieeffekt aufgrund gleicher Neigungen spielt eine beträchtliche Rolle bei der Bewertung der Kandidaten, noch wichtiger aber dürfte in der Regel sein, daß viele Vorstands- und Aufsichtsratsmitglieder mit einer umfassenden Allgemeinbildung anhand ihrer eigenen Entwicklung die Vorzüge des "breiten Horizonts" als wesentlich für die Übernahme von Funktionen im Topmanagement ansehen. Es geht dabei nicht um das Wissen über einzelne Details, sondern um die Fähigkeit, *"über den eigenen Tellerrand hinauszuschauen, sich nicht in den einzelnen Fall, in das Unternehmensgeschehen einpferchen zu lassen, sondern im Grunde zu versuchen, die Dinge doch immer wieder als Ganzes zu sehen"*, so pointiert formulierte es einer der erfolgreichsten und angesehensten Personalberater hierzulande. Der Kandidat für eine Spitzenposition muß also nicht über bestimmte Schriftsteller, Komponisten, Maler oder Gestalten der Geschichte genau Bescheid wissen, sie müssen ihn auch nicht interessieren, er sollte aber in der Lage sein, die wichtigen Entwicklungen auf verschiedenen Gebieten wie darstellende und bildende Kunst, Musik, Literatur oder Zeitgeschichte zumindest im großen und ganzen einordnen zu können, und sich für einzelne Personen, Stile oder Aspekte auch näher interessieren. Wen Opernmusik oder impressionistische Malerei nicht begeistern kann oder wer sie gar überhaupt nicht mag, der sollte zum einen dennoch Wagner und Verdi oder Manet und Renoir kennen und zum anderen eine Vorliebe für andere Stilrichtungen der Kunst und Musik oder der Literatur zeigen.[38]

Der machte das nämlich auch seit 20 Jahren. *"Dann redeten die beiden, weil sie beide dieses ungewöhnliche Hobby haben, eine halbe Stunde nur darüber und verstanden sich. Der Klient sagte dann: Vom Typ her mag ich den, weil der nicht so engstirnig ist, mehr macht."*

Ein anderer Personalberater berichtete Vergleichbares von einem mittelständischen Unternehmer, der aufgrund seines architektonischen Interesses alle Gebäude, in denen seine 70 Geschäfte untergebracht sind, aufkaufte, um sie "architektonisch anspruchsvoll zu gestalten". Der hatte zwei Bilder von solchen Gebäuden an der Wand hängen und redete mit dem Kandidaten erst mal über die Gebäude und deren Architektur. Obwohl der Kandidat von Architektur selbst nicht viel verstand, besaß er doch "ein Gefühl für Schönheit", und so entwickelte sich ein Gespräch über Bauformen und -materialien, und damit war die Entscheidung zu seinen Gunsten gefallen.

38 Ein *sehr erfahrener und zugleich kulturbegeisterter Personalberater meinte dazu folgendes: "Ich kenne Leute im Topmanagement, die sagen: Ach wissen Sie, Oper, da gehe ich eigentlich nicht gerne hin. Begründen das auch. Aber wissen Sie, wo ich gerne hinge-*

Wer jegliches Interesse in dieser Richtung vermissen läßt, bei dem stellt sich zumindest die Frage, ob er die Welt nicht doch mit fach- und unternehmensbezogenen Scheuklappen sieht und es ihm nicht auch an geistiger Kreativität fehlt. Das eine wie das andere darf aber nicht sein, wenn man nicht nur ein normaler Durchschnittsmanager, sondern ein Topmann oder sogar ein wirklicher "Leader" sein will; denn ein Spitzenmanager muß "über den Tellerrand sehen" und Perspektiven für die Zukunft entwickeln können. "Leadership" bedeutet sogar noch mehr. Es beinhalte auch die Fähigkeit, die *"Unternehmenskultur zu beeinflussen"*, wie es ein Personalmanager des EDV-Konzerns formulierte, "Visionen" zu vermitteln. Um so etwas zu können, brauche man einen "breiten Horizont" im Denken sowie geistige Beweglichkeit und Kreativität.

Auf höherer Ebene und deshalb mit verschärften Anforderungen zeigt sich ein Grundmuster in der Persönlichkeitsbewertung, das zunehmend auch auf den niedrigeren Managementebenen die Karrieremöglichkeiten stark beeinflußt. So wie der fachlich gute, aber ganz überwiegend auf die fachlichen Aspekte seines Berufs konzentrierte Jurist oder Informatiker fast immer schlechtere Karrierechancen hat als der ebenfalls gute, über sein Fach aber hinausblickende, breiter interessierte und orientierte Kollege derselben Disziplin (Hartmann 1990a, b, 1994, 1995), so sticht der Manager mit Überblick, guter Allgemeinbildung und relativ breit gestreuten Interessen seinen eher fachlich ausgerichteten Konkurrenten bei der Besetzung von Toppositionen in der Regel aus. Es findet alles nur eben auf einem höheren, generell schon weniger von fachlichem Detailwissen als von Persönlichkeitsmerkmalen geprägten Level statt. Die Tendenz ist dieselbe, das Raster ist nur enger.
Die Bedeutung, die einer guten Allgemeinbildung für die Übernahme von Spitzenpositionen in deutschen Großunternehmen zugemessen wird, differiert allerdings je nach Branchenzugehörigkeit, Firmengröße und Unternehmenstradition. Verallgemeinernd kann man dabei sagen, daß Allgemeinbildung um so höher bewertet wird, je stärker der Absatzmarkt von industriellen Großkunden bestimmt wird, je größer das Unternehmen selbst ist und je "ruhmreicher" seine Tradition ist. Bei einem Rückversicherer wird daher

---

he? In ein super Jazz-Konzert oder ein Musical, Top-Musical am Broadway. Ich persönlich bin z.B. auch kein Opernfreund, kann das auch begründen. Ich würde z.B. nie nach Bayreuth gehen, weil ich Wagner nicht mag. Der ist mir zu laut. Gut, ein anderer mag sagen: Das ist ein Banause. Wie kann man den Wagner nicht mögen. Trotzdem mag ich Musik sehr gerne. Also ich würde sagen: Die Musik, die bildende Kunst und solche Kunst, alles zusammengenommen in irgendeiner Form, da sollte man sich schon für interessieren, genauso gut wie für Menschen, sonst ist man da eigentlich fehl am Platz."

mehr Wert auf Allgemeinbildung gelegt als bei einem Kompositversicherer mit Massengeschäft, bei einem Automobilkonzern mehr als bei einem Werkzeugmaschinenhersteller und bei einem klassischen deutschen Industriekonzern aus der Chemie- oder Elektrobranche mehr als bei einem EDV-Unternehmen. Das Gewicht, das einer umfassenden Allgemeinbildung dann im Einzelfall zukommt, hängt von der Kombination der verschiedenen Faktoren ab. Ausschlaggebend ist dabei zumeist die Unternehmensgröße; Kundenstruktur und Firmentradition haben in der Regel einen deutlich geringeren Einfluß, stellen eher verstärkende oder abschwächende Elemente dar. Die Anforderungen in puncto Allgemeinbildung sind deshalb bei den führenden Großkonzernen auch durchweg am höchsten.

Bei dieser Aussage ist allerdings zu berücksichtigen, daß der Faktor Allgemeinbildung – wie auch die guten Umgangsformen – immer dann spürbar an Bedeutung einbüßt, wenn ein Unternehmen in schwere wirtschaftliche Turbulenzen gerät. Das gilt auch für bekannte Großkonzerne. Ein charakteristisches Beispiel dafür stellt der Wechsel des Vorstandsvorsitzes von Hahn zu Piëch bei VW dar. Er wurde von vielen Managern des Konzerns wie eine *"Kulturrevolution"* empfunden, so die Formulierung eines Personalmanagers. An die Stelle des "polyglotten", stets auf gute Umgangsformen und hohe Allgemeinbildung bedachten "Strategen" Hahn trat der vorwiegend kostenorientierte, an "Äußerlichkeiten" nicht besonders interessierte, eher "hemdsärmelig" auftretende Piëch. Wie die Auseinandersetzung mit Opel zeigt, erntet Piëch mit seiner Art des öffentlichen Auftretens zwar immer wieder Stirnrunzeln in den Kreisen der vergleichbar hoch angesiedelten deutschen Topmanager, letztlich zählt in der schwierigen Lage des Konzerns aber vor allem der Erfolg. So lange er den hat, wird über manch Störendes hinweggesehen. Es ist in bestimmten Situationen eben mehr der *"Sanierer"* als der *"Stratege"* gefragt, wie es ein Personalmanager ausdrückte.

In noch größerem Maße gilt das für richtige Sanierungsfälle wie die Metallgesellschaft. Von Kajo Neukirchen erwartet man hartes Durchgreifen. Ob er über gutes Benehmen oder umfassende Allgemeinbildung verfügt, ist in so einer Situation völlig nebensächlich. Er soll ja weder großartige unternehmerische Visionen entwickeln noch in der Öffentlichkeit brillieren oder gar einen kooperativen Führungsstil pflegen. All das erlaubt die ökonomische Lage des Unternehmens gar nicht. Leute wie er sollen die Kosten radikal senken, und das um fast jeden Preis. Daß sie dabei viele Leute inner- und auch außerhalb des Unternehmens vor das Schienbein treten müssen, ist unumgänglich. Deshalb ist es auch weitgehend uninteressant, ob sie von ihrer Persönlichkeitsstruktur her in der Lage wären, tatsächlich "Leadership" auszuüben, die Belegschaft also für neue Ziele zu begeistern und eine neue positive "Unternehmenskultur" zu initiieren, oder zumindest im Umgang mit den Mitarbeitern Souveränität, Freundlichkeit und gute Allgemeinbildung auszustrahlen. Wer in kürzester Zeit Belegschaften um die Hälfte und mehr reduzieren muß, kann persönlich sein, wie er will – obwohl es zwischen Persönlichkeitsstruktur und Aufgabe sicherlich immer Affinitäten gibt –, er wird immer als rein kostenorientiert, hart und z.T. auch rücksichtslos wirken.

Ist der Sanierungsjob erledigt, das Unternehmen drastisch verkleinert, aber wieder konkurrenzfähig, sind solche Managertypen dann in der Regel auch nicht mehr länger gefragt. Sie haben bei der Durchführung ihrer Aufgabe derartig *"viel Porzellan zerschlagen"*, wie es ein Personalberater formulierte, daß sie für den Neuaufbau nicht mehr die "richtigen Männer" sind. Die besseren Leute, vor allem auch Führungskräfte des Unternehmens haben dieses häufig verlassen, weil ihnen der "ruppige" Führungsstil nicht gefiel. Die, die geblieben sind, haben sich vielfach zwar *"arrangiert, gute Miene zum bösen Spiel gemacht"*, sind *"aber innerlich illoyal"*, so derselbe Personalberater. Wenn die existentielle Bedrohungssituation vorbei ist, der Druck nachläßt, wird sich die mangelnde Loyalität ebenso negativ bemerkbar machen wie der Weggang gerade der nicht so angepaßten, kreativeren und daher in der Regel besseren Führungskräfte auf allen Ebenen des Unternehmens. Dann wird in den meisten Fällen, wie das Beispiel Kajo Neukirchen zeigt, ein neuer Vorstandsvorsitzender und teilweise auch ein neuer Vorstand benötigt. Topmanager wie Neukirchen, denen der Ruf des "knüppelharten" Sanierers vorauseilt, haben dann kaum eine Chance. Sie sind die richtigen Männer für Notzeiten, für normale Zeiten bevorzugt man auf seiten der Anteilseigner und Vorstandskollegen aber jenen Managertypus, der in puncto Auftreten, Umgangsformen und Allgemeinbildung die oben geschilderten Eigenschaften aufweist, also souverän und gelassen auftritt, höflich und freundlich im persönlichen Umgang ist und schließlich auch über eine gute Allgemeinbildung verfügt.

3.4 Alte und neue Anforderungen

Angesichts der vielfältigen Änderungen, die es hierzulande während der letzten 25 Jahre in politischer, wirtschaftlicher und kultureller Hinsicht gegeben hat, stellt sich abschließend eine grundsätzliche Frage: Sind jene Spitzenmanager, die in den 70er Jahren die erste Generation bundesrepublikanischer Topmanager ablösten, wirklich mittels derselben Beurteilungs- und Bewertungsmaßstäbe ausgewählt worden, die heute für die Besetzung von Spitzenpositionen in der deutschen Wirtschaft entscheidend sind, oder hat es diesbezüglich in den letzten zweieinhalb Jahrzehnten einen spürbaren Wandel gegeben, indem wesentliche Rekrutierungskriterien neu hinzugetreten oder alte hinfällig geworden sind?

Die generelle Antwort, die die ganz überwiegende Mehrheit der interviewten Personalmanager und -berater auf diese Frage gab, lautete eindeutig: Die grundsätzlichen Anforderungen haben sich nicht wesentlich verändert. Ein Personalberater brachte es auf die griffige Formel *"Alter Wein in neuen Schläuchen"* und bezog sich damit (wie auch die meisten anderen Gesprächspartner) kritisch auf die Entdeckung oder Kreierung immer neuer Managertypen durch die Medien wie auch jene Vertreter der Wirtschafts- und Sozialwissenschaften, die in erster Linie auf spektakuläre Aussagen und den damit verbundenen Medienrummel schielen.[39] Seiner Meinung nach sind die Anforderungen an die Persönlichkeit eines Topmanagers im Kern sogar immer noch dieselben, die schon vor über 100 Jahren Unternehmern wie Alfred Krupp und Robert Bosch zu ihren Erfolgen verholfen hätten: Man müsse unternehmerisch denken können und in der Lage sein, seine Mitarbeiter qua eigener Persönlichkeit zu einem überdurchschnittlichen Engagement zu bewegen, um ein Unternehmen auf Dauer wirklich erfolgreich führen zu können.[40]

Die meisten anderen Personalberater und -manager waren in ihren Äußerungen, soweit es den Zeithorizont betrifft, zwar erheblich zurückhaltender, bezogen auf die letzten 25 Jahre, den Zeitraum seit dem Höhepunkt der außerparlamentarischen Opposition und dem Antritt der Regierung Brandt/Scheel, teilten sie diese sehr kraß formulierte Ansicht jedoch weitgehend. Die Anforderungen an die wirklichen Spitzenmanager seien seit den 70ern tatsächlich im wesentlichen dieselben geblieben, geändert hätten sich nur zwei, drei Aspekte, so der Tenor der Aussagen. Charakteristisch für diese Ein-

---

39 Ein Personalberater faßte die Suche nach immer neuen Trends in den Satz: *"Das ist so ein bißchen die Neigung, jedes Jahr eine andere Sau durchs Dorf zu treiben. Ich glaube nicht, daß sich die wesentlichen Kriterien verändert haben."*

40 Ein anderer Personalberater, der das ähnlich sah, meinte dazu: *"Ein erfolgreicher Politiker von vor 100 Jahren hatte die gleiche Persönlichkeitsstruktur wie der heute. Er redet zwar anders, aber ein Charismatiker wie Cäsar wäre auch heute eine optimale Führungskraft, weil 'he's got it'."*

schätzung sind die beiden folgenden Äußerungen eines zu den "Gründungsvätern" der Personalberatungsbranche in Deutschland zählenden "Headhunters" und eines ebenfalls schon seit über 25 Jahren in einem Großkonzern tätigen Personalmanagers:

"Seit 1977 mache ich diesen Job und vorher war ich selbst in der Industrie. Also in den letzten 25 Jahren hat sich nichts Wesentliches geändert. Ich erlebe das zwar, daß ich alle 14 Tage einen Anruf von irgendeinem Journalisten kriege, der fragt: Können Sie mir bestätigen, daß es da jetzt einen neuen Trend gibt. Dann hat er drei Fälle, die sich zufällig so ergeben haben, und macht daraus einen Trend, weil der arme Kerl ja wieder einen Artikel schreiben muß. Aber ich erkenne überhaupt keine Trends. Es hat immer Durchschnittsmenschen gegeben und Führungspersönlichkeiten, und die haben sich immer durchgesetzt und die setzen sich heute so durch wie damals. Die Schlagworte ändern sich nur. Früher haben wir gesagt: Kosten muß man sparen, und jetzt sagt man: Man muß Lean-Management machen und sowas. Aber letzten Endes ist das immer wieder der alte Wein in neuen Schläuchen. Das einzige, was ich sagen muß, ist: Es gibt einen Trend weg von der Kommandowirtschaft hin zur sozialen Kompetenz. Darüber haben wir früher gar nicht so nachgedacht. Das ist irgendwie erkannt worden, daß man diese Kompetenz klugerweise haben sollte. Also das ist das einzige, was sich nennenswert verändert hat."

"Ich bin der Meinung und habe das auch schon öfter mal in irgendwelchen Diskussionen so zum Besten gegeben – und dem ist eigentlich dann auch selten richtig widersprochen worden –, daß die Antwort Nein ist. Die Kriterien als solche sind an sich immer die gleichen geblieben. Die kenne ich schon von meinen Anfängen vor 25 Jahren. Was sich geändert hat, ist die Vielschichtigkeit und Zeit zusammen. Es ist alles viel hektischer geworden. Ich muß sehr viel schneller Entscheidungen treffen in einer immer breiter werdenden Umgebung. Mein Markt ist nicht mehr Deutschland, mein Markt ist die Welt. Ich kriege dafür mehr Informationen, was einerseits gut ist, was mich andererseits aber als Unternehmen auch unterbuttert, und muß also dementsprechend besser reagieren können. Das Ganze ist also sehr viel hektischer geworden."

Wie diese beiden Aussagen zeigen, weisen die wesentlichen Beurteilungsmerkmale, die *"Kernkompetenzen"*, wie sie ein Personalberater nannte, nach Ansicht der meisten Gesprächspartner[41] ein hohes Maß an Stabilität

41 Die Einschränkung ist nötig, weil eine kleine Anzahl jüngerer Personalmanager und -berater keine Aussage zur Entwicklung machen konnte und wollte. Bei der Mehrheit der

über die Jahre hinweg auf. Verändert haben sich in erster Linie die wirtschaftlichen und gesellschaftlichen Rahmenbedingungen, die das Gewicht einzelner Persönlichkeitselemente natürlich (mehr oder weniger stark) beeinflussen. Die diesbezüglichen Verschiebungen haben vor allem in zweierlei Hinsicht deutliche Spuren hinterlassen, die in den Aussagen mit den Begriffen "Trend hin zur sozialen Kompetenz" und "zunehmende Hektik" umrissen werden.

3.4.1 Wachsende Internationalisierung, Komplexität und Konkurrenz

Mit wachsender Hektik ist dabei gemeint, daß die starke Internationalisierung des Geschäfts, die Notwendigkeit, auf allen wichtigen Märkten der Welt direkt und nicht nur vermittelt über den Handel oder Kooperationspartner vertreten zu sein, die wachsende Komplexität der unternehmensinternen wie -externen Prozesse, die erhebliche Verkürzung der Innovationszyklen und die insgesamt härter werdende Konkurrenz auf allen Gebieten die Anforderungen, die an die Spitzenmanager der Großunternehmen zu stellen sind, zwar nicht im Kern wesentlich verändert haben, wohl aber in einzelnen Ausprägungen.

Das Anforderungsniveau hat sich aufgrund dieser Veränderungen vor allem in vier Punkten spürbar erhöht. Zunächst müssen die Topmanager ganz allgemein stärkeren Belastungen standhalten. Sodann ist eine größere Flexibilität gefragt, um möglichst schnell auf neue Rahmenbedingungen reagieren zu können. Karrieren in nur einem Unternehmensbereich zu machen, ist dadurch schwieriger geworden. Wechsel zwischen einzelnen Sektoren haben dagegen für den Aufstieg ins höhere Management immer mehr an Bedeutung gewonnen. In abgeschwächter Form gilt dasselbe für den Wechsel von einem Unternehmen in ein anderes und von einer Branche in eine andere. Außerdem beinhaltet die Forderung nach höherer Flexibilität immer auch die nach der Fähigkeit, schnelle Entscheidungen treffen zu können. Der dritte Punkt ist die Zunahme der Kundenorientierung, die allmähliche Abwendung von dem Glauben, "Vorsprung durch Technik" reiche aus, sich auf den Märkten zu behaupten. Viertens schließlich wird ein höheres Maß an strategischem und z.T. auch "visionärem"Denken verlangt, um Perspektiven für eine Zukunft in

---

Gesprächspartner, denjenigen also, die schon 20 Jahre und länger im Berufsleben stehen, war der Tenor einhellig.

einer zumindest teilweise radikal veränderten Umwelt entwickeln und auch vermitteln zu können.

All diese genannten Veränderungen haben seit der sog. "Ölkrise" die deutsche Wirtschaft Stück für Stück erfaßt. Das Tempo, die Schwerpunktsetzung und das Gewicht weisen allerdings je nach Branche und Unternehmensgröße erhebliche Differenzen auf. Bezogen auf die Branchen läßt sich das sehr gut am Beispiel der Automobilindustrie und der Versicherungswirtschaft erläutern. Die deutsche Automobilindustrie mit ihrem seit jeher sehr hohen Exportanteil, dem gerade seit den 70er Jahren enorm gewachsenen Konkurrenzdruck seitens der großen japanischen Konzerne und der hohen und stetig steigenden Komplexität der Produkte und der Herstellungsprozesse ist schon in den 70er Jahren in die Lage geraten, diesen Anforderungen begegnen zu müssen. Eine wesentliche Konsequenz daraus war die Besetzung der Positionen des Vorstandsvorsitzenden mit "strategischen Köpfen", die langfristige Visionen entwarfen und sich dank hoher Allgemeinbildung, souveränen Auftretens sowie "polyglotter" Verhaltensformen auf dem internationalen Parkett absolut sicher bewegen konnten. Carl Hahn bei VW, Eberhard v. Kuenheim bei BMW und Edzard Reuter bei Daimler-Benz waren solche Männer. Sie sorgten für eine enorme Expansion der drei führenden deutschen Autokonzerne. Ihr stark von langfristigen Strategien geprägtes Denken und Vorgehen hatte – vor allem bei Hahn und Reuter – jedoch den „Pferdefuß", daß einfache Kostenerwägungen häufig an den Rand gedrängt wurden. Die weltweite Krise Ende der 80er Jahre deckte dieses Manko schonungslos auf. Deshalb kam es bei der Neubesetzung der Positionen auch zu einer teilweisen Kehrtwende. In allen drei Fällen, am wenigsten allerdings beim "Nachzügler" BMW, übernahmen Männer das Kommando, die verglichen mit ihren Vorgängern eher "Macher" als "Strategen" sind. Am deutlichsten ist das bei VW mit dem Übergang von Hahn zu Piëch zu sehen. Doch auch bei den weniger spektakulären Wechseln von Reuter zu Schrempp und von v. Kuenheim zu Pischetsrieder ist die Tendenz dieselbe, ihre Ausprägung allerdings (vor allem im Falle von BMW) erheblich moderater.

In der Versicherungswirtschaft ist die Situation in vielerlei Hinsicht völlig anders. Prozesse, die für die Automobilindustrie schon vor 20 Jahren von zentraler Bedeutung waren, haben dort erst in den letzten Jahren entscheidend an Gewicht gewonnen. Die mit der europäischen Integration einhergehende Öffnung des zuvor in hohem Maße staatlich regulierten deutschen Versicherungsmarkts zwingt die deutschen Versicherungsgesellschaften zu einer grundlegenden Umstrukturierung in vielen Bereichen. Der Konzentrationsprozeß wird ebenso beschleunigt wie die Bildung von Konzernholdings; die Produktpalette muß angesichts der nun auf den deutschen Markt drängenden internationalen Konkurrenz verändert, d.h. vor allem stärker nach einzelnen Kundentypen differenziert und unter Kostengesichtspunkten neu gestaffelt sowie bereinigt werden[42]; die Kundenorientierung muß verbessert werden; die Kosten müssen reduziert und das Drängen in den internationalen Markt muß forciert werden. Alles in allem bringt das spürbare Veränderungen den internen Organisations- und Ablaufstrukturen sowie deutlich steigende Anforderungen an das Management in so gut wie allen Bereichen mit sich.

In der schon erwähnten Umfrage unter den Vorstandsmitgliedern der 120 größten Versicherungsunternehmen hierzulande wurden folgende Anforderungen dementsprechend als besonders stark zunehmend bezeichnet: Ganzheitliches Denken, das von 74% der Befragten genannt wurde, gefolgt von Ertrags-, Vertriebs- und Marktorientierung mit 68%, 58,4% und 56,7% sowie internationaler Ausrichtung und akademischer Ausbildung mit 53,2% bzw. 41,1% (Heidrick & Struggles o.J., 25). Bezogen auf die Rekrutierungskriterien heißt das, daß jene Persönlichkeitsmerkmale, die für unternehmerisches Denken, Durchsetzungsfähigkeit, Kontakt- und Motivationsfähigkeit sowie Flexibilität und schnelles Zurechtfinden in neuen Umgebungen stehen, deutlich an Bedeutung gewinnen, fachliche Aspekte dagegen spürbar an Gewicht einbüßen. Sah die klassische Karriere in der Versicherungswirtschaft früher häufig noch so aus, daß man in einer Sparte von unten nach oben aufstieg, im Vertrieb beispielsweise vom Außendienst bis in den Vorstand kletterte, so bietet sich dem Beobachter heute immer häufiger ein ganz anderes Bild: Anfang als Trainee, dann Assistent der Geschäftsleitung, darauf Abteilungs- oder Geschäftsstellenleiter, anschließend Sparten-, Stabs-, Landes- oder Vertriebsdirektor und schließlich Vertriebs- oder Spartenvorstand (Heidrick & Struggles o.J., 30). Damit sinken die Chancen, eine sog. "Kaminkarriere" in einem einzigen Bereich zu machen, ganz erheblich, während die Möglichkeiten für Quereinsteiger (auch aus anderen Branchen) deutlich besser werden. Ein Versicherungsmanager faßte die ganze Entwick-

42 Die Tarife werden sehr viel stärker auf einzelne Kundentypen wie junge, ledige "Besserverdiener", Familien mit mittlerem Einkommen, Ausländer etc. abgestellt. Einzelne Kundengruppen wie Nichtraucher bekommen günstigere, andere ungünstigere Konditionen. Manche Kunden versucht man auch ganz loszuwerden, wie das Beispiel der Ausländer in der Kfz-Versicherung zeigt, bei anderen wie etwa den Industriekunden in der Feuerversicherung erhöht man die Tarife, häufig ziemlich drastisch.

lung in ihrem Kern in die Worte, daß heute *"unternehmerisches Denken im Gegensatz zum eher verwalterischen verlangt wird"*.

All diese Aussagen treffen auf die einzelnen Versicherungsgesellschaften natürlich nicht in gleichem Maße zu. Vor allem der Branchenprimus, die mit weitem Abstand an der Spitze liegende Allianz hat aufgrund ihrer Größe und ihrer engen Beziehungen zur Industrie sehr viel früher mit der Internationalisierung des Geschäfts und der Schaffung einer Holding-Struktur begonnen als die Masse der anderen großen Versicherungsunternehmen – und erst recht natürlich die mittleren und kleineren Gesellschaften. Man mußte eben, wie es ein Versicherungsmanager ausdrückte, *"im Grunde schon da sein, wenn die Industrie kam"*, um die traditionellen Bindungen auch im Ausland halten zu können, und zugleich eine flexiblere Organisationsstruktur finden, um den Regulierungen des Bundesaufsichtsamtes für das Versicherungswesen entkommen zu können, wenn die Internationalisierung es (z.B. bei Finanztransaktionen) verlangte.

Ein enger Zusammenhang zwischen Unternehmensgröße und Zeitpunkt wie Ausmaß der Veränderungen im Anforderungsprofil besteht auch in der Automobilindustrie. Daß VW und Daimler-Benz einen deutlicheren Kurswechsel an der Spitze erfahren als BMW, ist zu einem hohen Prozentsatz auf den enormen Größenunterschied vor allem in den 70er Jahren zurückzuführen. Bestimmte Zwänge wie etwa der zur Internationalisierung der Produktion haben die beiden Großen viel früher erfaßt als den "Nachzügler" BMW. Umfassende strategische Überlegungen haben deshalb dort auch erheblich eher und in größerem Umfang im Mittelpunkt gestanden. Die Größe eines Unternehmens ist in der Regel immer ein Indiz dafür, daß die angeführten Veränderungen in der Anforderungsstruktur zu einem (verglichen mit den andern Unternehmen) relativ frühen Zeitpunkt beginnen. Branchen, die wie die Autoindustrie nur von Großkonzernen gebildet werden, sind daher auch fast immer schneller mit den neuen Anforderungen konfrontiert als Branchen, die wie der Maschinenbau einen hohen Anteil an mittelständischen Firmen aufweisen.

Für die Mehrzahl der deutschen Großunternehmen bleibt somit festzustellen, daß sie den beschriebenen Veränderungsprozessen schon seit längerer Zeit ausgesetzt sind. Bei der Besetzung von Spitzenpositionen im Management hat die Gewichtsverlagerung zugunsten jener Persönlichkeitsmerkmale, die für unternehmerisches Denken, Kommunikationsfähigkeit und Flexibilität stehen, deshalb auch schon vor – je nach Branche und Unternehmen – 15, 20 oder gar 25 Jahren eingesetzt. Die jetzt allmählich abtretende Generation von

Topmanagern ist (vor allem in der Großindustrie) zum überwiegenden Teil also schon anhand von Auswahlkriterien und -verfahren rekrutiert worden, die entscheidend von diesen personengebundenen Merkmalen geprägt waren. Unzweifelhaft allerdings hat deren Einfluß innerhalb der letzten 10-15 Jahre noch weiter zugenommen. Bei den Neubesetzungen von Toppositionen, die in den vergangenen drei, vier Jahren erfolgt sind oder in den nächsten Jahren noch anstehen, spielten bzw. spielen sie eine noch größere Rolle als in den 70er oder 80er Jahren. Diese Entwicklung trifft vor allem auf die Großunternehmen aus dem Finanzsektor und dem Handel zu, gilt in abgeschwächter Form aber auch für viele Großkonzerne aus der Industrie.

3.4.2 Soziale Kompetenz und Teamfähigkeit

Von ähnlich großer Bedeutung wie die oben geschilderten ökonomischen Veränderungsprozesse ist der in den letzten 25 Jahren erfolgte Wandel im formalen Ausbildungsniveau der jüngeren Teilen der Belegschaften wie des Führungspersonals und in ihrer Einstellung gegenüber Autoritäten und hierarchischen Strukturen. Der Anteil der Angestellten mit Fachhochschul- oder Hochschulreife und derer mit Fachhochschul- oder Hochschulstudium ist in diesem Zeitraum rapide angestiegen. Das Abitur oder zumindest Fachabitur ist in einer Reihe von Großkonzernen (vor allem des Finanzsektors) mittlerweile schon fast zur unverzichtbaren Voraussetzung für eine Lehre geworden. Der Prozentsatz an Akademikern hat gleichzeitig in manchen Großkonzernen fast die 10% Marke erreicht, in vielen die 5% Marke deutlich überschritten.[43] Nimmt man die Fachhochschulabsolventen dazu, dürfte in einer ganzen Anzahl von Großunternehmen ein knappes bis gutes Zehntel der Belegschaft studiert haben. Gleichzeitig hat sich bei den Mitarbeitern, die nach 1950 geboren sind, die Haltung formalen Autoritäten gegenüber drastisch verändert. Bedingt durch die radikale Infragestellung aller Autoritäten in der antiautoritären Bewegung und die davon ausgehende Einstellungsveränderung in weiten Teilen vor allem der jüngeren Bevölkerung werden Autoritätspersonen heutzutage sehr viel kritischer betrachtet als in der Adenauer-Ära oder auch noch in den 60er Jahren. Autorität wird stärker als früher hinterfragt und nicht einfach akzeptiert, wenn sie nur durch die Besetzung ei-

43 Bei der Deutschen Bank z.B. hat sich der Anteil der Hochschulabsolventen zwischen 1979 und 1993 von 3% auf 7% mehr als verdoppelt (Angaben der Personalabteilung). In den Unternehmen der chemischen Industrie mit mehr als 1.000 Beschäftigten lag die Akademikerquote schon 1988 bei 6%, unter Einschluß der Fachhochschulabsolventen sogar bei 9,5% (Bundesarbeitgeberverband Chemie 1988,9).

ner formalen Position legitimiert ist. Die "Autoritätsgläubigkeit" früherer Tage hat ganz entscheidend abgenommen.

Die Anforderungen an Spitzenmanager haben sich dadurch in zweierlei Hinsicht deutlich verändert. Zum einen müssen sie in noch höherem Maße als schon vor 15 oder 20 Jahren über ein Hochschulexamen verfügen, wollen sie von ihren inzwischen ebenfalls mit relativ hohen Bildungsabschlüssen ausgestatteten Mitarbeitern als Vorgesetzte wirklich akzeptiert werden. Ein Manager mit mittlerer Reife oder auch dem Abitur als höchstem Abschluß hat es in dieser Hinsicht heutzutage schon schwer, weil sein formales Bildungsniveau in vielen Großkonzernen unter dem liegt, das ein erheblicher Teil seiner Mitarbeiter aufzuweisen hat.

Wichtiger noch ist aber ein anderer Punkt. In stetig wachsendem Maße wird von den Topmanagern soziale Kompetenz verlangt. Die kritische Haltung betrieblichen Hierarchiestrukturen gegenüber und die Infragestellung bis Ablehnung nur formal legitimierter Autoritäten zwingt auch die Manager auf der oberen Führungsebene immer stärker dazu, auf Überzeugung statt auf Anordnung zu setzen und die vielbeschworene Teamfähigkeit unter Beweis zu stellen. Obwohl mit diesem Begriff sicherlich auch Schindluder betrieben wird und er als Standardanforderung in allen Anforderungsprofilen inzwischen auch inhaltsleer zu werden droht, trifft er im Kern doch einen entscheidenden Punkt. Die Äußerung eines Personalmanagers, daß er *"das Wort Teamfähigkeit nicht mehr hören"* könne, *"auf der anderen Seite aber jedem in der Generation der unter 45jährigen"* unterstelle, *"von vornherein schon nicht mitreden zu können, wenn er diese Fähigkeit nicht mitbringt"*, ist in dieser Hinsicht sicherlich zutreffend, wenn auch vielleicht etwas überspitzt formuliert.

Teamfähigkeit und soziale Kompetenz ganz allgemein haben seit dem Ende der 60er Jahre für die Besetzung von Toppositionen in der Wirtschaft stark an Gewicht gewonnen. Bei den Rekrutierungskriterien hat sich dementsprechend auch ein Wandel vollzogen. Souveränität im persönlichen Auftreten, Höflichkeit und Freundlichkeit im Umgang mit Mitarbeitern, Überzeugungs- und Motivationsfähigkeit, gute Allgemeinbildung – all diese Persönlichkeitsmerkmale haben eine größere Bedeutung erlangt. Sie waren zwar auch vor 25 oder 30 Jahren schon wichtig, konnten damals durch den Rückgriff auf "Autorität qua Amt" aber noch leichter ersetzt werden. Heute kann ihr Fehlen in den meisten Spitzenpositionen dagegen kaum oder gar nicht kompensiert werden.

Die einzige wichtige Ausnahme stellen jene Fälle dar, in denen es um den Bestand eines Unternehmens geht. Kajo Neukirchen benötigt diese Eigenschaften nicht unbedingt. Teamgeist ist bei der Lage der Metallgesellschaft derzeit nicht so sehr gefragt. Ferdinand Piëch dagegen kann, da die Situation bei VW zwar ernst, aber nicht existenzbedrohend ist, nur teilweise auf sie verzichten. Seine von vielen eher als ruppig empfundene Art des Umgangs muß er durch Offenheit und Überzeugungskraft wettmachen. Das ist ihm bisher im großen und ganzen auch gelungen. Er hat zwar einen Teil der Führungskräfte bei VW verprellt, einen anderen Teil durch seine schnörkellose Argumentationsweise und die präzisen Zukunftsvorstellungen aber doch motivieren und z.T. auch auf seine Vorgehensweise einschwören können. Wäre ihm das nicht gelungen, hätte er überwiegend oder gar ausschließlich auf seine Machtstellung setzen müssen, wäre er mit seinen umfassenden Umstrukturierungsplänen wohl schon längst gescheitert.

Der Bedeutungszuwachs von sozialer Kompetenz im allgemeinen und Teamfähigkeit im besonderen hat allerdings nicht alle Branchen, Unternehmen oder Unternehmensbereiche zum gleichen Zeitpunkt und in gleichem Umfang erfaßt. Wie auch bei den anderen geschilderten Veränderungen sind die führenden Großkonzerne auch hier früher als andere Firmen – vielfach schon in den 70er Jahren – mit den erhöhten Anforderungen konfrontiert worden, weil sie für die besonders gut ausgebildeten und die selbstbewußten Bewerber in der Regel die 1. Wahl darstellten (und immer noch darstellen), insofern also früher als andere Unternehmen mit Beschäftigten zu tun hatten, die über ein hohes formales Bildungsniveau und – gerade im Gefolge der Studentenbewegung – auch über ein großes Maß an Autoritätskritik verfügten. Weniger große Firmen sind erst später von der Entwicklung ergriffen worden. Inzwischen ist sie aber auch schon weit in die eher mittelständisch strukturierten Teile der Wirtschaft vorgestoßen. Der "Herr-im-Hause"-Standpunkt ist dort ebenfalls spürbar im Rückzug begriffen.

Ebenso wichtig wie die Größe eines Unternehmens sind in dieser Hinsicht auch das Durchschnittsalter und das Qualifikationsniveau einer Belegschaft. Je niedriger das Alter und je höher das Qualifikationsniveau, um so größer ist in der Regel die Bedeutung von sozialer Kompetenz und Teamfähigkeit. Forschungsintensive Firmen wie IBM oder Schering und von der Altersstruktur sehr junge Unternehmen wie SAP stellen daher höhere Anforderungen an soziale Kompetenz und Teamfähigkeit als etwa die Bau- oder die Stahlkonzerne. Ähnliches gilt im großen und ganzen auch für Firmen und Branchen, die *"sehr nah am Endverbraucher sind"*, wie es ein Personalberater ausdrückte. Sie sehen sich den genannten Erfordernissen ebenfalls in stärkerem Maße ausgesetzt als solche, die Investitionsgüter produzieren. Schließlich betrifft der Wandlungsprozeß innerhalb der einzelnen Unternehmen die Bereiche mit Kontrollaufgaben (wie das Finanz- und Rechnungswesen etwa) in deutlich unterdurchschnittlichem, die Bereiche mit einem hohen Anteil an kommunikativen und/oder kreativen Arbeitselementen (wie das Marketing oder die Forschung) dagegen in deutlich überdurchschnittlichem Maße. Die jeweilige Kombination all dieser einzelnen Faktoren entscheidet dann letztendlich über die Bedeutung, die sozialer Kompetenz und Teamfähigkeit zukommen, und Zeitpunkt wie Tempo der Gewichtsverschiebung zu ihren Gunsten.

Dabei muß jedoch stets eines beachtet werden: Soziale Kompetenz und Teamfähigkeit gehören in der Regel zwar zusammen, sie sind jedoch nicht identisch. Soziale Kompetenz umfaßt mehr als nur Teamfähigkeit. Sie beinhaltet auch die Bereitschaft und die Fähigkeit, die für Teamarbeit charakteristischen Diskussionsprozesse, wenn erforderlich, qua persönlicher Autorität zu beenden und Entscheidungen notfalls auch gegen die Mehrheitsmeinung durchzusetzen, ohne den Konsens damit grundsätzlich in Frage zu stellen. Durchsetzungsfähigkeit stelle – dies die Meinung der großen Mehrheit der Interviewpartner – das notwendige Pendant zur Teamfähigkeit dar. Nur wer beide Eigenschaften besitze, könne ein großes Unternehmen auf Dauer erfolgreich führen. Je nach Lage des Unternehmens könne nämlich mal das eine, mal das andere Element entscheidend sein. Wer zu stark auf Teamgeist setze, könne in Krisenzeiten schnell in gefährliches Fahrwasser geraten[44], wer zu sehr auf der Durchsetzung der eigenen Ansichten bestehe, könne das Engagement der Beschäftigten gefährden, so die Ansicht der meisten Gesprächspartner. Die Mischung muß also stimmen. Souverän auftretende Personen, die sowohl Standfestigkeit als auch Flexibilität aufweisen und durch das eigene Verhalten wie ihre Argumente persönliche Autorität erworben haben, sind dazu am ehesten in der Lage. Sie verkörpern die Eigenschaften, die unter sozialer Kompetenz zu verstehen sind, am besten.

---

44 Ein Personalberater faßte das in die Worte: *"Wenn Sie einen Teamplayer haben, hat der vielleicht langfristig mehr Erfolg, zwischenzeitlich aber geht er Pleite. Also müssen Sie den nehmen, der sich erstmal durchsetzt, daß die Firma wenigstens so kurz über dem Abgrund gehalten wird. Dann können Sie den nach 5 Jahren ja wieder gegen einen Teamplayer austauschen."* In der augenblicklichen Krisensituation sehen deshalb eine ganze Reihe von Gesprächspartnern auch eine Gewichtsverschiebung zugunsten der Durchsetzungsfähigkeit.

3.4.3 *Lean Management*

Unter dem Stichwort "Lean Management" vollziehen sich in den letzten Jahren in vielen großen Unternehmen Veränderungen, die für die Besetzung von Toppositionen im Management zumindest indirekt eine nicht zu unterschätzende Bedeutung besitzen. Die Unternehmen haben seit Anfang der 90er damit begonnen, ihre Führungsebenen zu durchforsten und auszudünnen. Die Kontrollspannen sind vergrößert und die Anzahl der Führungsebenen ist gleichzeitig deutlich verringert worden. In einem der beiden Chemiekonzerne hat man sie beispielsweise von sieben auf vier und bei einer der beiden Großbanken von sechs auf vier reduziert. Andere Unternehmen besetzen freiwerdende Führungspositionen im mittleren Management so lange nicht mehr, bis die gewünschte Verschlankung der Hierarchien erreicht ist. Ob man den Weg einer Anweisung von oben, bestimmte Führungsebenen komplett zu streichen, oder den eines allmählichen, eher punktuell erfolgenden Abbaus von Führungspositionen verfolgt, der Effekt ist im Grunde derselbe: Im mittleren Management nimmt die Zahl der Stellen für Abteilungs-, Hauptabteilungs-, Betriebsleiter etc. erheblich ab. Die Luft für die auf diesen Ebenen angesiedelten oder in derartige Positionen strebenden Führungskräfte wird dünn und dünner, die Auslese härter. Diese Entwicklung ist heute in fast allen großen Firmen zu beobachten, unabhängig davon, ob man sie als revolutionäre Neuerung feiert oder in ihr nur eine Reaktion auf Sünden der Vergangenheit im Sinne einer Rückkehr zu normalen Organisationsstrukturen sieht, wie viele der befragten Personalberater (mit Skepsis dem Begriff "lean" gegenüber) meinten. Sie wird in der Regel von einer weiteren Umstrukturierung begleitet, die unter dem Stichwort "Lean Production" die Aufgliederung der großen Unternehmen in eine Anzahl kleinerer, in vielen Dingen selbständig operierender Einheiten zum Ziel hat.[45] Konzerne wie Bertelsmann oder ABB werden in dieser Hinsicht immer als exemplarisch genannt.

Für die Besetzung von Toppositionen im Management großer Firmen sind beide Prozesse insofern wichtig, als sie die Karrierewege bis in die 2. Führungsebene hinein deutlich verändern. Die Anforderungen an die Manager in diesen Bereichen verschärfen sich und weisen z.T. auch andere Schwerpunkte auf als früher. Entscheidend ist dabei in erster Linie die Tatsache, daß "General-Management"-Fähigkeiten erheblich an Gewicht gewinnen, fachbezogene Kenntnisse dagegen an Bedeutung einbüßen. Die Vergrößerung der

---

45 *"Es gibt Unternehmen"*, so ein Personalberater mit langjähriger Managementerfahrung in der Industrie, *"die sagen: Wir wollen keine Tochtergesellschaft haben, die größer ist als 100 Mio. Umsatz. Wenn es darüber hinausgeht, dann finden wir irgendeinen guten Weg, sie aufzuteilen."*

Führungsspannen erfordert eine Stärkung der allgemeinen Führungskompetenzen, die Verselbständigung einzelner Unternehmensbereiche verlangt nach unternehmerischen Qualitäten. In beiden Fällen tritt fachbezogenes Wissen in den Hintergrund. Darauf basierende Managementkarrieren in nur einem Bereich wie Produktion, Vertrieb oder Finanzen werden dementsprechend seltener. Folgende Äußerung eines "alten Hasen" aus der Personalberatung ist in dieser Hinsicht typisch:

"Wenn Sie mal an jemanden denken, der nun auf erster Ebene oder sogar als Unternehmenschef in Frage kommt, dann spielt natürlich die Ausprägung als Generalist eine sehr viel größere Rolle, als das früher der Fall gewesen ist."

Durch all diese Veränderungen verlieren die sog. "Kaminkarrieren" weiter an Gewicht, und zwar in beschleunigtem Tempo. Auch im mittleren Management wird für zu besetzende Führungspositionen immer weniger der "solide Fachmann" gesucht, sondern immer häufiger der flexible, entscheidungsfreudige, unternehmerisch denkende und handelnde Manager mit ausgeprägter sozialer Kompetenz. Ein Personalberater faßt diese Entwicklung in den Satz zusammen:

"Wir werden eine immer dezentralere Organisation haben, wo die Leute viel früher in General-Management-Verantwortung kommen, also Verantwortung für eine ganze Einheit haben und dann eben auch gefordert sind, da selbst zu entscheiden, damit schneller reagiert werden kann, womit die Anforderungen an die gesamtunternehmerische Verantwortung, an dieses Element bei den Leuten, deutlich zunimmt."

Diese Aussage trifft in erster Linie auf jene Manager zu, die Unternehmenseinheiten, seien es Profit Centers oder wirklich selbständige Tochtergesellschaften, eigenständig zu führen haben. In abgeschwächter Form und mit einer geringeren Bedeutung des unternehmerischen Elements gilt sie aber auch für die Führungskräfte, die sich auf der zweiten oder dritten Führungsebene nun in dezentralen und flexibleren (Matrix- oder sonstigen) Strukturen bewegen müssen und zugleich eine größere Personalverantwortung bekommen haben. Auch sie müssen, da die Führungsspannen auf der einen Seite stark ausgeweitet worden sind und auf der anderen Seite Wechsel zwischen verschiedenen Bereichen häufiger vorkommen, in weit höherem Maße als früher über allgemeine Managementqualitäten wie souveränes Auftreten, Flexibilität und Teamfähigkeit sowie eine stärker ausgeprägte unternehmerische Orientierung verfügen.

Insgesamt kann man daher sagen, daß der forcierte Dezentralisierungsprozeß in den großen Unternehmen und die radikale Ausdünnung der Führungsebenen bzw. die ersatzlose Streichung einzelner Führungsebenen die Positionen im Topmanagement unmittelbar zwar kaum beeinflussen, den Weg zu ihnen aber spürbar verändern. Da der Trend, wie es ein Personalberater ausdrückte, ganz allgemein *"zum Generalisten mit Unternehmerausrichtung"* gehe, unterliegt, wer den Aufstieg in Spitzenpositionen schaffen will, in immer größerem Maße schon im mittleren Managementbereich Selektionskriterien und -mechanismen, bei denen Fähigkeiten ausschlaggebend sind, die früher erst in den Besetzungsverfahren für die Vorstandsetagen zum Tragen kamen. Personen, denen es an diesen Führungseigenschaften mangelt, sehen sich heutzutage dementsprechend früher am Ende ihrer Karrierehoffnungen angelangt. Die Möglichkeiten, eine vor allem auf Fachwissen und Berufserfahrung basierende "Kaminkarriere" bis in den Vorstand hinein zu machen, werden in den deutschen Großunternehmen von Jahr zu Jahr geringer.

4. Soziale Herkunft und Ausbildung von Topmanagern in Frankreich, Großbritannien und den USA

Im Unterschied zu Deutschland, wo die Topmanager wie auch andere Teile der sog. "Oberschicht" in der sozialwissenschaftlichen Diskussion über gesellschaftliche Strukturveränderungen und soziale Ungleichheiten allenfalls eine unbedeutende Nebenrolle spielen, wird der "Classe dominante" oder der "Upper class" in Frankreich, Großbritannien und (mit einigen Abstrichen) auch in den USA eine relativ große Aufmerksamkeit geschenkt, wenn es um die Analyse sozialer Strukturen und gesellschaftlicher Machtverhältnisse geht.

Dies gilt ganz besonders für die französische Soziologie, die in den letzten zwei Jahrzehnten sehr stark von den Forschungsarbeiten geprägt worden ist, die Bourdieu, Boltanski, de Saint Martin und Maldidier seit Anfang der 70er über Unternehmer, leitende Angestellte, Professoren und andere Gruppen der "Bourgeoisie" durchgeführt haben (Boltanski 1990; Bourdieu 1983, 1984, 1989b; Bourdieu / de Saint Martin 1978, 1982, 1987; Bourdieu / Boltanski 1981; Bourdieu / Boltanski / de Saint Martin 1981; Bourdieu / Boltanski / Maldidier 1981). Bourdieus theoretischer Ansatz, in dessen Zentrum der Begriff des Habitus steht, ist sogar zu großen Teilen anhand von empirischen Untersuchungen entwickelt worden, die sich mit den verschiedenen Teilen der "Classe dominante" befaßt haben. Zur analytischen Klärung wie zur Veranschaulichung des Begriffs Habitus, der seiner Ansicht nach die klassenspezifischen Grenzen bezeichnet, die dem Verhalten von Personen gezogen sind, benutzt Bourdieu, wie in Kap. 1 gezeigt, daher auch sehr häufig die Gegenüberstellung des Verhaltens und des kulturellen Geschmacks von Kleinbürgertum und "Bourgeoisie".

4.1 Die Présidents directeurs généraux (PDG)

Frankreichs Spitzenmanager genießen international den Ruf, in puncto soziale Herkunft und Ausbildung ein höheres Maß an Exklusivität aufzuweisen als alle anderen Manager, seien es die deutschen, die britischen, die italienischen oder die nordamerikanischen. Dieses Image bezieht sich in erster Linie auf die "Présidents directeurs généraux", die PDGs, die eine Machtfülle in ihren Händen konzentrieren wie keine andere Gruppe von Topmanagern. Sie vereinigen in einer Person die Entscheidungsbefugnisse, die im angelsächsischen Raum auf den "Chairman of the board" und de"n Chief executive officer" aufgeteilt sind, und besitzen auch deutlich mehr Macht als die Vorstandsvorsitzenden in deutschen Unternehmen. Damit können sie einen Einfluß auf die Unternehmenspolitik ausüben, der über das in anderen Ländern übliche Maß weit hinausreicht und sie zu bewunderten und zugleich gefürchteten Angehörigen der absoluten Elite des Landes macht.

4.1.1 Soziale Herkunft und Ausbildung der PDGs

Diese herausgehobene Position der PDGs korrespondiert mit einer auch für Topmanager außerordentlich hohen Rekrutierungsquote aus den Familien von Unternehmern, leitenden Angestellten, akademischen Freiberuflern und höheren Beamten sowie einem ebenfalls außergewöhnlich hohen Anteil von Inhabern universitärer oder vergleichbar hoher Bildungsabschlüsse. Beides läßt sich am deutlichsten anhand jener Ergebnisse demonstrieren, die Hall, Amado-Fischgrund und de Bettignies, drei Dozenten der renommierten Business School INSEAD in Fontainebleau, (Hall / de Bettignies 1968, 1969; Hall / Amado-Fischgrund 1969), und vor allem Bourdieu und de Saint Martin (1978) bei ihren Untersuchungen in den 60er und 70er Jahren ermittelt haben.

Bei der (im Rahmen einer international vergleichenden Studie) 1966/67 erfolgten Befragung der PDGs der 500 größten französischen Industrieunternehmen fanden Hall, Amado-Fischgrund und de Bettignies heraus, daß über drei Viertel dieser Topmanager einen Unternehmer, leitenden Angestellten, akademischen Freiberufler oder höheren Beamten zum Vater hatten (Hall / de Bettignies 1968, 54ff.; Hall / de Bettignies 1969, 21ff.; Hall / de Bettignies / Amado-Fischgrund 1969, 52). Selbst bei den Großvätern waren diese Berufsgruppen noch mit über 50% vertreten. Die Ehefrauen entstammten mit gut 70% ebenfalls in ganz überwiegendem Maße denselben Gesellschaftskreisen.

Die durchgängig exklusive soziale Rekrutierung ging einher mit einem sehr hohen Bildungsniveau. Nur ein Zehntel der PDGs verfügte damals über keinen Abschluß an einer Universität oder einer der die Universitäten an Renommee noch wesentlich übertreffenden Grandes Écoles. Dabei dominierten die Absolventen der Grandes Écoles ganz eindeutig. Allein von der École Polytechnique, einer der angesehensten Grandes Écoles, wenn nicht der angesehensten überhaupt, kamen über ein Viertel der PDGs, und andere führende Grandes Écoles wie " École des Hautes Etudes Commerciales" (HEC), " École Centrale des Arts et Manufactures de Paris" (Centrale) oder " École des Mines" (Mines) stellten zusammen noch einmal einen vergleichbar hohen Prozentsatz. Ein Drittel der PDGs verfügte sogar über zwei und mehr Diplomtitel und über ein Drittel war zuvor in einem der für eine Managementkarriere sehr förderlichen Grands Corps der staatlichen Verwaltung wie etwa der "Inspection des Finances" tätig (Hall / de Bettignies 1968, 56f.; 1969, 23f.)[1].

Die Ergebnisse der Studie von Hall, Amado-Fischgrund und de Bettignies werden durch die Untersuchung von Bourdieu und de Saint Martin in allen wesentlichen Punkten bestätigt, zugleich aber auch erheblich präzisiert und vertieft. Bourdieu und de Saint Martin, die ihre Daten aus den verschiedensten Quellen wie dem "Who's Who in France", dem "Nouveau dictionnaire national des comtemporains", den Jahrbüchern der renommierten Grandes Écoles oder verschiedenen Wirtschaftszeitschriften beziehen, erweitern die Fragestellung vor allem in zwei zentralen Punkten. Zum einen gehen sie sehr viel detaillierter als Hall, Amado-Fischgrund und de Bettignies der Frage nach, aus welchen Teilen der "herrschenden Klasse" die PDGs stammen und welche Bildungsabschlüsse sie je nach ihrer sozialen Herkunft aufweisen. Zum anderen zeigen sie auch die historische Entwicklung nach dem Ende des 2. Weltkriegs, indem sie Vergleichszahlen für die Jahre 1952, 1962 und 1972, also über einen Zeitraum von zwei Jahrzehnten präsentieren (s. Tab. 4.1).

1 Die Grands Corps sind Elite-Einrichtungen der öffentlichen Verwaltung, in denen ein Großteil der besten Beamten konzentriert ist. Die angesehensten Grands Corps sind das Corps des Mines und das Corps des Ponts et Chaussées für den eher technischen Bereich und die Inspection des Finances für den finanzwirtschaftlichen Sektor. Um in sie aufgenommen zu werden, müssen die Kandidaten vielfach zwei der renommierten Grandes Écoles erfolgreich absolviert haben (Suleiman 1974, 239ff.; Suleiman 1978, 95ff.).

Tab. 4.1: Bildungsabschlüsse und soziale Herkunft der PDGs der 100 größten Unternehmen Frankreichs 1952, 1962 und 1972

	École Polytechnique (allein)	École Polytechnique, Mines, Ponts etc.	Andere Écoles d'Ingenieurs	Sciences Po (IEP)	HEC und andere Écoles de Commerce	Juristische Fakultät	Phil., Med., Naturwiss. Fakultät	Abitur, Hochschule o. nähere Angaben	Sekundärbildung o. nähere Angaben	Ohne Angaben	Zusammen
1952											
Arbeiterklasse und Mittelschichten	4	4	-	-	-	1	-	2	-	-	11
Herrschende Klasse	6	13	14	4	-	8	4	2	5	13	69
davon:											
leitende Angestellte	1	5	3	-	-	1	1	-	1	-	12
Offiziere, Grundbesitzer	1	2	3	-	-	3	-	-	-	2	11
freie Berufe, hohe Beamte	-	4	3	1	-	2	1	1	2	1	15
Industrielle, Bankiers	4	2	5	3	-	2	2	1	2	10	31
Ohne Angaben	4	2	3	1	-	1	-	-	-	9	20
Zusammen	14	19	17	5	-	10	4	4	5	22	100
1962											
Arbeiterklasse und Mittelschichten	1	5	2	-	1	-	-	-	-	1	10
Herrschende Klasse	6	20	18	8	5	7	5	3	3	5	80
davon:											
leitende Angestellte	1	3	4	-	-	2	-	-	1	1	12
Offiziere, Grundbesitzer	-	4	4	-	1	-	1	-	-	1	11
freie Berufe, hohe Beamte	1	6	1	1	1	-	-	1	-	1	12
Industrielle, Bankiers	4	7	9	7	3	5	4	2	2	2	45
Ohne Angaben	1	1	-	1	-	1	-	-	-	6	10
Zusammen	8	26	20	9	6	8	5	3	3	12	100
1972											
Arbeiterklasse und Mittelschichten	3	1	5	-	2	2	-	-	-	-	13
Herrschende Klasse	1	18	16	15	7	11	3	4	5	1	81
davon:											
leitende Angestellte	-	4	4	2	1	2	-	-	-	-	13
Offiziere, Grundbesitzer	-	3	2	3	-	1	-	-	-	1	10
freie Berufe, hohe Beamte	-	6	-	4	1	3	-	-	-	-	14
Industrielle, Bankiers	1	5	10	6	5	5	3	4	5	-	44
Ohne Angaben	-	-	-	-	-	2	-	-	1	3	6
Zusammen	4	19	21	15	9	15	3	4	6	4	100

Quelle: Bourdieu / de Saint Martin 1978, 46[2]

2 Die Abschlüsse der École Polytechnique sind einmal gesondert und einmal zusammen mit den Abschlüssen anderer renommierter ingenieurwissenschaftlicher Grandes Écoles ausgewiesen, weil die große Mehrzahl jener, die die Position eines PDG in einer der größten Firmen innehaben, einen zwei- oder gar dreifachen Abschluß an einer dieser

Dabei ergeben sich eine Reihe interessanter Resultate. Zunächst läßt sich klar erkennen, daß die soziale Rekrutierung der PDGs zu über 85%[3] aus den Familien von Unternehmern, Grundeigentümern, leitenden Angestellten, Freiberuflern und hohen Beamten[4] erfolgt und sich daran im Lauf der Jahre auch nichts Nennenswertes geändert hat. Auch die Verteilung innerhalb dieser "Classe dominante" bleibt weitgehend stabil. Es dominieren mit einem Anteil von über 50% die Söhne von Industriellen und Bankiers, während sich die drei anderen aufgeführten Gruppen der Offiziere und Grundeigentümer, der Freiberufler und hohen Beamten sowie der leitenden Angestellten die übrigen gut 45% zu annähernd gleichen Prozentsätzen teilen. Das Image einer außerordentlich "elitären" sozialen Rekrutierung französischer Spitzenmanager bestätigen die Zahlen von Bourdieu und de Saint Martin also vollkommen.

Dasselbe gilt auch in bezug auf die Ausbildung. Ungefähr 90% der PDGs verfügen über einen Abschluß an einer Universität oder einer der Grandes Écoles. Dabei liegen die Grandes Écoles, die ein weit höheres Ansehen als die Universitäten genießen[5], mit gut 70% weit vorn. Nur die Abschlüsse einer der juristischen Fakultäten können mit denen einer Grande École annähernd mithalten. Unter den Grandes Écoles selbst herrschen die mit ingenieurwissenschaftlicher Ausrichtung und vor allem die berühmte École Polytechnique eindeutig vor. Ihr Anteil ist von 1952 bis 1972 allerdings deutlich gesunken. Betrug das Verhältnis zwischen ihnen und den anderen Grandes Écoles 1952 noch 10:1, so lautet es 1972 nur noch knapp 2:1. Diese Ent-

---

Grandes Écoles aufweisen können und den an der École Polytechnique dabei fast immer besitzen. Bei der HEC handelt es sich um die angesehenste Grande École für Wirtschaftswissenschaften, die École des Hautes Etudes Commerciales, bei der Sciences Po oder IEP um das ebenfalls sehr bekannte Institut d'Etudes Politique in Paris.

3 Wenn man die Kategorie "Ohne Angaben" nicht berücksichtigt, schwankt der Anteil der "Classe dominante" zwischen 86% und 89%.

4 Der Begriff hohe Beamte ist eine Übersetzung von "Hauts fonctionnaires". Diese Gruppe der Beamten ist exklusiver als die der höheren Beamten in Deutschland. Sie umfaßt nur Personen wie die Präfekten, die Angehörigen des diplomatischen Corps, die Generalität, die Mitglieder der Grands Corps etc., insgesamt ca. 5% der Beamten. In der Addition des Nachwuchses der "Classe dominante" wird die im Vergleich zu Deutschland zu geringe Zahl der Beamten aber wieder ausgeglichen durch die im Vergleich zu hohe Zahl der leitenden Angestellten. Denn da in den Angaben von Bourdieu die Gruppe der Cadres nicht weiter differenziert ist, ist sie komplett den leitenden Angestellten gleichgesetzt worden, obwohl ein Teil von ihnen dieser Kategorie nach deutschen Maßstäben sicherlich nicht zugerechnet werden kann.

5 Nähere Erläuterungen zum französischen Bildungssystem weiter unten in diesem Abschnitt.

wicklung hat sich bis 1990 weiter fortgesetzt. Inzwischen sind ENA und HEC mit zusammen 26% unter den Topmanagern der größten französischen Unternehmen genauso stark vertreten wie die École Polytechnique und angesichts von 72% für alle Grandes Écoles (Bauer / Bertin-Mourot 1990, 46) kann man davon ausgehen, daß die für Frankreich typische Dominanz der Absolventen ingenieurwissenschaftlichen Ausbildungsgänge sich ebenso abschleift wie die der Juristen in den Chefetagen deutscher Unternehmen (Hartmann 1989, 1990a).

Die Mitglieder der "Conseils d'administration", die in etwa unseren Vorstandsmitgliedern zu vergleichen sind, bieten in der Untersuchung von Bourdieu und de Saint Martin ein noch deutlicheres Bild als die PDGs. Bei den Mitgliedern der "Conseils d'administration" der 25 größten Unternehmen stammen nur ganze 4% nicht aus den Familien von Unternehmern, leitenden Angestellten, Freiberuflern und höheren Beamten, bei denen der folgenden 75 Unternehmen auch nur 10%. Die soziale Rekrutierung ist hier noch elitärer als bei den PDGs. Ähnliches gilt auch für die Ausbildung. 94% der ersten Gruppe verfügen über ein Hochschulexamen, allein 79% über den Abschluß einer Grande École. In der zweiten Gruppe liegen die Werte zwar niedriger, mit 80% bzw. 69% aber auch noch sehr hoch. Unter den Grandes Écoles liegen die École Polytechnique und die Sciences Po mit jeweils einem Drittel bzw. jeweils einem Viertel der Mitglieder der "Conseils d'administration" klar an der Spitze. Nimmt man die Unternehmen der Plätze ab 101 hinzu, sinken die Werte zwar sämtlich, bleiben aber dennoch ausgesprochen hoch. So kommen immer noch 80% aus den genannten "besseren Familien", und der Anteil der Hochschulabsolventen ist mit 85% und derjenige derer, die an einer Grande École studiert haben, mit 63% auch noch beachtlich (Bourdieu / de Saint Martin 1978, 30).

Seit den Erhebungen von Bourdieu und de Saint Martin in den 70er Jahren ist die Bedeutung exklusiver Bildungstitel für die Besetzung von Toppositionen noch gewachsen. Zwar ist der Anteil der Hochschulabsolventen insgesamt nicht mehr gestiegen, die Konzentration auf die renommiertesten unter den Bildungsinstitutionen hat aber deutlich zugenommen. So haben von den PDGs, die 1990 die gut 120 französischen Muttergesellschaften unter den 200 größten Konzernen Frankreichs leiteten, allein 27% einen Abschluß der École Polytechnique, weitere 19% einen der ENA und noch einmal 7% einen der HEC. Über die Hälfte kommen also von den drei angesehensten Grandes Écoles, die jährlich nicht mehr als 800 Absolventen "aus ihren Mauern" entlassen. Auf die übrigen Grandes Écoles, die demgegenüber immerhin schon einige tausend Absolventen pro Jahr zu verzeichnen haben, entfallen dagegen nur ungefähr 20% der PDGs und auf alle Universitäten mit ihren zehntausenden von Absolventen nicht einmal 10% (Bauer / Bertin-Mourot 1990, 46).

Abgesehen von den bereits angesprochenen Punkten ist an den Angaben von Bourdieu und de Saint Martin über die PDGs noch ein Punkt bemerkenswert. Es ist klar zu erkennen, daß es sich im Grunde nur die Söhne von Industriellen und Bankiers überhaupt leisten können, gesellschaftlich geringer bewertete Bildungsabschlüsse zu machen. Alle anderen müssen, wollen sie die Position eines PDG in einem großen Unternehmen besetzen, in der Regel den Abschluß einer Grande École vorweisen können. Allenfalls das Examen einer juristischen Fakultät wird noch akzeptiert. Abschlüsse an anderen Universitätsfakultäten oder gar nur ein Abitur reichen da nicht mehr. Dies gilt auch für die Kinder von leitenden Angestellten, hohen Beamten, Freiberuflern etc. Standen bei ihnen 1952 den 23 Absolventen der Grandes Écoles immerhin noch 12 mit anderen Abschlüssen gegenüber, hat sich diese Relation bis 1972 auf 30:7 verändert (ohne Jura sogar von 23:6 auf 30:1). Die Söhne von Industriellen und Bankiers bieten dagegen ein ganz anderes Bild. Bei ihnen hat sich das Verhältnis auf den ersten Blick sogar zuungunsten der Grandes Écoles verschoben. Kamen 1952 auf 14 Absolventen dieser Bildungsinstitutionen "nur" 7 mit anderen Abschlüssen (5 ohne Jura), so zeigt sich für 1972 sogar eine Relation von 27:17 (12 ohne Jura). Diese überraschende und Bourdieus These von der Umwandlung ökonomischen in "kulturelles Kapital" nicht gerade unterstützende Entwicklung relativiert sich allerdings erheblich, bezieht man jene 13 PDGs mit in die Betrachtung ein, die 1952 keine Angaben über ihren Bildungsabschluß machten. Sie, fast ausschließlich Unternehmersöhne, dürften zum ganz überwiegenden Teil auf diese Angaben verzichtet haben, weil sie keine höheren Bildungstitel besaßen (Bourdieu / Boltanski / de Saint Martin 1981, 32).[6]

Dennoch bleibt eine deutliche Differenz zwischen dem Nachwuchs aus Unternehmerkreisen und allen anderen. Dies zeigt auch ein näherer Blick auf die Unternehmen. Am nötigsten sind hohe Bildungsabschlüsse in den Unternehmen, die nicht der (von Bourdieu / de Saint Martin so bezeichneten) "familialen" Kontrolle unterliegen, also in den Firmen, die sich entweder in ausländischem Besitz, in Staatseigentum oder in den Händen vieler Aktionäre

6 Dieser Aspekt kann allerdings - wenn auch mit großer Wahrscheinlichkeit - nur vermutet werden, bleibt in allen anderen Zahlenangaben und Berechnungen deshalb unberücksichtigt.

ohne den dominierenden Einfluß eines privaten Großaktionärs befinden. Hier liegt der Prozentsatz[7] der PDGs, die eine oder mehrere Grande Écoles mit Erfolg besucht haben, zwischen 61% (ausländische Firmen) und 87% (Aktiengesellschaften mit "technokratischer" Kontrolle), während der Anteil derjenigen mit ausschließlicher Sekundärbildung, Abitur und einem Universitätsstudium (ohne Jura, Medizin, Geistes- und Naturwissenschaften) nur 3% (Staatsunternehmen) bis 10% (ausländische Firmen) beträgt. In den Unternehmen mit "familialer" Kontrolle dagegen lautet das Verhältnis 36,5% zu 21,5% (Bourdieu / de Saint Martin 1978, 22). Die Anforderungen an das formale Bildungsniveau sind hier ganz erheblich geringer, was zu einem beträchtlichen Teil darauf zurückzuführen sein dürfte, daß Führungsfunktionen gerade in der Unternehmensspitze in solchen "familial" kontrollierten Firmen direkt innerhalb der jeweiligen Unternehmerfamilie weitergegeben werden können.[8]

Diese Annahme bestätigt sich, wenn man die Unternehmensgröße in die Betrachtung mit einbezieht, die insofern entscheidend ist, als mit zunehmender Größe der Einfluß einzelner Familien deutlich abnimmt. Vergleicht man nämlich die Bildungsabschlüsse, die die PDGs der 100 größten Unternehmen aufweisen, mit denen der PDGs der folgenden 200 Firmen, so zeigt sich eins ganz klar: Je kleiner das Unternehmen ist, um so niedriger sind die Bildungsabschlüsse der PDGs. Diese Aussage gilt zwar auch für jene PDGs, die keinen Unternehmer zum Vater haben, trifft ungleich stärker aber auf jene zu, bei denen das der Fall ist. Sie sind zu über einem Drittel nicht im Besitz eines Grandes-Écoles- oder eines Universitätsdiploms, mehr als doppelt so oft wie die anderen (Bourdieu / Boltanski / de Saint Martin 1981, 33). Das Bild rundet sich ab, nimmt man die in der Hierarchie unmittelbar nach den PDGs kommenden "Directeurs generaux" mit hinzu. Bezogen auf die 100 größten Unternehmen zeigt sich dann, daß diese Manager mit 83% einen klar überdurchschnittlichen Anteil an Absolventen der Grandes Écoles unter sich ha-

---

7 Die Prozentsätze beziehen sich in diesem Fall auf insgesamt 200 Unternehmen, 82 mit "familialer" und 45 mit "technokratischer" Kontrolle sowie 42 in ausländischem und 31 in Staatsbesitz. Die Untersuchung galt zunächst 241 Firmen, nämlich den 200 größten Industrieunternehmen, 9 öffentlichen Unternehmen, den 20 größten Banken und den 12 größten Versicherungen, mußte aufgrund einiger Probleme bei der Datengewinnung aber reduziert werden (Bourdieu / de Saint Martin 1978, 78f.).

8 Zu den PDGs zählen ja auch jene, deren Familien über große Aktienpakete verfügen oder denen das Unternehmen noch ganz gehört. In Frankreich ist der Anteil solcher Firmen noch deutlich größer als in Deutschland, wie Großkonzerne wie Michelin oder Dassault zeigen.

ben, während der Prozentsatz der Unternehmerkinder gleichzeitig mit nur 12% gegenüber 32% der Kinder aus Familien leitender Angestellter weit unter dem Durchschnitt liegt, der für die PDGs gilt (Bourdieu / Boltanski / de Saint Martin 1981, 29)[9]. Es ist daher ziemlich offensichtlich, daß der Erwerb hoher Bildungstitel zwar für alle Topmanager in Frankreich von sehr großer Bedeutung ist, sein Gewicht durch die Verfügung über ökonomisches Kapital aber doch spürbar vermindert werden kann.

4.1.2 Die französische Elitebildung

Trotz dieser Einschränkung bleibt Frankreich aber eindeutig das Land, in dem die Besetzung von Spitzenpositionen im Management am stärksten an den Besitz herausgehobener universitärer oder vergleichbarer Bildungsabschlüsse gebunden ist.[10] Diese enge Verknüpfung ist das Produkt einer bis in das 18. Jahrhundert zurückreichenden Tradition von Elite-Ausbildung. Die Grandes Écoles, deren erste 1746 gegründet wurde[11], stellen bis heute den Anspruch, die intelligentesten Köpfe des Landes in ihren Mauern zu versammeln und auf die Besetzung der Toppositionen in Staat und Wirtschaft vorzubereiten. Das Auswahlverfahren, dem sich die Kandidaten zu unterwerfen haben, ist dementsprechend streng. Nach dem Erwerb des unserem Abitur vergleichbaren Baccalauréats müssen sie sich in der Regel in sog. "Classes préparatoires" ein bis zwei Jahre lang auf die Aufnahmeprüfung, den Concours, vorbereiten. Der Concours ist dabei um so härter, je renommierter die betreffende Grande École ist. So bestehen z.B. an der berühmten "École Nationale d'Administration", kurz ENA genannt, nur ca. 7% der über 2.000 Kandidaten die Prüfung für die zu vergebenden rund 150 Studienplätze (Ewert 1984, 385). An den anderen bekannten Grandes Écoles sieht es nicht

9 Bei den leitenden Angestellten, den "Cadres supérieurs", ist die Selbstrekrutierungsquote generell ziemlich hoch. Von 100 Söhnen der "Cadres supérieurs" bekleiden immerhin 52,4% eine ebensolche Position und weitere 8% werden Unternehmer (Groux 1983, 22). Vgl. dazu auch Marceau 1977, 83ff. und König 1990, 253ff.

10 Bei einer 1990 erfolgten Befragung von Führungskräften der oberen beiden Ebenen aus den jeweils 100 größten Unternehmen Deutschlands, Frankreichs, Großbritanniens, Italiens und Spaniens (Rücklaufquote mit 281 Fragebögen allerdings nicht sehr hoch) bestätigte sich dieser Eindruck. Während in Frankreich alle Manager die allgemeine Hochschulreife erworben hatten, lag der Anteil in den anderen Ländern nur zwischen 80% und 90% (Bröcker 1991, 93).

11 Es war dies die "École Royale des Ponts et Chausées", der 1763 die "École Royale des Mines" und 1794 die berühmte "École Polytechnique" folgten.

viel anders aus. Die Zahl der angebotenen Studienplätze, die von Jahr zu Jahr zwar variiert, vor jedem Concours aber unverrücklich feststeht, liegt mit wenigen hundert (ca. 300 an der École Polytechnique, ebenso viele an der École Centrale und der École de Hautes Etudes Commerciales, 100-150 an der École Nationale des Ponts et Chaussées und weniger als 100 an der École des Mines) (Haensch / Tümmers 1993, 270f.; Suleiman 1978, 69ff.) weit unter der Zahl der Bewerber. Diese Aussage trifft in abgeschwächter Form auch auf die weniger bekannten der etwa 165 in der "Conférence des grandes écoles" zusammengeschlossenen Grandes Écoles zu.[12] Berücksichtigt man zudem, daß nur 10% der Abiturienten in den "Classes préparatoires" eingeschrieben sind, in der Regel die leistungsstärksten[13], so wird der Elitecharakter der Grandes Écoles offenkundig. Nicht einmal 5% der französischen Studierenden entfallen auf sie.[14]

Wie gering dabei die Chancen des Nachwuchses aus der Arbeiterklasse und den Mittelschichten sind, die verschiedenen Selektionsfilter zu passieren, verdeutlichen Forschungsergebnisse über die soziale Zusammensetzung der Studenten bekannter Grandes Écoles Ende der 60er Jahre. Die exklusivste soziale Rekrutierung aller Grandes Écoles wiesen damals die IEP und die HEC auf, deren Studenten zu gut bzw. knapp 80% aus den Familien von Unternehmern, Freiberuflern, leitenden Angestellten und höheren Beamten stammten (Bourdieu 1989b, 192). Es folgte die Verwaltungskaderschmiede ENA, die es (wie auch die entsprechenden Grands Corps) auf ca. 75% brachte, betrachtet man nur jene zwei Drittel der Studenten, die direkt von einer Universität oder, was zumeist der Fall ist, von einer der anderen Grandes Écoles mit dem jeweiligen Abschluß kamen. Unter Einbeziehung des anderen Drittels, das immer unter Bewerbern ausgesucht wird, die jünger als 30 sind und zuvor bereits 3-5 Jahre im Staatsdienst tätig waren, sinkt dieser Wert auf immer noch deutliche 60% (Bourdieu 1989b, 192; Suleiman 1974, 58ff., 87ff.). Bemerkenswert ist dabei, daß von jenen Bewerbern der ersten

---

12 Insgesamt gibt es ca. 300 Grandes Écoles. In der Conférence sind die wichtigsten zusammengeschlossen, die in der Regel auch einen Concours als Eintrittsvoraussetzung haben. An diesen 160 - 170 Grandes Écoles studieren 60.000 - 70.000 Studenten, an den übrigen 130 - 140 noch einmal gut 30.000 (Barsoux / Lawrence 1992, 33; Haensch / Tümmers 1993, 268f.).

13 Da das gesamte französische Bildungssystem durch eine Bevorzugung mathematischer Leistungen geprägt ist, kommen sie zumeist aus den Kreisen, die das sog. Bac C: Mathematik / Physik besitzen (Evers 1984, 389ff.; Haensch / Tümmers 1993, 267f.).

14 Bei ausschließlicher Berücksichtigung der in der Conférence zusammengeschlossenen Grandes Écoles sind es 4%, bei Hinzunahme der restlichen 130 - 140 knapp 6%.

Gruppe, die einen Arbeiter, normalen Angestellten oder Bauern zum Vater hatten, nur ein einziger von 49 zum Studium zugelassen wurde. Von den Studierenden an der École Polytechnique kamen Ende der 60er 71,5% aus den oberen gesellschaftlichen Kreisen, und an den anderen bekannten Grandes Écoles lagen die Werte in der Regel auch zwischen 60% und 70% (Bourdieu 1989b, 192). Selbst in den "Classes preparatoires" für die renommierten Grandes Écoles war die soziale Rekrutierung mit Prozentsätzen von 50% bis gut 60% für die höheren Schichten (Marceau 1977, 108) schon ziemlich exklusiv.

Die Entwicklung in den Jahrzehnten seit Ende der 60er gibt wenig Anlaß zu der Erwartung, daß sich dieses krasse Mißverhältnis in der sozialen Zusammensetzung der Studenten an den Grandes Écoles verändern wird. So hat sich an der ENA die soziale Auslese seitdem sogar verschärft. Der Anteil der Kinder aus den Familien von Arbeitern, Bauern, kleinen Selbständigen und unteren sowie mittleren Angestellten und Beamten unter den ENA-Studenten ist bis 1985 um ein Fünftel auf ca. 20% gesunken. Unter den Enarques in den Grands Corps hat sich ihr Anteil sogar halbiert (Bourdieu 1989b, 366 f.). An den 9 renommiertesten der insgesamt 154 Écoles d'Ingénieurs (Polytechnique, Ponts et Chaussées, Mines, Centrale, Sup Aéro, Supélec, Institut nationale d'agronomie, Télécom und École national supérieure des techniques avancées) bietet sich ein ähnliches Bild. Hier ist der Anteil der Kinder von "Cadres superieurs"[15] zwischen 1962 und 1975 von 40,9% auf 57% gestiegen, der Anteil der Kinder von "Cadres moyennes" im selben Zeitraum dagegen von 18% auf 14% und derjenige von Arbeiterkindern sogar von nur 5% auf noch ganze 2% gesunken (Groux 1983, 31). Dieser Trend dürfte durch den enormen Bedeutungszuwachs der von den Industrie- und Handelskammern getragenen Grandes Écoles de Commerce wie der HEC noch verstärkt werden. Sie erheben nämlich im Unterschied zu den staatlichen Grandes Écoles Studiengebühren, und zwar bis zu 30.000 Francs pro Jahr, was sicherlich nicht zu einer "sozialen Öffnung" dieser Institutionen beiträgt.

Obwohl hohe Studiengebühren im französischen Bildungssystem bis heute eine Ausnahme darstellen und die Auslese nach Leistungskriterien auf den

15 Die "Cadres superieurs" sind mit einem Anteil an den Erwerbstätigen von 5,2% (1982) in etwa den leitenden Angestellten und höheren Beamten hierzulande gleichzusetzen. Sie verzeichnen allerdings in den letzten 30 Jahren einen starken Anstieg um fast 200% (Groux 1983, 6), so daß bei Fortdauer dieser Entwicklung Einschränkungen notwendig werden dürften. Bezogen auf die Vätergeneration ist die Sachlage aber noch ganz eindeutig.

ersten Blick allen die gleiche Chance verspricht, zeigen die genannten Prozentsätze, daß die Ausrichtung des Bildungssystems auf die Heranziehung einer Elite für eine äußerst elitäre soziale Auswahl unter den Studierenden sorgt. Verantwortlich dafür ist in erster Linie der enorme Aufwand, den ein erfolgreiches Überschreiten der verschiedenen Selektionsbarrieren erfordert. Das beginnt mit der umfangreichen und gezielten Betreuung, die der Nachwuchs der "besseren Kreise" vor und auch während der Schulzeit zu Hause genießt, um die wichtigen Prüfungen für die Aufnahme in den begehrten mathematisch-physikalischen Zweig der Lycées (Gymnasien) bestehen zu können. Es geht weiter mit den Kosten, die in finanzieller wie zeitlicher Hinsicht durch den Besuch der "Classes préparatoires" entstehen[16], und endet bei den Ressourcen, die der Erfolg eines Concours und die anschließende Ausbildung auf einer oder zwei Grandes Écoles verschlingen. Schließlich muß der lange Bildungsweg ja inhaltlich ausreichend unterstützt und gefördert wie letztlich auch finanziert werden können. Das aber gelingt den Familien aus der "Classe dominante" in der Regel weitaus besser als denen aus niedrigeren sozialen Klassen und Schichten. Die erstgenannten besitzen entweder die ökonomischen und die bildungsmäßigen Voraussetzungen, um ihren Kindern einen Vorsprung bei der Aneignung des erforderlichen Wissens zu verschaffen, oder verfügen zumindest über hinreichende finanzielle Mittel, um eventuelle Bildungsmängel durch die Bezahlung geeigneter Kräfte (Bourdieu 1983, 186ff.) oder den Besuch privater Schulen (Teese 1989) ausgleichen zu können. Außerdem darf nicht unterschätzt werden, daß die mit bis zu 90% sehr hohe Selbstrekrutierungsquote im Lehrkörper der Grandes Écoles all jene begünstigt, die aus denselben gehobenen Gesellschaftsschichten wie die Angehörigen dieser Lehrkörper kommen und daher deren "Sprache sprechen" und deren Umgangsformen und Lebensstile teilen oder zumindest gut kennen.

4.1.3 Der Esprit de Corps

Der enorme berufliche Erfolg der Absolventen der Grandes Écoles läßt sich allerdings nicht allein aus den mit dem Abschlußdiplom dokumentierten intel-

16 Abgesehen von eventuellen Schulgebühren bei den privaten Gymnasien kann der Besuch einer "Classe préparatoire" allein aus dem Grund finanzielle Aufwendungen erfordern, daß rund ein Drittel der Gymnasien, an denen die "Classes préparatoires" eingerichtet sind, im Großraum Paris liegen (Ewert 1984, 392).

lektuellen und fachlichen Fähigkeiten erklären. Wenn Anfang der 70er Jahre 36% aller Polytechniciens und 22% aller Centraliens, die in der Metallindustrie tätig waren, Direktorenposten besetzten gegenüber ganzen 3% der Universitätsabsolventen (Marceau 1977, 131)[17], wenn von den Direktoren der staatlichen oder teilstaatlichen Firmen 61% bzw. 47% und so gut wie alle Direktoren der großen Banken aus einem der Grands Corps kamen (60% der Bankdirektoren allein aus der "Inspection des Finances") (Suleiman 1978, 110, 117), wenn 1986 von den 100 größten Unternehmen Frankreichs fast ein Drittel, nämlich 29 von Polytechniciens geleitet wurden (Barsoux / Lawrence 1990, 141), wenn 1990 jeder vierte PDG der 150 größten französischen Industriefirmen aus einem "Grand corps techniques" (allein 47% davon aus dem Corps des Mines)[18] kam (Bauer / Bertin-Mourot 1993, 132) und wenn Anfang der 90er drei Fünftel der „Financial elite" in einem der Grands Corps gewesen waren (Kadushin 1995, 210), dann ist dafür auch der ausgeprägte Corpsgeist unter den Absolventen der verschiedenen Grandes Écoles wie (noch stärker) der Grands Corps verantwortlich.

Dieser Corpsgeist entspringt zunächst ganz automatisch dem Gefühl, einer kleinen Elite anzugehören, den Polytechniciens, Centraliens oder Enarques. Er ist der konsequente Ausdruck des elitären Status der Grandes Écoles und des langen, über Jahre gemeinsam verbrachten Weges bis zum Abschluß einer dieser Institutionen. In zugespitzter Form gilt das natürlich für die Angehörigen der Grands Corps, wo der Corpsgeist schon vom Namen her signalisiert wird und der gemeinsame Weg noch länger ist.

Das Bewußtsein, zu einer "auserwählten Schar" zu zählen, wird daneben aber auch systematisch von den Grandes Écoles und ihren ehemaligen Schülern gefördert. So ist es unter den Absolventen der École Polytechnique üblich, sich unabhängig von der jeweiligen beruflichen Position als "Camarade" zu bezeichnen und füreinander jederzeit ansprechbar zu sein, sich sogar der Unterstützung des jeweils anderen sicher zu sein. Bei den Mitgliedern der Grands Corps ist das noch stärker der Fall. Vor allem bei den berühmten "Corps des Mines" und "Corps des Ponts et Chaussees" sowie der " Inspection des Finances" sind die Verbindungen untereinander sehr eng. Sie sorgen für eine gegenseitige Begünstigung bei der Besetzung von Spitzen-

17 Weitere 11% bzw. 10,5% bekleideten andere Führungspositionen und jeweils ein Viertel war in Forschung und Entwicklung tätig (Marceau 1977, 131).

18 Je größer das Unternehmen ist, desto höher liegt auch der Anteil der PDGs, die aus einem dieser ingenieurwissenschaftlichen Grands Corps kommen. Bei den 10 größten Industrieunternehmen liegt ihr Anteil bei ca. 60% (Bauer / Bertin-Mourot 1993, 134).

positionen und sichern damit ihr großes Gewicht in den Führungsetagen der Industrie und der Finanzwelt und die Kontinuität von Rekrutierungen aus ih ren Reihen (Bauer / Bertin-Mourot 1993,131ff.).[19]

Alle die verschiedenen Old Boy Networks bieten einen Vermittlungsservice bei der Arbeitsplatzsuche an. In den 80er Jahren bedeutete das, daß den ca. 300 jährlichen Absolventen der HEC bei ihrem Abschluß an die 2.500 Stellen offeriert werden konnten (Barsoux / Lawrence 1990, 55). Es gewinnen bei diesem System letztlich alle Angehörigen dieser Gruppe. Der Einstieg ins Berufsleben wird ebenso erleichtert wie ein späterer Arbeitsplatzwechsel und die berufliche Karriere insgesamt. Außerdem, und das ist vielleicht der entscheidende Punkt, stabilisiert oder verbessert jeder Absolvent, der eine führende Position erreicht, das Image der jeweiligen Grande École oder des jeweiligen Grand Corps, wovon dann wiederum auch alle anderen Absolventen profitieren. Es liegt daher im wohlverstandenen Eigeninteresse eines jeden der Polytechniciens, Enarques etc., soweit möglich seinesgleichen zu unterstützen. Der Kreis schließt sich damit. Wer aus den Kreisen der "Classe dominante" kommt, besitzt weit überdurchschnittliche Chancen, die renommierten Bildungsabschlüsse an einer der Grandes Écoles zu erwerben, und deren Erwerb wiederum sorgt dann dafür, daß die Chancen, eine führende Stellung in Staat und Wirtschaft[20] zu übernehmen, weit über dem Durchschnitt liegen. Die zu beobachtende außerordentlich "elitäre" Rekrutierung französischer Topmanager hat in diesem recht geschlossenen Kreislauf ihre entscheidende Grundlage.

---

19 Dies gilt auch für solche Ingenieurausbildungsstätten, die wie die École des Arts et Métiers erst seit 20 Jahren des Status einer Grande École haben (Day 1993). Bei ihren Ehemaligen geht das so weit, daß jährlich Informationen über die Karrieren und Einkommen herausgegeben werden und im Extremfall die Solidarität unter den "Gadz'arts" ("Gadz'arts" ist die Abkürzung von "Gars des Arts et Métiers" - "Ehemalige von Arts et Métiers") stärker ist als die zum Unternehmen, in dem man tätig ist. Barsoux / Lawrence berichten von einem Fall, wo ein "Gadz'arts", der als Produktionsleiter tätig war, einen anderen "Gadz'arts" von einer Konkurrenzfirma illegal in sein Unternehmen einschleuste, um ihm einen Weg zu demonstrieren, wie dieser ein technisches Problem lösen könne (Barsoux / Lawrence 1990, 55). Zur Geschichte der verschiedenen Grands Corps s. Picon 1993; Thepot 1993 und Vedel 1993.

20 Der Wechsel zwischen Spitzenpositionen in Staat und Wirtschaft ist in Frankreich ungleich häufiger anzutreffen als etwa in Deutschland oder Großbritannien. Das hängt zum einen mit dem erheblichen staatlichen Einfluß in der Wirtschaft zusammen, zum anderen aber auch damit, daß die Absolventen der Grandes Écoles oft erst im Staatsdienst tätig sind, zu dem sie vielfach schon als Studenten gehören (z.B. bei der École Polytechnique oder der E.N.A.), um von dort aus dann in die Wirtschaft zu gehen. Männer wie Attali oder Calvet sind bekannte Beispiele für solche Karrieren.

4.2 Manager in Großbritannien – Die Londoner City und die Industrie

Im großen und ganzen ist die Situation in Großbritannien der in Frankreich ziemlich ähnlich. Auch hier rekrutieren sich die Topmanager, die "Managing directors" (leitenden Direktoren) und die "Chairmen of the board" (Vorstandsvorsitzenden), ganz überwiegend aus denselben gesellschaftlichen Kreisen wie in Frankreich und besuchen exklusive Bildungseinrichtungen.

4.2.1 Soziale Herkunft und Ausbildung

Hall und Amado-Fischgrund (1969) kommen im Rahmen ihrer internationalen Vergleichsstudie bei den führenden Managern der 500 größten Unternehmen Großbritanniens auf einen Anteil von 69%, deren Väter Unternehmer, leitende Angestellte, akademische Freiberufler oder höhere Beamte sind. Dieser Prozentsatz unterscheidet sich nur unwesentlich von dem, den Giddens / Stanworth (1978) für die Direktoren der 150 größten britischen Industriekonzerne und der 49 größten Finanzinstitute des Landes ermitteln, nämlich zwei Drittel für die Industrie- und 80% für die Bankdirektoren (Giddens / Stanworth 1978, 219)[21], insgesamt also ungefähr 70%.

Bemerkenswert an diesen Zahlen ist, daß sie über die Jahrzehnte hin relativ stabil geblieben sind. Wie Giddens und Stanworth an anderer Stelle (Stanworth / Giddens 1974b, 92ff.) zeigen, hat sich an der elitären sozialen Rekrutierung seit der Jahrhundertwende nicht viel geändert. So ist beispielsweise der Anteil der Chairmen in der Industrie, die aus den genannten Kreisen stammen, für die Geburtsjahrgänge 1900-1919 fast identisch mit dem der Jahrgänge 1880-1899 und sogar höher als bei den noch früheren Jahrgängen (Stanworth / Giddens 1974b, 96). Geändert hat sich allerdings die Zusammensetzung, indem der Prozentsatz der als Professionals tätigen Väter von ganzen 6-7% Anfang des Jahrhunderts auf über 25% im Jahre 1970 gestiegen ist, während der Anteil der Industriellen, Bankiers, Großgrundbesitzer und sonstigen Personen, "who possess substantial property or wealth" (Giddens /

21 Diese Prozentsätze ergeben sich, wenn man zu den von Giddens / Stanworth als Söhne "from propertied and wealthy background" angeführten Direktoren noch jenes Viertel zählt, das aus den Familien von Professionals (Ärzten, Anwälten etc.) kommt. Auf die Notwendigkeit einer solchen Vorgehensweise weist Scott (1982, 173f.) zu Recht hin.

Stanworth 1978, 247), von ungefähr 70% auf nur noch knapp 50% gesunken ist (Giddens / Stanworth 1978, 219 f.).

Vergleichbares wie für die soziale Herkunft gilt auch für den Schul- und Universitätsbesuch. Über drei Viertel der von Giddens und Stanworth untersuchten Chairmen der Jahrgänge 1900-1939 (Giddens / Stanworth 1978, 221) und zwischen 66% (Industrie) und 83% (Versicherungen) der von Whitley (1974) untersuchten Direktoren der 40 größten Industrieunternehmen und 26 größten Finanzinstitute (Whitley 1974, 68ff.) haben Public Schools besucht. Allein in Eton, der bekanntesten Public School, waren 33% der Bank-, 39% der Versicherungs- und 15% der Industriedirektoren. Für die sechs renommiertesten Public Schools zusammen lauten die Werte 54%, 68% und 23% (Whitley 1974, 70).[22] Die Vorstandsmitglieder der fünf größten Banken waren 1982 sogar ausnahmslos Absolventen von Eton und Winchester (Fischer 1988, 187). Bei den Universitäten setzt sich diese Konzentration auf wenig Elite-Ausbildungsstätten bruchlos fort. Ungefähr 52% der Chairmen bei Giddens / Stanworth und zwischen 40% (Industrie) und 60% (Banken) der Direktoren bei Whitley haben in Oxford und/oder Cambridge, den beiden mit Abstand angesehensten Universitäten des Landes studiert. Unter den Direktoren mit Universitätsabschluß liegen die Werte der " Oxbridge"-Absolventen sogar zwischen 69% (Industrie) und 88% (Versicherungen).

Vergleicht man all die genannten Werte mit den für die PDGs ermittelten Prozentsätze, so zeigt sich eines deutlich: Sowohl hinsichtlich der sozialen Herkunft als auch bezüglich der Höhe des Bildungsabschlusses liegen die PDGs deutlich vor ihren britischen Kollegen, den Chairmen und Direktoren, im ersten Fall um gut 15%, im zweiten sogar um ungefähr 30%. Vor allem die erheblich niedrigere Quote an Universitätsabsolventen – sie reicht von 70% bei den Bankdirektoren bis zu gerade einmal 58% bei den Direktoren der Industrieunternehmen – demonstriert, daß bei allen grundsätzlichen Gemeinsamkeiten in der Exklusivität von Herkunft und Bildung die französischen Topmanager eine doch noch um einiges exklusivere Gruppe darstellen als die britischen.

Ausschlaggebend für diesen Unterschied ist in erster Linie die relativ große Kluft, die in puncto Ansehen, aber auch Bezahlung zwischen den großen Banken und Versicherungen auf der einen und den Industriekonzernen (auch

---

22 Bei Stanworth / Giddens liegt der Anteil von Eton und Harrow bei 23%, der der als "Clarendon Schools" bekannten neun angesehensten Public Schools bei 36% (Stanworth / Giddens 1974b, 90).

den meisten großen unter ihnen) auf der anderen Seite in Großbritannien herrscht. Fast jeder, der es schaffen kann, geht lieber in eines der Finanzinstitute der Londoner City als in ein Industrieunternehmen. Dieser große Image-Unterschied, der vor allem auf die enorme Bedeutung des Finanzplatzes London im britischen Empire und dann auf den Weltfinanzmärkten sowie die eher "handwerkliche" denn wissenschaftliche Tradition der britischen Industrie zurückzuführen ist (Eberwein / Tholen 1992; Hobsbawm 1970; Ingham 1984; Locke 1989; Tayeb 1993), sorgt dafür, daß Führungspositionen in der Industrie für den Nachwuchs der Freiberufler, höheren Beamten, Finanzmanager und z.T. auch für den der anderen Unternehmer und Manager nicht so attraktiv sind wie in Frankreich oder Deutschland. Ähnliches gilt für die Universitätsabsolventen. Die besten, gerade die aus Oxbridge, sind für Industriefirmen nicht leicht zu gewinnen, zumindest soweit es sich nicht um auch auf dem Weltmarkt führende wie etwa ICI handelt.[23] Damit ist es zu erklären, daß der Anteil der Söhne aus den oberen Sektoren der Gesellschaft, der Schüler von Public Schools und der Oxbridge-Absolventen unter den Industriedirektoren immer deutlich niedriger liegt als unter den Direktoren der Banken und Versicherungen. Die Differenz zu den PDGs ist daher in erster Linie eine zwischen den Topmanagern der jeweiligen Industriefirmen. Im Finanzsektor sind die Unterschiede zwischen beiden Ländern weit geringer.

4.2.2 Public Schools und Oxbridge

Das britische Bildungssystem weist wie das französische eine starke elitäre Komponente auf. Diese ist allerdings anders strukturiert und am oberen Ende auch nicht so durchgängig. Die wesentlichen Unterschiede liegen darin, daß die Exklusivität bestimmter Bildungsinstitutionen die Schulzeit in Großbritannien wesentlich stärker prägt als in Frankreich, im Hochschulbereich dagegen Frankreich mit seinen Grandes Écoles für eine schärfere soziale Abgrenzung sorgt, Oxford und Cambridge in dieser Hinsicht trotz aller Exklusivität mit den bekannten Grandes Écoles nicht mithalten können.

---

23 Zwei Studien über die Ausbildung von Industriemanagern im Raum Coventry (Lee 1981) und von Absolventen des British Institute of Management (Poole et al. 1981) zeigen das sehr deutlich. Von den Direktoren in der Region Coventry verfügen gerade 18% über einen Universitätsabschluß (Lee 1981, 60), von den Vorstandsmitgliedern der in die andere Untersuchung einbezogenen Industrie-, Handels- und Dienstleistungsfirmen auch nur 38,3% (Poole et al. 1981, 48). Zu ähnlichen Werten kommen auch die älteren Studien von Clark (1966) und Clements (1958).

Der britische Schulsektor wird bestimmt durch die Aufteilung in öffentliche und private Schulen. Die privaten Schulen, für deren Besuch Schulgebühren gezahlt werden müssen, bilden 7% der 14jährigen und 18% der 17jährigen Schüler aus.[24] Auf die eigentlichen Public Schools, die den renommierteren Teil der privaten Schulen stellen, entfallen sogar nur 2,5% bzw. 9,5% (Reid 1983, 313). Entscheidend für diese niedrigen Prozentsätze sind die hohen Schulgebühren. Sie liegen (besonders bei den guten Public Schools, durchweg auch als Internate organisiert)[25] in Größenordnungen, die die Möglichkeiten normaler Familien bei weitem übersteigen. 1971 etwa betrugen sie im Durchschnitt 626 £, mehr als das halbe Jahreseinkommen eines Arbeiters und immerhin noch mehr als 20% dessen, was für die obersten 5% der Einkommensbezieher die untere Grenze darstellte (Glyn / Sutcliffe 1974, 88; Noble 1975, 275). Heutzutage liegen sie zwischen knapp 5.000 und fast 9.000 £ pro Jahr, bei den neun renommiertesten, den sog. "Clarendon Schools"[26], zwischen 7.600 und 8.850 £. Für Tagesschüler betragen die Gebühren ungefähr 50% dieser Sätze (Fischer 1988, 186; Scott 1991, 114). Angesichts eines durchschnittlichen Jahreseinkommens von ca. 19.000 £ für einen männlichen Angestellten (10.500 £ für eine weibliche Angestellte) und ca. 12.000 £ für einen Arbeiter (Statistisches Bundesamt 1992, 120ff.)[27] wird offensichtlich, wie gering die Chancen von Familien mit durchschnittlichem Einkommen sind, ihren Kindern den Besuch einer Public School zu finanzieren, und sei es nur für die wenigen Jahre der "Secondary school".[28] Es ist deshalb

---

24 Der prozentuale Anstieg ist darauf zurückzuführen, daß eine ganze Reihe von Schülern nach der Primärausbildung die Schule verläßt und dies so gut wie ausschließlich die öffentlichen Schulen trifft, wo die Kinder der unteren Schichten ihre Ausbildung absolvieren.

25 Von den Schülern, die auf eine der in den großen Organisationen HMC, GBA oder IAPS zusammengeschlossenen Public Schools gehen – auf sie entfallen knapp 80% aller Schüler von Public Schools –, besucht ein gutes Drittel eines der Internate (Walford 1990, 18).

26 Zu diesen neun gehören neben Eton und Harrow noch Charterhouse, Rugby, Shrewsbury, St. Pauls, Westminster und Winchester (Fischer 1988, 186).

27 Die sehr großen Differenzen zwischen 1971 und 1990 erklären sich aus dem Wertverlust des Pfund Sterling. Eine reale Zunahme um ca. 200% schlägt sich daher in einer über 700%igen in der Landeswährung nieder (Institut der Deutschen Wirtschaft 1990).

28 Die Stipendien, die es an den meisten Public Schools gibt, verändern an dieser Situation nur wenig. Denn sie kommen in der Regel Schülern zugute, die auch ansonsten auf die Public School gegangen wären, also aus eher begüterten Elternhäusern stammen. Noble zieht aus der Tatsache, daß bei einer Stichprobe ca. 90% der Stipendien an Schüler gingen, die schon an der Public School oder einer vergleichbaren Schule waren, den Schluß, daß in "the main then, the public schools help those who can already help themselves" (Noble 1975, 275).

auch nicht weiter verwunderlich, daß 1962 über 90% aller Internatsschüler aus den obersten zwei Klassen des britischen Klassifizierungssystems kamen, zu denen damals nur 19% der Erwerbstätigen zählten (Noble 1975, 274), und daß die Söhne von Unternehmern, leitenden Angestellten, Freiberuflern und höheren Beamten zu gut einem Drittel in Privatschulen gehen, während das nur 7% der Söhne anderer Angestellter und gar nur 0,3-2% der Söhne von Arbeitern und einfachen Technikern tun (Reid 1989, 310). Die Selbstrekrutierungsrate der Public Schools liegt mit ca. 50% dementsprechend hoch (Noble 1975, 274). Wer selbst eine solche Schule besucht hat, schickt auch seine Kinder dorthin. Er weiß schließlich, warum.

Seine (zumindest im Kern) konsequente Fortsetzung findet dieses System an den Universitäten. Wechselten 1971 gerade 5,7% der Jungen aus den öffentlichen Schulen an die Universitäten, so waren es bei den Schülern der privaten mit 31,5% fünfeinhalbmal so viele (Noble 1975, 252). Für die Public Schools und besonders für die renommierten darunter dürften die Zahlen noch weit höher liegen. Insgesamt stellen die Privatschulen ein Viertel aller Studienanfänger und, was noch wichtiger ist, 52% aller Oxbridge-Anfänger (Reid 1989, 313). Von den renommierten Public Schools schreiben sich über 50% aller Abgänger in Oxford oder Cambridge zum Studium ein (Noble 1975, 316; Scott 1991, 116), obwohl diese beiden Universitäten weniger als 5% der britischen Studenten in ihren Mauern haben, gut 20.000 von knapp 500.000.

Ausschlaggebend für dieses krasse Mißverhältnis ist die Tatsache, daß Oxford und Cambridge als einzige Universitäten die Kandidaten einer scharfen Aufnahmeprüfung unterziehen, also nicht wie die anderen nur anhand des Bewerbungsbogens[29], der Schulakte mit den Zeugnissen und des Gutachtens des Schulleiters auswählen. Außerdem wird zur Aufnahmeprüfung nur zugelassen, wer mindestens drei der sog. A-Levels[30] mit Sehr gut bestanden hat. Diese beiden Selektionsfilter zu passieren, gelingt den Absolventen der Public Schools aufgrund ihrer besseren Ausbildung in wesentlich größerem Maße als anderen Schulabgängern, die in der Regel erst gar nicht den Versuch unternehmen, in Oxbridge aufgenommen zu werden. Bei Ablehnungsquoten an den Universitäten insgesamt von durchschnittlich 50% ist es für sie schon schwer genug, überhaupt einen Studienplatz zu bekommen, und drei oder mehr A-Levels weisen gerade 7,4% von ihnen auf, aber 46,4% der Pu-

29 Der Bewerbungsbogen enthält neben der gewünschten Universität auch Angaben über Vereinsmitgliedschaften, Hobbys, sportliche Aktivitäten und praktische Erfahrungen.

30 Die A-Levels sind in etwa den früheren schriftlichen Abiturhauptfächern vergleichbar.

blic-School-Absolventen (Walford 1990, 46). Die soziale Rekrutierung der Studentenschaft von Oxford und Cambridge erfolgt dementsprechend ganz überwiegend aus den Reihen der oberen Gesellschaftsschichten, erreicht die Exklusivität der führenden Grandes Écoles aber dennoch nicht.

Die von Oxford- und Cambridge-Absolventen gebildeten Old Boy Networks haben deshalb auch nicht die gleiche Qualität wie die der Polytechniciens oder der Enarques, sind aber nichtsdestotrotz sehr wirksam. Vielleicht noch effektiver (und ohne wirkliches Pendant in Frankreich) sind die Beziehungsgeflechte der renommierten Public Schools. Hier tun sich besonders die ehemaligen Schüler von Eton, die sog. Etonians, hervor, zu denen z.B. die "Heads" von 35 der 200 reichsten Familien des Landes zählen (Scott 1991, 114). Ihr Network gilt als das erfolgreichste in Großbritannien. Generell gilt, daß die Absolventen der Public Schools und von Oxbridge aufgrund ihrer langjährigen mehr oder minder gemeinsamen Elitebildung und ihres hohen Anteils in fast allen Führungsgruppen der Gesellschaft (Noble 1975, 313ff; Scott 1991, 114ff.; Wakeford / Wakeford 1978, 189ff.)[31] über ein insgesamt ziemlich wirksames Netzwerk gegenseitigen Informierens, Kontakteknüpfens und Helfens verfügen. Dieses funktioniert, auch wenn es nicht ganz so straff organisiert und so effizient ist, im Grunde genauso wie die Ehemaligenvereinigungen der Grandes Écoles. Der wichtigste Effekt für die Zöglinge der Public Schools und die Oxbridge-Absolventen ist dabei wohl der, daß das Old Boy Network für Stabilität in den Rekrutierungskriterien für Toppositionen in der Wirtschaft sorgt. Der entscheidende Maßstab wird nicht vom "business knowledge" gebildet; es sind vielmehr die der Public-School- wie vor allem der Oxbridge-Ausbildung zugeschriebenen "innate qualities (leadership, courage, decisiveness, judgement)", die für die Besetzung von Spitzenpositionen nach wie vor den Ausschlag geben und dadurch den Absolventen der genannten Institutionen einen wichtigen Vorsprung vor der Konkurrenz verschaffen (Locke 1989, 190). Letztlich ist wie in Frankreich das Bewußtsein, zu einer kleinen Elite zu gehören, und das dementsprechende Auftreten und Verhalten entscheidend. Leadership heißt hier wie da das Zauberwort.

---

31 Die Absolventen der Public Schools stellen beispielsweise 80 - 90% der Generalität und der konservativen Kabinetts- wie Parlamentsmitglieder, über 80% der hohen Richter und der Botschafter, über 60% der Spitzenbeamten und 50% der Professoren in Oxford und Cambridge. Der Prozentsatz der Oxbridge-Absolventen liegt mit Ausnahme der Generalität noch etwas höher (Noble 1975, 314; Scott 1991, 132ff.).

Die Wirksamkeit der Netzwerke wird vor allem im Londoner Raum dann noch verstärkt und/oder ergänzt durch die angesehenen Clubs der Londoner Society wie Boodle's, Brook's, Buck's, Carlton oder White's. Hier treffen sich viele Mitglieder der "besseren Gesellschaft" und der führenden Wirtschaftsunternehmen[32] regelmäßig zum Informationsaustausch und zur Kontaktaufnahme. In den letzten Jahren haben die Clubs, soweit es die genannten Funktionen betrifft, zwar an Bedeutung verloren, die Mitgliedschaft in ihnen bleibt als allseits anerkanntes Zeichen der Zugehörigkeit zu den "besseren Kreisen" aber auch weiterhin wichtig und wirksam (Scott 1991, 110ff.; Whitley 1974, 70f.).

4.2.3 Die Ausbildung zum Master of Business Administration (MBA)

In den vergangenen 20 Jahren hat sich mit den Business Schools eine neue Institution im britischen (wie z.T. auch im französischen) Bildungssystem etabliert[33], die die Stabilisierung von "Business elites" zusätzlich begünstigt. Die britischen Business Schools, deren bekannteste die 1965 gegründeten London Business School und Manchester Business School sind, verfolgen das Ziel, schon im Beruf stehenden Managern durch den Besuch von Kursen und das Absolvieren von Abschlußprüfungen eine Anhebung nicht nur ihres fachlichen Niveaus, sondern auch ihres Status zu ermöglichen. Sie sind deshalb sehr darum bemüht, sich gegenüber den im Ansehen hinter den Universitäten rangierenden technischen Hochschulen (Polytechnics) positiv abzugrenzen, um die von ihnen ausgebildeten MBAs im Image den klassischen Professions (Ärzte, Anwälte etc.) angleichen oder zumindest annähern zu können. Gelungen ist das bisher aber nur der London Business School, die aufgrund ihrer gehobenen sozialen Rekrutierung (keine Arbeiterkinder gegenüber 15% Arbeiterkindern an der Manchester Business School) gute Karriereaussichten eröffnet. Das bedeutet in der Regel einen Wechsel innerhalb des oder in den Finanzsektor, der auch für viele zuvor in der Industrie tätige Manager das Ziel der Wünsche darstellt (Locke 1989, 176ff.). Die Kosten für eine Ausbildung an der London Business School sind dementsprechend hoch. Sie belaufen sich für ein Masters-Programm auf ca. 4.000 £

---

32 In der Studie von Whitley waren 73% der Unternehmen durch ihre Direktoren in den 9 renommiertesten Londoner Clubs vertreten (Whitley 1978, 71).

33 Zur Entwicklung der britischen Business Schools s. Barnes 1989 und Robbins 1993.

für englische und über 5.000 £ für ausländische Studenten (Barnes 1989, 138). Die angestrebte soziale Auslese ist bei dieser Gebührenhöhe weitge hend gewährleistet, zumal wenn man die Einkommensverluste durch den entgangenen Verdienst hinzurechnet. Die Top-Business-Schools stellen somit einen weiteren neuen Baustein in einem Bildungssystem dar, das für eine elitäre soziale Besetzung von Spitzenpositionen in der Wirtschaft eine entscheidende Rolle spielt.

Deutlich wird das, wenn man sich die Studie von Marceau (1989) über die Studenten des INSEAD in Fontainebleau, einer der drei renommiertesten Business Schools in Europa, anschaut. Marceau kommt dabei auf der Grundlage zweier in den Jahren 1973 und 1980 durchgeführter Befragungen von insgesamt 2.110 "Inseadiens" zu einem eindeutigen Ergebnis. Von den britischen Studenten und Absolventen kamen 51% aus den Familien von Unternehmern und leitenden Angestellten und weitere 32% aus den Familien von Freiberuflern und höheren Beamten (bei den französischen lauten die Vergleichswerte 59% und 16,5%)[34] (Marceau 1989, 36). Sie besaßen zudem zu 88% einen Universitätsabschluß. Damit lagen sie zwar hinter allen anderen Nationalitäten, die es durchweg auf 100% oder fast 100% brachten, wiesen mit einem Anteil der Oxbridge-Examen von nahezu zwei Dritteln aber die mit Abstand exklusivste Wahl des Studienorts auf (Marceau 1989, 45f.). Sie folgten mit diesem hohen Prozentsatz ihren Vätern, die auch schon zu knapp 40% an diesen beiden Universitäten studiert hatten (Marceau 1989, 130). Berücksichtigt man zusätzlich noch die Schulbildung, die 84% der Briten an "Independent schools" (40% davon allein an Clarendon Schools und 11% in Eton) (Marceau 1989, 40) absolviert hatten, so ist unzweifelhaft zu erkennen, daß der Besuch von renommierten Business Schools wie beispielsweise INSEAD für eine weitere Verschärfung der sozialen Auslese sorgt, die bei der Besetzung von Positionen im Topmanagement Großbritanniens (wie auch Frankreichs)[35] sowieso schon zu beobachten ist. Allein die Gebühren in sechsstelliger Höhe (in französischen Francs) zeigen in dieser Hinsicht ihre Wirkung.

---

34 Nach den Franzosen mit 661 Personen stellten die Briten (354 Personen) fast gleichauf mit den Deutschen die drittstärkste Gruppe, etwa doppelt so groß wie die nächstfolgenden Skandinavier und fünfmal so groß wie die Italiener. Die Gesamtergebnisse liegen deshalb immer nahe an denen der Franzosen und Briten, in diesem Fall bei gut 50% bzw. knapp 30% (Marceau 1989, 217).

35 Für Frankreich gilt diese Feststellung allerdings in schwächerer Form, weil der MBA-Titel dort eine geringere Rolle spielt als in Großbritannien.

Alles zusammen genommen sind die Mechanismen, die in Großbritannien für eine exklusive soziale Rekrutierung des Topmanagements sorgen, denen in Frankreich grundsätzlich vergleichbar. Trotz aller Gemeinsamkeiten gibt es allerdings drei wichtige Unterschiede. Erstens spielen der Schulbesuch und die durch ihn entstehenden Kosten in Großbritannien eine sehr viel größere Rolle als in Frankreich. Etwas dem Public-School-System wirklich Vergleichbares existiert dort nicht (Teese 1989). Zweitens erreichen Oxford und Cambridge als die Elite-Universitäten des Landes trotz ihres herausgehobenen Status nicht die gleiche soziale Selektionsqualität wie die renommierten Grandes Écoles. Der größeren Wirksamkeit, die das britische Schulsystem in puncto soziale Auslese auszeichnet, steht also eine geringere der universitären Ausbildung gegenüber. Drittens schließlich zeigt das britische Topmanagement aufgrund der deutlichen Imagedifferenzen zwischen dem Finanzsektor und der Industrie bei weitem nicht die gleiche innere Homogenität wie das französische.

4.3 Business Elite, Privatschulen und die "Big Three"

Über die US-amerikanische Business Elite liegen zwar, vor allem was deren soziale Herkunft betrifft, deutlich weniger Untersuchungen vor als für ihre französischen und englischen Pendants[36], im Prinzip ist die Situation der in Großbritannien aber sehr ähnlich. Es dominieren die Söhne der "Upper" und "Upper-middle-class", und als effektive Selektionsinstanzen wirken in erster Linie die hohe Schul- bzw. Studiengebühren verlangenden privaten Schulen und Universitäten.

---

36 Die Studien über die US-Elite konzentrieren sich entweder auf die Netzwerke, die die gesamte Elite des Landes verbinden bzw. Teile derselben in einzelnen Regionen oder Städten (Baltzell 1958, 1964; Dahl 1961; Domhoff 1967, 1970, 1978, 1980; Dye 1976; Mills 1956; Ostrander 1980; Soloway 1987), auf die wechsel- bzw. einseitigen Abhängigkeiten zwischen den großen Unternehmen des Landes und ihren Repräsentanten (Bearden 1987; Mizruchi 1982, 1987a, b; Mintz / Schwartz 1981, 1987a, b; Palmer 1987; Ratcliff 1980, 1987) oder die Verbindungen zwischen der wirtschaftlichen und der politischen Elite (Anker et al. 1987; Koenig 1987; Mc Connell 1962, 1966; Moore 1979; Shoup / Minter 1977; Useem 1979a, b, 1980, 1987; Whitt 1987). Über die soziale Herkunft der Topmanager des Landes und ihre Ausbildung existieren nur einzelne Untersuchungen.

4.3.1 Soziale Rekrutierung und Bildungsweg der Topmanager

Die "Corporate directors" der 20 größten Industrieunternehmen, der 15 größten Transportfirmen, der 15 größten Banken und der 15 größten Versicherungsgesellschaften rechnet Domhoff in seiner bekannten Studie "Who rules America?" nach Herkunft wie Ausbildung mehrheitlich zur "Upper class", die nach seiner wie der Ansicht anderer Sozialwissenschaftler nur 0,5-1% der Bevölkerung umfaßt[37]. Bei den Bankdirektoren kommt er auf einen "Upper-class"-Anteil von 62%, bei denen der Versicherungen auf einen von 44%, bei denen der Industriekonzerne auf einen von 54% und bei den Direktoren der Transportfirmen auf einen von 53%. Insgesamt ergibt das einen Anteil von 53% (Domhoff 1967, 52ff.). Bei Berücksichtigung der im Vergleich zur Industrie allerdings weit überrepräsentierten Versorgungs- und Handelsunternehmen mit ihren Anteilen von nur 30% bzw. sogar nur 26% sinkt der Wert auf 46%. Rechnet man jedoch Teile der von Domhoff nicht zur "Upper class" gezählten Gruppen der "Corporate lawyers" oder der "very wealthy Jews"[38] und den Nachwuchs der "Upper-middle class" unter den "Corporate directors" hinzu und gewichtet die verschiedenen Wirtschaftssektoren gemäß ihrer Bedeutung, dürfte die soziale Herkunft dieser Spitzengruppe der US-amerikanischen Topmanager der ihrer britischen Kollegen im großen und ganzen ähneln.[39]

Da es sich bei den im Sample von Domhoff vertretenen Industrieunternehmen jedoch um eine deutlich exklusivere Auswahl handelt als in den britischen und französischen Untersuchungen, muß diese Aussage für die direkt vergleichbare Gruppe von Spitzenmanagern etwas relativiert werden. Es existiert zwar keine Erhebung über die "Chief executive officers" (CEOs) der

37 Domhoff verwendet dabei nicht den Beruf des Vaters als Zugehörigkeitskriterium, sondern in erster Linie eine Mischung aus mehreren seiner Ansicht nach für die Zugehörigkeit zur „Upper class" entscheidenden Merkmalen. Die vier wichtigsten sind dabei die Erwähnung im exklusiven "Social Register", der Besuch einer der 24 renommiertesten Privatschulen, die Mitgliedschaft in einem der 20 angesehensten "Gentlemen's clubs" des Landes und die Herkunft aus der Familie eines Millionärs aus Unternehmerkreisen oder eines Topmanagers in einem großen Unternehmen mit mehr als 100.000 $ Einkommen jährlich (Domhoff 1967, 34ff.).

38 Die "very wealthy Jews" rechnet er nicht zur US-amerikanischen „Upper class", weil sie Mitglieder einer eigenen, nicht assimilierten jüdischen „Upper class" seien (Domhoff 1967, 52).

39 Mills gelangt zu der Feststellung, daß über die Generationen hinweg 60-70% der Topmanager aus den Familien von Geschäftsleuten und Akademikern kommen (Mills 1962, 153).

100 oder 200 größten US-amerikanischen Firmen, Studien über die 800 "Heads" der 500 größten Industriekonzerne und der jeweils 50 größten Unternehmen aus den Bereichen Banken, Versicherungen, sonstige Finanzdienstleistungen, Handel, Transport und allgemeine Versorgung (Burck 1976), 2729 "Senior managers" (vom "Vice president" aufwärts) aus 208 Großunternehmen (der in der Fortune-Liste auf den Plätzen 1-60 und 451-500 liegenden Industriekonzerne und der ebenfalls am unteren und oberen Ende der Skala plazierten Firmen aus den anderen Sektoren) (Useem / Karabel 1986) und die 444 Spitzenmanager der 300 größten Industriekonzerne und der 13 größten Transport- wie der 11 größten Versorgungsunternehmen (Sturdivant / Adler 1976) lassen aber ungefähr erkennen, wie das Ergebnis für die 200 größten Konzerne aussehen würde.

Von den 800 "Heads" der in der Fortune-Liste des Jahres 1975 aufgeführten Großunternehmen rechnen sich knapp 47% zur " Upper"- oder "Upper-Middle-Class" (Burck 1976, 172).[40] Useem / Karabel zählen sogar nur 16,2% der in ihre Untersuchung einbezogenen "Senior managers" zur "Upper class" (Useem / Karabel 1986, 188). Betrachtet man jedoch nur diejenigen unter ihnen, die auch in den "Boards of directors" anderer Großunternehmen (eines der 1300 größten des Landes) vertreten sind, also eher als die anderen zu den wirklichen Topmanagern gehören[41], erhöht sich der Anteil der "Upper-class"-Kinder schon auf 28% (eigene Berechnungen nach Useem / Karabel 1986, 192). Berücksichtigt man zudem, daß Useem und Karabel für die "Upper-class"-Herkunft im Unterschied etwa zu Domhoff nur zwei Kri-

40 Wenn man berücksichtigt, daß gut 70% einen Unternehmer, einen "Business executive" oder einen Professional zum Vater haben (Burck 1976, 174), muß man angesichts der Problematik von Selbsteinstufungen in Schichtmodellen allerdings doch von einem Anteil der oberen Schichten von über 50% ausgehen. Ein unmittelbarer Vergleich mit den deutschen Zahlen ist jedoch schwierig, weil sich manche Begriffe nur unvollkommen übersetzen lassen. So wird mit leitendem Angestellten hier der Begriff "Business Executive" übersetzt. Diese Übersetzung trifft jedoch nicht ganz, weil die deutsche Bezeichnung des leitenden Angestellten einen kleineren Beschäftigtenkreis erfaßt als die Bezeichnung "Business executive". Auch die Professionals umfassen eine größere Gruppe als die akademischen Freiberufler hierzulande. Unmittelbare Gleichsetzungen von einzelnen Gruppen sind deshalb immer problematisch.

41 Das "Board of directors" entspricht einer Kombination aus Vorstand ("Inside directors") und Aufsichtsrat ("Outside directors"), bei dem die "Outside directors" zwar eine Mehrheit von 75% innehaben, die wichtigste Position, die des "Chief executive officers", in der Regel aber von einem "Inside director" besetzt wird. Die Konzentration auf diesen Teil der "Senior managers" ist sinnvoll, weil Useem / Karabel mit den "Vice presidents" auch Manager einbeziehen, die zu einem erheblichen Prozentsatz Positionen innehaben, die in Deutschland nur zur zweiten Führungsebene zählen.

terien verwenden und den Anteil der Manager aus der "Upper class" damit (z.B. durch den Ausschluß der meisten wohlhabenden Familien aus den mittelgroßen Städten des Westens und Südens)[42] auch nach ihrer eigenen Ansicht deutlich zu niedrig einschätzen (Useem / Karabel 1986, 189), dürfte bei den CEOs der von ihnen ausgewählten Firmen ein Wert von deutlich über 50% für die oberen gesellschaftlichen Schichten realistisch sein. Diese Einschätzung wird durch die Angaben von Sturdivant und Adler bestätigt. Sie kommen nämlich zu dem Schluß, daß 58% der von ihnen erfaßten Spitzenmanager aus reichen Elternhäusern stammen und die soziale Rekrutierung aus den oberen Schichten in den 70ern gegenüber früheren Jahrzehnten sogar noch zugenommen hat, die Homogenität in dieser Hinsicht noch gewachsen ist (Sturdivant / Adler 1976, 127f.).

Auch Moore und Alba gelangen bei ihrer Auswertung der "American Leadership Study" von 1971/72 zu einem vergleichbaren Resultat. Wenn man bei den knapp 120 befragten Mitgliedern der "Business elite"[43] diejenigen, deren Väter Unternehmer mit mehr als 10 Beschäftigten waren, diejenigen, deren Väter Professionals waren, und ein Drittel derer, deren Väter Manager waren[44], zusammenzählt, kommt man auf einen Anteil von ungefähr 56% für die "Upper"- und "Upper-middle-class". Besonders stark überrepräsentiert sind in dieser Erhebung die Söhne von größeren Unternehmern ("Capitalists"), die mit 27% den Anteil der "Capitalists" an der Bevölkerung von nur 1,6% um mehr als das Fünfzehnfache übertreffen (Moore / Alba 1982, 45). Bezogen auf die 200 größten US-Unternehmen kann man daher mit einiger Berechtigung annehmen, daß sich die soziale Herkunft der Topmanager aus der Industrie nicht sehr von der der britischen Topmanager desselben Wirtschaftssektors unterscheidet, letztere im Finanzbereich dagegen ein höheres soziales Rekrutierungsniveau aufweisen, so daß die soziale Herkunft der britischen Spitzenmanager insgesamt etwas exklusiver sein dürf-

---

42 Zumindest ein Teil von ihnen dürfte zu jenen Unternehmern und Topmanagern gehören, die noch 1981 über zwei Drittel des reichsten Prozents der US-Bevölkerung stellten (Fisher 1992, 40).

43 Die in die Untersuchung einbezogenen Unternehmen sind mit denen der Studie von Burck identisch.

44 Wegen des in den USA sehr breit gefaßten Begriffs Manager (zusammen mit den Geschäftsleuten stellen sie in der Studie von Moore und Alba 12,2% der Erwerbstätigen) scheint mir bei Einbeziehung nur eines Drittels der als Manager bezeichneten Väter gewährleistet, daß man damit eine den leitenden Angestellten in etwa vergleichbare Gruppe erfaßt.

te.[45] An ihre französischen Pendants, die PDGs reichen die US-amerikanischen CEOs dagegen in keinem Bereich heran.

Was ihre Ausbildung betrifft, so haben 80-90% der US-Topmanager eine Universität (College oder University) besucht (Burck 1976, 175; Pierson 1969, 86 ff.; Swinyard / Bond 1980, 7; Useem / Karabel 1986, 188 ff.), zu einem sehr großen Prozentsatz dabei die führenden Ausbildungsstätten des Landes. Von den über 2700 Managern der Studie von Useem und Karabel hat mehr als jeder dritte einen Abschluß an einer der 12 angesehensten Universitäten gemacht.[46] Je höher die Position der Manager ist, um so höher ist dabei auch der Prozentsatz der Absolventen aus diesen Elite- Einrichtungen. Während z.B. nur 36,4% der Manager mit einem Abschluß einer der anderen Universitäten die Position eines "Chief executives" erreicht haben und gar nur 20,5% von ihnen in den "Boards of directors" anderer Großunternehmen vertreten sind, liegen die vergleichbaren Werte für die Absolventen der Elite-Universitäten bei 51,6% bzw. 37,9% (Useem / Karabel 1986, 190).[47] Allein die als "Big Three" bekannten privaten Renommieruniversitäten Harvard, Yale und Princeton vereinigen durchweg um die 20% der Topmanager auf sich. Von den Präsidenten und Vizepräsidenten der 600 größten Unternehmen außerhalb des Finanzsektors kommen 20% von diesen drei angesehensten Universitäten des Landes (Pierson 1969, 105, 111). Die Großbanken weisen sogar noch höhere Werte auf. 10 von 23 Chairmen, 14 von 38 Präsidenten und 31 von 88 Vizepräsidenten haben in Harvard, Yale oder Princeton studiert (Pierson 1969, 116), insgesamt also 37% der Spitzenmanager. Das Gewicht dieser drei Universitäten hat sich dabei im Laufe der Jahre nicht verringert (Pierson 1969, 86ff.). Verändert haben sich allenfalls die Ausbil-

45 Für diese Annahme spricht auch, daß Useem bei einem Vergleich der vom ihm untersuchten US-amerikanischen Topmanager mit ihren britischen Kollegen keine nennenswerten Unterschiede hinsichtlich zweier wichtiger Merkmale für eine Herkunft aus den oberen Gesellschaftskreisen feststellen konnte, dem Besuch exklusiver Privatschulen und der Mitgliedschaft in exklusiven Clubs (Useem 1984, 66 ff.).

46 Zu diesen zählen Useem und Karabel neben den "Ivy League"-Universitäten Columbia, Harvard, Pennsylvania, Princeton und Yale solche Einrichtungen wie das MIT, Stanford oder Johns Hopkins. In der Untersuchung von Swinyard und Bond über mehr als 11.000 Manager, die gerade zum "President" oder "Vice president" befördert worden waren, weisen mit 40% ähnlich viele einen Abschluß einer der 15 führenden Universitäten auf. Bei den höheren Abschlüssen wie dem Law degree oder dem Master's degree liegen die Prozentsätze sogar bei 56,9% bzw. 62,4% (Swinyard / Bond 1980, 18).

47 Im folgenden wird bei Angaben, die sich auf die Untersuchung von Useem und Karabel beziehen, unter einem Universitätsabschluß immer nur der BA-Abschluß verstanden, weil Useem und Karabel die höheren Abschlüsse in ihren Tabellen in der Regel nicht berücksichtigen.

dungsschwerpunkte. Dominierten früher eindeutig die Juristen, so haben inzwischen die Wirtschaftswissenschaftler die Spitze übernommen. Von den drei Topmanagern der 500 größten US-Unternehmen haben allein 19% einen Abschluß der Harvard Business School, der wohl berühmtesten Business School der Welt (Zweigenhaft 1987, 40f.). Kanter hat dennoch nur z.T. recht, wenn sie sagt, daß dort "die Creme de la Creme der Managerelite" (Kanter 1977, 20) ausgebildet wird, denn wie Useem und Karabel zeigen, sind die Karrierechancen mit einem Harvard-MBA immer noch etwas schlechter als mit einem BA oder einem "Law degree" einer der 12 führenden Universitäten (Useem / Karabel 1986, 195).

Die enorme Bedeutung, die einem Examen einer der renommierten Universitäten für den Aufstieg ins Topmanagement zukommt, begünstigt vor allem den Nachwuchs aus den oberen Gesellschaftsschichten; denn während der "Upper-class"-Anteil unter allen "Senior managers" (nach den Maßstäben von Useem und Karabel) nur ganze 16,2% erreicht, liegt er unter den "Senior managers" mit einem Abschluß an einer der Elite-Universitäten schon bei 38,9% und bei denen mit einem Examen der "Big Three" sogar bei 49,6% (Useem / Karabel 1986, 192). Folgerichtig steigt der Prozentsatz der aus der "Upper class" stammenden Manager unter den CEOs mit mehr als einer Board-Funktion dann auch von 28% auf 47%, wenn man nur die CEOs mit einem Elite-Examen betrachtet. Die Manager, die aus der "Upper class" stammen und einen solchen exklusiven Bildungsabschluß aufweisen können, haben insgesamt eine dreimal so große Chance, CEO mit mehreren Board-Funktionen zu werden, wie die Manager, die aus den anderen Schichten und Klassen kommen und keinen solchen Abschluß zu bieten haben (Useem / Karabel 1986, 194).

4.3.2 Die US-amerikanischen Elite-Bildungsinstitutionen

Das US-amerikanische Bildungssystem ist stärker als die meisten europäischen durch private Schulen und Universitäten geprägt. Immerhin 10-15% aller Schüler und Studenten besuchen private Bildungsinstitutionen (Adams et al. 1992, 615f.; Cookson 1989, 61). Dieser Anteil erscheint unter dem Gesichtspunkt einer exklusiven Ausbildung sehr hoch, reduziert sich aber schnell, wenn man jene Ausbildungsstätten herausnimmt, die aus religiösen Gründen privat geführt werden. Das sind immerhin ca. 80% der Privatschulen (Adams et al. 1992, 615). von den restlichen 20% entfällt dann noch ein

Teil auf experimentelle oder ähnliche Schulen, so daß nur ungefähr ein Zehntel der Privatschulen als den englischen Public Schools in etwa vergleichbare Institute angesehen werden können. Die renommiertesten unter ihnen sind in der Regel in Internatsform organisiert.

Aus welchen Kreisen die nicht von Religionsgemeinschaften geführten Privatschulen ihre Schüler rekrutieren, dokumentieren zwei Zahlen sehr deutlich. Die Eltern der an solchen Schulen unterrichteten Schüler erreichen im Mittel ein doppelt so hohes Familieneinkommen wie die US-amerikanische Durchschnittsfamilie, und 46% der Familien, die ihre Kinder in die privaten Internatsschulen schicken, gehöre mit über 100.000 $ Jahreseinkommen zu den obersten 2% der Einkommensbezieher (Cookson 1989, 62). Diese Konzentration von Schülern aus wohlhabenden oder reichen Elternhäusern ist leicht zu erklären, wenn man einen Blick auf die in den Privatschulen anfallenden Schulgebühren wirft. Sie erreichen bei den guten Privatschulen eine Größenordnung, die in etwa einem halben Jahreseinkommen eines Durchschnittsverdieners entspricht (Adams et al. 1992, 249; Statistisches Bundesamt 1986, 130ff.), und gehen bei den exklusiven Internaten noch deutlich darüber hinaus.[48]

An den privaten Universitäten bietet sich ein recht ähnliches Bild. Auch hier dominieren die Kinder aus den höheren Gesellschaftsschichten. Während an den öffentlichen Colleges (vierjährig) und Universitäten die Kinder aus Familien mit einem mehr als 100% über dem Durchschnitt liegenden Jahreseinkommen nur 14,7% bzw. 22,3% der Studentenschaft ausmachen, sind es an den Privatuniversitäten 41,8%. Bei den Studenten, die aus Elternhäusern mit weniger als dem Durchschnittseinkommen stammen, ist es genau umgekehrt. Ihr Anteil liegt in den genannten öffentlichen Bildungsinstitutionen bei 25,4%, in den privaten dagegen nur bei 10,6% (Bowles / Gintis 1979, 293).[49] Der Grund für diese drastische Veränderung in den Relationen ist derselbe wie bei den privaten Schulen. Die Studiengebühren sind ziemlich hoch. Sie erreichen bei den renommiertesten Universitäten wie den "Big Three" Summen von mehr als 16.000 $ pro Jahr, d.h. mehr als 65% eines jährlichen Durchschnittseinkommens, liegen aber auch im Schnitt mit über 10.000 $ in einem Bereich, der die finanziellen Möglichkeiten der meisten

---

48 1984 beliefen sich die durchschnittlichen Gebühren an den Privatschulen auf 6.140 $, bei Internaten auf 9.280 $, während der jährliche Durchschnittsverdienst eines männlichen Weißen bei ca. 21.000 $ lag (männliche Schwarze ca. 15.600 $ und weibliche Weiße ca. 14.000 $) (Statistisches Bundesamt 1986, 130 ff.).

49 Zur sozialen Zusammensetzung der Studenten an den Universitäten verschiedener Qualitätsstufen s. auch Karabel / Astin 1975.

US-Bürger deutlich übersteigt (Adams et al. 1992, 621). An den privaten Universitäten und vor allem an der relativ kleinen Zahl der Renommieruniversitäten, zu denen auch Harvard, Yale und Princeton gehören, sind die Kinder aus den Familien von Unternehmern, leitenden Angestellten, Freiberuflern und höheren Beamten deshalb weit überproportional vertreten.

Daß und warum die recht umfangreiche Vergabe von Stipendien daran nichts Nennenswertes ändert, zeigt ein näherer Blick auf die Rekrutierungspraxis der angesehensten und bei allen Untersuchungen über die Ausbildung der verschiedenen Elitegruppen fast durchweg auf dem 1. Platz landenden Universität, der von Harvard. Dort (wie auch an den anderen Privatuniversitäten) entscheidet ein sog. "Admissions committee" über die Zulassung der Bewerber anhand einer Reihe von Kriterien, deren wichtigste die intellektuelle Leistungsfähigkeit und die Persönlichkeit sind, zu denen aber auch der Besuch einer angesehenen Privatschule, die Herkunft aus dem Elternhaus eines ehemaligen Harvard-Studenten oder die Zugehörigkeit zu einer rassischen oder sonstigen Minderheit zählen (Feldman 1988, 3ff.).

Betrachtet man die Resultate dieses Auswahlverfahrens, so fällt ins Auge, daß die Schüler der Privatschulen und die Kinder ehemaliger Harvard-Studenten (Alumni) ganz offensichtlich deutlich größere Chancen haben, zugelassen zu werden, als normale Bewerber. Die Zulassungsquote, die insgesamt bei 22% liegt, erreicht bei den Absolventen der Privatschulen 27,8%, bei denen angesehener Privatschulen aus New England zwischen 38% und 40 % und beim Nachwuchs der Alumni sogar 42,6%.[50] Richtet man den Blick nur auf die Bewerber mit als gut bewerteten intellektuellen Fähigkeiten, so werden die Differenzen noch größer. Dann erreichen die Schüler der Privatschulen 36,6% und die Ehemaligenkinder sogar über 60%, verglichen mit ca. 27% für Absolventen öffentlicher Schulen und Kinder, deren Väter (oder Mütter)[51] nicht in Harvard studiert haben (Feldman 1988, 111ff.). Die Absolventen der Privatschulen und die Kinder der Alumni profitieren vom Zulassungsverfahren also besonders dann, wenn sie zur großen Masse der Be-

---

50 Obwohl die große Mehrheit der Kinder ehemaliger Harvard-Studenten sicherlich auch Privatschulen besucht hat, werden die beiden Gruppen in der Studie von Feldman gesondert aufgeführt, weil sie im Zulassungsverfahren ebenfalls als gesonderte Gruppe geführt und behandelt werden. Der Sohn eines Ehemaligen taucht daher nicht in der Kategorie "Privatschulen" auf, selbst wenn er auf einer solchen war. Die beiden Kategorien müssen deshalb bei einer Gesamtbetrachtung immer addiert werden, so daß der Anteil der Absolventen privater Schulen und ihre Zulassungsquote deutlich steigen würden, nähme man die wirklichen Verhältnisse zur Grundlage.

51 Letzteres ist bisher eher selten der Fall.

werber mit guten, aber nicht herausragenden intellektuellen Leistungen gehören, ihre Zulassung weder aufgrund besonderer geistiger Fähigkeiten noch wegen überragender sportlicher Leistungen oder aufgrund von Quoten für Minderheiten erfolgt. Ergebnis des gesamten Auswahlverfahrens ist, daß trotz der Berücksichtigung von Minderheiten und sportlichen Spitzenkönnern über 50% der zum Studium in Harvard zugelassenen Bewerber von einer Privatschule kommen oder einen Harvard-Ehemaligen als Elternteil haben (Feldman 1988, 60, 66, 148).[52] Mehr als 15% kommen allein von den angesehensten Privatschulen New Englands wie Groton, Kent, St. Paul's, Phillips Andover oder Taft (Feldman 1988, 115), die damit weit überrepräsentiert sind.

Der Grund für die deutlich überproportionale Berücksichtigung von Bewerbern aus bekannten Privatschulen und den Familien der Alumni ist dabei nicht in deren überdurchschnittlicher geistiger Leistungsfähigkeit zu suchen. Es stimmt zwar, daß die Ausbildung in den relativ kleinen Privatschulen besser ist als in den öffentlichen und die Schüler ein dementsprechend größeres Wissen aufweisen[53], das ist für die unterschiedlichen Zulassungsquoten aber unerheblich, weil Absolventen aus den öffentlichen Schulen sich in Harvard nur dann bewerben, wenn sie leistungsmäßig ein hohes Level erreicht haben. In der Bewertung der geistigen Fähigkeiten durch die Zulassungskommission gibt es denn auch keinerlei Unterschiede zwischen den beiden Gruppen.

Bei der Bewertung der Persönlichkeit ist das aber schon anders. Hier liegen die Privatschüler in den im Rating führenden ersten zwei Rängen mit 23,8% zu 18,5% relativ deutlich vorn (Feldman 1988, 120). Dieses Übergewicht hat eine objektive und eine subjektive, d.h. eine von der Betrachtungsweise des Komitees abhängige Ursache. Objektiv haben die Kinder, die an den Privatschulen und vor allem an den renommierten ausgebildet worden

52 Der Prozentsatz pendelt dabei zwischen gut 52% und knapp 70% für den von Feldman dokumentierten Zeitraum zwischen 1960 und 1975. Der Trend seit Anfang der 70er Jahre zeigt ein Sinken bei den Privatschulen wie auch den Kindern der Ehemaligen. Da dies aber nur für die Jahre ab 1972 wirklich deutlich ist – zwischen 1963 und 1972 hat sich kaum etwas verändert (Feldman 1988, 60, 66) – bleibt offen, ob die deutliche Verringerung um ca. 10% binnen dreier Jahre nicht nur das Ergebnis der politischen Bewegung Ende der 60er Jahre war und unter Reagan der Trend nicht letztlich wieder in die entgegengesetzte Richtung gelaufen ist.

53 In Tests liegen die Privatschüler stets deutlich vor den anderen. Coleman et al. (1982) berichten beispielsweise von einem mathematischen Test, bei dem Schüler öffentlicher Schulen von 38 Fragen 18 richtig beantwortet haben, Schüler von normalen Privatschulen (incl. katholischer etc.) 22 und Schüler der privaten Eliteschulen 30 (Coleman et al. 1982, 124f.).

sind, eine breitere Förderung ihrer Persönlichkeit erfahren. So sind sie beispielsweise zu zwei Dritteln in Akademikerhaushalten aufgewachsen, zu 51% in Familien, die mehr als 500 Bücher besitzen, und zu 69% in Elternhäusern, wo schon Reisen ins Ausland unternommen worden sind, also in eher "kosmopolitischen" Familien, wie Cookson sie nennt (Cookson / Persell 1985, 59f.). Nimmt man die bessere und (vor allem in den renommierten Privatschulen) auch auf die Ausbildung einer vielfältig interessierten, leistungswilligen und selbstbewußten Persönlichkeit ausgerichtete schulische Erziehung hinzu, ergeben sich Vorteile gegenüber den Absolventen der öffentlichen Schulen. Mindestens ebenso wichtig, vielleicht sogar noch wichtiger sind aber die Übereinstimmungen in den Bewertungsmaßstäben wie Verhaltensformen zwischen den Bewerbern aus den Privatschulen und den höheren Gesellschaftsschichten auf der einen und den Kommissionsmitgliedern auf der anderen Seite. Letztere, und das ist der subjektive Aspekt des Auswahlverfahrens, favorisieren bei ihrer Bewertung der Persönlichkeit (bewußt oder unbewußt) ein Auftreten und Verhalten, das dem ihrigen im großen und ganzen entspricht. Wenn es nicht um Minderheiten geht, wo z.T. andere Maßstäbe angewandt werden, haben Kinder, die aus ähnlichen Elternhäusern wie die Mitglieder des "Admission committee" kommen und ähnliche Schulen besucht haben, deshalb deutlich größere Chancen. Angesichts des hohen Ausbildungsniveaus und der gehobenen sozialen Herkunft der Kommissionsmitglieder sind das vor allem die Absolventen angesehener Privatschulen und die Kinder aus den "besseren Kreisen" der Gesellschaft.

Verstärkt wird die Begünstigung dieser Bewerbergruppe dann noch durch Mechanismen, die offen auf der Hand liegen. Das sind in erster Linie zwei. Einmal bestehen zwischen den renommierten Privatschulen und den bekannten Privatuniversitäten wie Harvard relativ enge Kontakte. Diese werden systematisch gepflegt, gerade was die Beziehungen zwischen den Leitungsorganen der Schulen und dem "Admission committee" betrifft (Cookson / Persell 1985; Soloway 1987). Von einer solchen Zusammenarbeit profitieren schließlich beide Seiten. Die angesehenen Privatschulen stabilisieren ihren guten Ruf ebenso wie die Renommieruniversitäten, wenn die Schüler der einen zu Studenten der anderen Ausbildungsstätten werden. Der zweite wichtige Mechanismus hat unmittelbar mit der Finanzierung der Privatuniversitäten zu tun. Da sie zu einem großen Teil von den Spenden wohlhabender Alumni oder der Unternehmen, in denen jene tätig sind, abhängig sind, werden die Kinder von Ehemaligen bewußt bevorzugt, um diese Geldquelle offen zu halten. Man spricht in dieser Beziehung offen von den "'lineage' types

– 'candidates who probably couldn't be admitted without the extra plus of being a Harvard son'" (Feldman 1988, 95).

Wie groß die Vorteile sind, die die Bewerber aus den angesehenen Privatschulen und den Familien ehemaliger Harvard-Studenten aufgrund der angeführten Auswahlkriterien und -mechanismen gegenüber Konkurrenten ohne diese Merkmale haben, zeigt sich sehr deutlich, wenn man andere mögliche Selektionsverfahren zum Vergleich heranzieht. Die beiden genannten Gruppen könnten ihre hohen Anteile nur dann halten, wenn die Studienplätze unmittelbar von der Finanzkraft der Bewerber und ihrer Familien abhängig wären, indem sie gegen Höchstgebot versteigert würden. Kämen dagegen Verfahren zum Einsatz, bei denen die intellektuellen Fähigkeiten oder das Zufallsprinzip ausschlaggebend wären, sänke sowohl der Anteil des Alumni-Nachwuchses als auch der der Absolventen angesehener Privatschulen um ungefähr 50% (Feldman 1988, 176f.).[54] Die Art und Weise, in der die Studienplätze an Elite-Universitäten wie Harvard vergeben werden, begünstigt die Kinder aus den oberen Gesellschaftsschichten also ganz eindeutig.

Trotz der Öffnung des Bildungssystems, der sich auch die renommierten Privatuniversitäten nicht verschließen konnten und auf die sie mit einer deutlichen Erhöhung der Stipendiatenzahl auf z.T. bis zu 50% reagierten, bleibt so der traditionelle Elitecharakter dieser Institutionen im großen und ganzen gewahrt. Die für die angesehenen Privatschulen von Cookson getroffene Feststellung, daß die Schüler dort als "soldiers for their class" ausgebildet und für die Ausübung von Macht sozialisiert würden, indem ihnen ein gemeinsames Elitebewußtsein vermittelt würde, gilt mit Abstrichen deshalb auch für Universitäten wie Harvard, Yale und Princeton. Man kennt sich, geht in dieselben Clubs[55], heiratet innerhalb derselben Kreise, schickt seine Kinder in die gleichen Schulen und Universitäten, die man selbst besucht hat, unterstützt diese finanziell und teilt dieselben Werthaltungen (Cookson 1989, 74f.). Vor allem für die renommierten Privatschulen ist die Aussage von

54 Die jeweiligen Prozentsätze lauteten für die erstgenannte Gruppe 6,1% bzw. 6,8% bei unterschiedlich breit angelegten Intelligenz-Auswahlverfahren gegenüber 14,9% bei einer Versteigerung und 13,6% aktuell, bei der zweiten 7,4% bzw. 8,7% gegenüber 15,3% und 15,2% (Feldman 1988, 176f.). Die Parallelen zwischen dem heutigen Verfahren und dem auf Finanzkraft basierenden sind ebenso offenkundig wie die große Differenz zwischen diesen beiden und solchen, die rein nach intellektueller Leistung entscheiden.

55 Die Bedeutung der Clubs ist in den USA außerordentlich groß, noch größer als in Großbritannien, wie z.B. die Studien von Domhoff (1967, 1978) oder Soloway (1987) zeigen. Domhoff (1978) kommt dabei zu dem Ergebnis, daß 673 der 797 größten Unternehmen des Jahres 1969 an einem Netzwerk aus 11 "upper-class clubs" und 4 "policy-planning groups" (Domhoff 1978, 154) beteiligt waren.

Mills deshalb immer noch richtig, daß diese " der Schauplatz der Auslese und Erziehung für die Oberschicht" und damit "heute die wichtigste Institution für die Überlieferung von Traditionen der oberen Gesellschaftsschichten und die Zulassung neuen Reichtums und neuer Talente" (Mills 1962, 82) seien. Sie sind stärker noch als die genannten Elite-Universitäten die ausschlaggebende Sozialisationsinstanz für die Angehörigen der gesamten "Upper class" wie auch für die Topmanager als Einzelgruppe, weil sie zum einen die Persönlichkeit im Sinne eines angemessenen "Upper-class"-Verhaltens noch stärker prägen als die Universitäten und zum anderen auch entscheidend sind für die sozialen Kontakte an den Elite-Universitäten.[56] Wenn in der vergleichenden Untersuchung von Useem 10% der "Corporate directors", die nur in einem "Board of directors" einer der großen US-Firmen sitzen, und sogar fast 16% derjenigen, die in zwei oder mehr Boards vertreten sind, ihre schulische Ausbildung ausschließlich in einer der 13 renommiertesten Privatschulen genossen haben (Useem 1984, 68), zeigt das die Bedeutung dieses elitären Sektors im Bildungssystem.

Vergleicht man die Situation in den USA mit der in Großbritannien oder Frankreich, so ist allerdings zu erkennen, daß die Rekrutierungsmechanismen trotz ihrer ausgesprochen exklusiven Ausrichtung weder hinsichtlich der sozialen Herkunft der Topmanager noch bezüglich deren Ausbildung das Ausmaß an sozialer Auslese erreichen, das für Großbritannien und vor allem für Frankreich zu konstatieren ist. Erstens ist das System der US-amerikanischen Privatschulen insgesamt nicht ganz so selektiv wie das der britischen Public Schools; zweitens ist die soziale Zusammensetzung der Studentenschaft an den US-Elite-Universitäten weniger exklusiv als die der Studenten an den großen Grandes Écoles; drittens schließlich – und das ist letztlich entscheidend – ist die Besetzung von Positionen im Topmanagement der großen US-Firmen weniger eng an Abschlüsse der renommierten Spitzenuniversitäten

56 Mills beschreibt diesen Sachverhalt mit folgenden Worten: "Das exklusive Internat, von dem man kommt, entscheidet darüber, welchen Umgang man an der Universität hat. Die Klubs und Cliquen an der Universität setzen sich gewöhnlich aus Gruppen zusammen, die sich schon in den höheren Klassen der Schule gebildet haben, und von da rührt auch der Ruf her, den man an der Universität genießt, und die Stellung, die man dort einnimmt." (Mills 1962, 85). Die große Bedeutung der Elite-Schulen dürfte auch zum wesentlichen Teil erklären, warum in der Untersuchung von Useem und Karabel die Herkunft aus der „Upper class" für eine Management-Karriere noch wichtiger ist als ein exklusiver Universitätsabschluß. Denn der Besuch einer der 14 renommiertesten Privatschulen ist bei Useem und Karabel eines der zwei Kriterien für die Zugehörigkeit zur „Upper class". Zur Geschichte der Elite-Schulen und ihre historische Funktion bei der Bildung einer nationalen „Upper class" s. Levine 1980.

oder vergleichbarer Bildungseinrichtungen (wie etwa École Polytechnique, Sciences Po, Oxbridge oder die "Big Three") und eine Herkunft aus den Reihen der "Upper class" gebunden als in den britischen und französischen Großunternehmen. Die letztere Feststellung gilt im Falle Frankreichs für alle wichtigen Wirtschaftsbereiche, für Großbritannien trifft sie allerdings wohl nur auf den Finanzbereich zu. Von den drei vorgestellten Rekrutierungssystemen für Positionen im Topmanagement weist das US-amerikanische daher trotz aller Exklusivität noch die größte soziale Offenheit auf, während das französische mit Sicherheit das geschlossenste ist.

5. Die sozialen Selektionsmechanismen bei der Besetzung von Topmanagementpositionen

Betrachtet man die soziale Herkunft derjenigen Generation von Spitzenmanagern in den knapp 200 größten deutschen Unternehmen (ohne öffentliche Unternehmen)[1], die derzeit in den Vorstandsetagen dominiert und erst im weiteren Verlauf dieses Jahrzehnts überwiegend in den Ruhestand geht, so bietet sich ein eindeutiges Bild. Ungefähr 61% dieser Manager kommen aus den Familien größerer Unternehmer, leitender Angestellter, akademischer Freiberufler und höherer Beamter, d.h. aus einem Segment der Bevölkerung, das in der Generation ihrer Väter gerade einmal 2-3% der Erwerbstätigen umfaßte. Nimmt man kleinere Unternehmer mit mehr als 4 Beschäftigten und das obere Viertel der Beamten des gehobenen Dienstes noch hinzu, dann rekrutieren sich zwei Drittel dieser deutschen Topmanager aus den oberen 3-5% der Einkommensbezieher ihrer Vätergeneration.[2] Besonders stark überrepräsentiert sind dabei die Söhne von Unternehmern und höheren Führungskräften (Vorstandsmitglieder, Geschäftsführer, Direktoren), die Unternehmen mit mehr als 100 Beschäftigten leiteten. Sie stellen mit ca. 17% ein Sechstel der Topmanager, während ihre Väter zu einer Gruppe der Erwerbstätigen zählten, die in den Jahrzehnten zwischen 1930 und 1950 gerade einmal 1-2‰

1 Es sind genau 192 Unternehmen, die aus dem Mannheimer Forschungssample übrigbleiben, nimmt man die in öffentlichem oder gewerkschaftlichem Besitz befindlichen heraus.

2 Der Anteil von zwei Drittel ergibt sich, wenn man zu den knapp 61% der Topmanager, die aus den genannten sozialen Schichten und Klassen (unter Ausschluß der Unternehmer mit weniger als 10 Beschäftigten) kommen, jene hinzuzählt, deren Väter Betriebe mit mehr als 4 Beschäftigten besaßen oder (als Amtmänner etwa) zum oberen Sektor des gehobenen Beamtentums zählten. Da sich die genauen Prozentwerte aus der Befragung von 1981 nicht ermitteln lassen, sind für den geschätzten Wert von ungefähr 5% ein Viertel der 10,5% des gehobenen Beamtendienstes und die Hälfte jener 4,8% zusammengezählt worden, die auf Unternehmer mit 2-9 Beschäftigten entfallen. Eine solche Vorgehensweise ist m.E. ohne die Gefahr nennenswerter Fehleinschätzungen möglich.

(in Worten: ein bis zwei Promille) aller Erwerbstätigen ausmachte. Ihnen vergleichbar sind in dieser Hinsicht nur noch die Söhne der höheren Beamten, die 16% der Spitzenmanager stellen, obwohl die Beamten des höheren Dienstes in der Generation ihrer Väter gerade einmal einen Anteil von 5-6‰ an den Erwerbstätigen hatten. Rechnet man diese beiden Gruppen zusammen und nimmt noch die Großgrundbesitzer und die akademischen Freiberufler mit mehreren Beschäftigten hinzu, so stammt mehr als ein Drittel dieser Generation von Topmanagern aus Familien, die das obere Prozent der deutschen Gesellschaft bildeten und die man in ihrer großen Mehrzahl ohne Zweifel zur sog. gesellschaftlichen Elite ihrer Zeit zählen kann. Aus den Familien von mittleren und kleineren Angestellten und Beamten sowie Arbeitern, die in der Vätergeneration immerhin 85% der Erwerbstätigen stellten, kommt dagegen nicht einmal jeder fünfte Topmanager. Angesichts all der genannten Prozentsätze ist es deshalb zweifellos berechtigt, von einer exklusiven sozialen Rekrutierung dieser deutschen Spitzenmanager zu sprechen.

Im allgemeinen fällt diese um so exklusiver aus, je größer und traditionsreicher ein Unternehmen ist. An der Spitze rangieren dementsprechend die klassischen deutschen Industriekonzerne. Sie erreichen Werte, die mit denen in Großbritannien und den USA vergleichbar sind, allerdings immer noch deutlich unterhalb der französischen bleiben, während die deutschen Finanzinstitute in puncto sozialer Herkunft der Topmanager mit der Konkurrenz aus diesen drei Ländern nicht ganz mithalten können. Die Differenz ist allerdings nicht so groß, daß man von einer anderen sozialen Rekrutierung deutscher Spitzenmanager sprechen müßte. Generell ist die Situation hierzulande der in den drei anderen genannten Industrieländern ähnlich. Der in den 60er Jahren noch bestehende beträchtliche Unterschied ist zu einem großen Teil eingeebnet, soweit es den angelsächsischen Raum betrifft, oder zumindest stark vermindert, wenn es um Frankreich geht.

Da es in Deutschland keine den exklusiven Bildungseinrichtungen dieser Länder vergleichbare Institutionen gibt, bei der Auswahl der Kandidaten für Toppositionen in der Wirtschaft auf die Abschlußzertifikate solcher elitären Bildungsstätten, wie sie die renommierten Privatschulen, die Grandes Écoles, Oxford und Cambridge oder die Universitäten der Ivy League darstellen, also auch nicht zurückgegriffen werden kann, stellt sich die Frage, aufgrund welcher Auslesekriterien und -mechanismen sich der Nachwuchs des gehobenen Bürgertums hierzulande bei der Besetzung von Topmanagementpositionen so erfolgreich durchsetzen kann. Wie die Analyse der Rekrutierungsverfahren und Bewertungskriterien in der deutschen Wirtschaft gezeigt hat, gibt es darauf eine eindeutige Antwort: Die "Grobauswahl" erfolgt anhand der geforderten Bildungsabschlüsse, die wirkliche Entscheidung zugunsten des einen oder anderen Kandidaten fällt aber mittels einiger hochbewerteter Persönlichkeitsmerkmale.

Was den ersten Punkt betrifft, so sorgt die große Bedeutung, die dem Abschluß eines Hochschulstudiums bei der Besetzung von Spitzenpositionen im Management großer Firmen beigemessen wird, schon für eine deutliche Reduzierung des Spektrums möglicher Bewerber. Wenn über drei Viertel der bis 1940 geborenen und in den Chefetagen bis heute dominierenden Topmanager ein Universitätsexamen besitzen – der Prozentsatz dürfte seit den 80ern mit jeder Neubesetzung noch gestiegen sein –, in ihrer Generation aber nur 3-5% der Männer ein Studium absolvierten (Köhler 1978, 182), so ist klar, daß mit dem Gewicht, das dem Studium für das Erreichen einer Topposition zukommt, eine deutliche Vorentscheidung zuungunsten von über 90% eines jeden Jahrgangs gefallen ist. Von jenen gut 95% der männlichen Bevölkerung, die in der Generation der heute 55-65jährigen nicht studiert haben, stand nur einem sehr kleinen Teil die Möglichkeit offen, über die Erfolge im Berufsleben in die oberen Führungsetagen zu gelangen. Für jemand ohne Abitur war es fast unmöglich, denn aus den Reihen jener ungefähr 90%, die in dieser Männergeneration keinen erfolgreichen Gymnasialbesuch nachweisen können (Köhler 1978, 181), rekrutieren sich nicht einmal 10% der Topmanager.

Das fehlende Abitur und das fehlende Hochschulexamen lassen sich deshalb nur so schwer durch Leistung und Erfolg im Berufsleben kompensieren, weil sie den Einstieg in dieses Berufsleben schon so stark bestimmen. Wenn der Führungskräftenachwuchs bei den bekannten Großkonzernen schon seit langer Zeit überwiegend oder gar ausschließlich nur dann einen Platz als Trainee erhält, wenn er über einen Studienabschluß verfügt, und das Abitur für qualifizierte Einstiegspositionen oft Grundvoraussetzung ist, dann hat derjenige, der diese Bildungstitel nicht besitzt, nur eine relativ geringe Chance, in solchen großen Firmen eingestellt zu werden. Damit aber bleibt ihm in der Regel sowohl der Weg einer "Hauskarriere" versperrt als vielfach auch der Wechsel in das obere Management eines großen Konzerns, weil für einen solchen Wechsel das Image der Firmen, in denen man zuvor gearbeitet hat, eine große Rolle spielt. Wer nie bei einem der bekannten Unternehmen beschäftigt war, hat es auch schwer, später ins Management einer solchen Firma zu wechseln. Wer aufgrund eines zu niedrigen Bildungsabschlusses den Einstieg verpaßt hat, kann dieses Handicap später nur in vergleichsweise seltenen Fällen wieder ausgleichen. Es haftet ihm der Ruf an, nicht zu den wirklich guten Kandidaten zu zählen. Zählte er nämlich zu diesen, wäre er ja auch bei einem renommierten Unternehmen angefangen. Dieser Makel trifft allerdings nur in den "normalen" Fällen. Kommt jemand aus einer jungen, sehr innovativen Branche, wird in der Regel zwar auch darauf geachtet, ob er in einem bekannten Unternehmen dieser Branche war, das läßt sich angesichts des Wachstumstempos und der vielfältigen Umstrukturierungen jedoch nicht so eindeutig feststellen wie in den schon länger existierenden Branchen. Seine Chancen sind daher besser, wenn er aus einer unbekannten Firma kommt und in eine große wechseln will. Der EDV-Sektor bietet dafür manches Beispiel. Solche Fälle bleiben aber Ausnahmen. Da der Akademikeranteil in diesen innovativen Sektoren zudem meistens weit über dem Durchschnitt liegt, ändert diese Einschränkung an der generellen Aussage auch so gut wie nichts. Die Selektionswirkung eines höheren Bildungsabschlusses bleibt unberührt.

Daß das Universitätsexamen trotz dieser Wirkung aber keineswegs mit den Abschlüssen renommierter Eliteausbildungsstätten anderer Industrieländer zu vergleichen ist, wenn es um die soziale Rekrutierung von Topmanagern geht, zeigt ein Blick auf die soziale Zusammensetzung der deutschen Studentenschaft zwischen 1950 und 1966. In diesem Zeitraum, in dem die meisten heutigen Topmanager ihr Studium absolviert haben, stammten zwar zwischen 44% und 48% der Studierenden aus den Familien höherer Beamter, akademischer Freiberufler, leitender Angestellter und mittlerer sowie größerer Unternehmer, die Mehrzahl kam aber auch damals schon aus den mittleren und zu einem kleinen Teil auch aus den unteren Schichten und Klassen der Gesellschaft (Köhler 1992, 89).[3] Der Besitz eines universitären Diploms oder Staatsexamens engt den Kreis der Kandidaten für Positionen im Topmanagement somit in sozialer Hinsicht zwar zweifelsohne drastisch ein, seine Wirkung bleibt in puncto soziale Selektion aber dennoch deutlich hinter der zurück, die für die exklusiven Bildungsabschlüsse in Großbritannien, den USA und vor allem Frankreich charakteristisch ist.[4]

---

3 Der Prozentwert von ca. 46% ergibt sich, wenn man zu den Werten für die höheren Beamten, die akademischen Freiberufler und die leitenden Angestellten noch 1/3 des Werts für die Handel- und Gewerbetreibenden hinzuzählt. Angesichts der Tatsache, daß damals über 80% der Handel- und Gewerbetreibenden weniger als 5 Beschäftigte hatten, die Hälfte sogar allein arbeitete, dürfte das Drittel trotz einer überdurchschnittlichen Studienquote bei den Kindern größerer Unternehmer eher zu hoch als zu niedrig gegriffen sein (vgl. Köhler 1992, 87).

4 Um angemessen vergleichen zu können, muß man die in Kap. 2 angegebenen Werte für die soziale Zusammensetzung der Studenten an den britischen und amerikanischen Elite-

Das zeigt sich an der Tatsache, daß die Differenz zwischen der sozialen Herkunft der jetzt allmählich abtretenden Generation von Topmanagern und der der Studenten ihrer Jahrgänge in Deutschland weit höher ausfällt als etwa in Frankreich zwischen PDGs und Grande-École-Studenten. Während das Niveau der sozialen Rekrutierung von Spitzenmanagern dort nicht einmal 15% über dem der Studierenden an den Grandes Écoles liegt, ist der Unterschied hierzulande dreimal so hoch. Unter den Spitzenmanagern sind die Kinder des gehobenen Bürgertums um fast 50% stärker vertreten als unter den Studenten der entsprechenden Jahrgänge. Berücksichtigt man außerdem noch, daß die unter den deutschen Studierenden mit über 10% sehr stark vertretenen Kinder akademischer Freiberufler weitgehend außer Betracht bleiben müssen, weil ihre berufliche Perspektive überwiegend in der Übernahme der Praxen und Kanzleien ihrer Väter bestanden haben dürfte[5], dann wird die Differenz noch größer und erreicht mit knapp 70% fast das Fünffache des französischen Werts. Bei ausschließlicher Betrachtung der männlichen Studierenden dürfte sogar die 80%-Marke erreicht werden. In den 50er und frühen 60er Jahren war die soziale Zusammensetzung der Studentinnen, die damals ein Viertel der Studentenschaft stellten, nämlich deutlich gehobener als die ihrer männlichen Kommilitonen. Während sie zu über 40% aus Akademikerhaushalten kamen, traf dasselbe auf nicht einmal 30% der männlichen Studierenden zu (Köhler 1992, 96).

Zu den exklusiven Bildungsinstitutionen Frankreichs, aber auch Großbritanniens und (mit Abstrichen) der USA gab es also selbst zu den Zeiten der klassischen deutschen "Alma mater" hierzulande kein wirkliches Pendant. Wer in den 50er Jahren und der ersten Hälfte der 60er in Deutschland ein Studium absolvierte, hatte zwar noch berechtigte Aussichten auf eine gute Stellung, für eine weitgehend über Bildungstitel vermittelte soziale Auslese der Kandidaten für Topmanagementpositionen und die damit verknüpfte Weitergabe wirtschaftlicher Macht innerhalb des etablierten Bürgertums war

einrichtungen insofern korrigieren, als die auch in diesen Ländern erfolgte Bildungsexpansion den Anteil der Kinder aus mittleren und unteren Schichten und Klassen seit Mitte/Ende der 60er Jahre deutlich erhöht hat. Die Differenz zu Deutschland ist also größer, als sie beim unmittelbaren Vergleich erscheint. Für die französischen Grandes Écoles trifft das nicht im gleichen Maße zu. Ihr elitärer Charakter ist weitgehend erhalten geblieben, hat sich teilweise sogar noch gesteigert.

5 Unter den 5,6%, deren Väter Mediziner waren, dürfte wohl nur ein verschwindender Prozentsatz eine Managementkarriere angestrebt und gemacht haben. Bei den Söhnen von Anwälten, allerdings nur mit 1,3% vertreten (Köhler 1992, 87), dürfte das etwas anders, aber auch nicht grundsätzlich anders gewesen sein.

die soziale Zusammensetzung der Studentenschaft aber zu breit und die Anzahl der Studierenden insgesamt auch zu hoch. Ein deutsches Universitätsexamen besitzt hinsichtlich der exklusiven sozialen Rekrutierung von Topmanagern deshalb bei weitem nicht dieselbe Erklärungskraft wie das Diplom einer Grande École oder der Studienabschluß an Universitäten wie Oxford, Cambridge, Harvard oder Yale.

Dieser Eindruck ändert sich auch nicht, wenn man den Blick auf die bevorzugten Studienfächer der deutschen Spitzenmanager richtet, die Wirtschafts- und die Rechtswissenschaften. Die Jurastudenten weisen zwar traditionell eine deutlich über dem Durchschnitt der Studentenschaft liegende soziale Rekrutierung auf (Hartmann 1990b, 221f.), bei den Studenten der Wirtschaftswissenschaften ist dafür aber das Gegenteil der Fall. Sie liegen im unteren Drittel. Was den Anteil der Akademikerkinder angeht, bilden sie von den größeren Fächern (zusammen mit den Sozialwissenschaften) sogar mit Abstand das Schlußlicht (Köhler 1992, 106f.). Konzentriert man sein Augenmerk angesichts der hohen Promotionsquote unter den deutschen Topmanagern nur auf die promovierten Rechts- und Wirtschaftswissenschaftler, bleibt das Bild weitgehend dasselbe. Während von den Vätern promovierter Juristen aus den Jahren 1950-1966 knapp die Hälfte (47,5%) einen Hochschulabschluß besaß und sogar 56,3% eine berufliche Position als höherer Beamter, leitender Angestellter, freiberuflicher Akademiker oder Unternehmer innehatten, war die Situation bei den promovierten Wirtschaftswissenschaftlern desselben Zeitraums eine völlig andere. Nur 24,6% der Väter verfügten über ein Universitätsexamen und auch nur 35,7% besetzten eine der genannten gehobenen Berufsstellungen (Alder 1988, 185ff.). Bezogen auf die soziale Herkunft ist die Kluft zwischen den promovierten Wirtschaftswissenschaftlern der Jahre 1950-1966 und den Spitzenmanagern aus dieser Generation also außerordentlich groß, größer noch als die zwischen den Studenten dieses Zeitraums und den Managern. Obwohl diese Aussage auf die promovierten Juristen nicht zutrifft, die eine vergleichbare soziale Rekrutierung wie die Topmanager aufweisen, bleibt angesichts des klaren Übergewichts der Wirtschaftswissenschaftler unter den Spitzenmanagern die für das Universitätsstudium getroffene Feststellung einer verglichen mit anderen führenden Industrieländern deutlich schwächeren sozialen Selektionswirkung auch dann gültig, wenn man sich nur auf die für die höheren Führungskräfte der Wirtschaft wichtigsten Studienfächer und den höchsten Abschluß, die Promotion konzentriert. Es gibt in Deutschland keine Bildungsabschlüsse, die in puncto soziale Auslese mit denen der Elite-Einrichtungen Frankreichs, Großbritanniens und auch der USA mithalten können.

Außerdem unterscheiden sich die deutschen Studiengänge auch in ihrer inhaltlichen Ausrichtung, gerade bezogen auf die von Topmanagern verlangten Führungsqualitäten, ganz grundlegend von einem Studium an einer der exklusiven Bildungsstätten der genannten Länder. Während an unseren Universitäten das Schwergewicht ganz eindeutig auf die Vermittlung des jeweiligen Fachwissens und eines gewissen, allerdings von Fach zu Fach im Umfang variierenden abstrakten Denkvermögens gelegt wird, stehen dort andere Bildungsziele im Vordergrund. An den Grandes Écoles geht es vorwiegend um allgemeine Eigenschaften wie intellektuelle Brillanz, schnelle Auffassungsgabe, hohe Belastbarkeit, Führungswillen und natürlich ein ausgeprägtes Elitebewußtsein (Barsoux / Lawrence 1990; Locke 1989; Vaughan 1981). Spezielles Fachwissen spielt damit verglichen nur eine untergeordnete Rolle. So wird beispielsweise an den Grandes Écoles de Commerce vor allem Entscheidungsverhalten und "Leadership" gelehrt. Einzelne Wissensgebiete wie Bilanz- und Finanzwesen, Steuerrecht oder Marketing, die im deutschen BWL-Studium eine zentrale Bedeutung besitzen, werden dagegen vollkommen vernachlässigt (Locke 1989, 242ff.). In Oxford und Cambridge wird wie in den Public Schools in erster Linie ein breites Allgemeinwissen, ein bestimmtes, für die Zugehörigkeit zur "Upper class" charakteristisches Verhalten und das Gefühl, einer Elite anzugehören, vermittelt. Geringe Aufmerksamkeit wird dagegen "business studies and law" (Locke 1989, 234) gewidmet.

Generell unterscheiden sich diese Elite-Ausbildungsstätten von den deutschen Universitäten dadurch, daß sie den Schwerpunkt ihrer Bildungsbemühungen eindeutig auf die Persönlichkeitsentwicklung des einzelnen Studenten legen, und zwar mit dem vorrangigen Ziel seiner Integration in die Elite des Landes, der in Deutschland dominierenden Vermittlung von Fachwissen dagegen eine vergleichsweise geringe Bedeutung zugemessen wird. Ein Absolvent dieser Institutionen dokumentiert mit seinem Abschlußzertifikat deshalb in erster Linie, daß er alle Voraussetzungen mitbringt, die eine Führungspersönlichkeit nach allgemeiner Einschätzung besitzen sollte. Locke spricht in dieser Hinsicht von den "innate qualities (leadership, courage, decisiveness, judgement)", die der Ausbildung in Oxford und Cambridge zugesprochen würden und seiner Meinung nach für die Besetzung von Toppositionen ausschlaggebend sind (Locke 1989, 190). Sie sorgten als "class as much as individual qualities" für die soziale Auslese der Kandidaten und damit zugleich für die Stabilisierung der bestehenden Verhältnisse. Die traditionelle Wirtschaftselite lege deshalb auch großen Wert darauf, daß diesbezüglich alles beim alten bleibt.

In Deutschland gibt es etwas Vergleichbares nicht. Ein Universitätsexamen dokumentiert abgesehen vom Fachwissen zwar auch Abstraktionsvermögen und eine gewisse geistige Beweglichkeit, engt dadurch den Kreis möglicher Bewerber für Spitzenpositionen auch erheblich ein, für persönlichkeitsgebundene Führungseigenschaften steht es jedoch nicht. Diese müssen anders unter Beweis gestellt werden, wie die Analyse der Besetzungskriterien und -verfahren gezeigt hat. Auch wenn die hierzulande geforderten Führungsqualitäten nicht in jedem Punkt mit den in anderen Ländern verlangten identisch sind, Teamfähigkeit beispielsweise eine größere Rolle spielt als in französischen Großunternehmen und eine geringere als in US-amerikanischen Firmen, in puncto umfassende Allgemeinbildung die Situation dagegen genau umgekehrt ist[6], so sind diese persönlichen Eigenschaften doch hier wie dort für die Besetzung von Topmanagementpositionen ausschlaggebend. Sie können in Deutschland im Unterschied zu Frankreich, Großbritannien und (mit Abstrichen) auch den USA eben nur nicht durch exklusive Bildungstitel wie die Abschlüsse der renommierten Privatschulen oder Universitäten dokumentiert werden.

Es stellt sich also die Frage, inwiefern die in den Besetzungsverfahren benutzten persönlichkeitsbezogenen Auswahlkriterien den Nachwuchs des gehobenen Bürgertums begünstigen; denn nur eine darauf gegründete sehr starke Begünstigung könnte angesichts der mangelnden sozialen Selektionskraft der deutschen Bildungsinstitutionen die massive Überrepräsentierung der Kinder aus den "besseren Kreisen" im Topmanagement großer deutscher Unternehmen erklären. Betrachtet man unter diesem Blickwinkel die wesentlichen Beurteilungskriterien, so zeigen sich die Vorzüge für den Nachwuchs des etablierten Bürgertums schon dort, wo es um die vor allem für den Führungsnachwuchs wichtigen außergewöhnlichen Aktivitäten während der Ausbildungszeit geht.

Zum einen ist bei Kindern aus einem gehobenen Sozialmilieu aus verschiedenen Gründen die Wahrscheinlichkeit, daß sie längere Zeit im Ausland gelebt und/oder dort an einer renommierten Universität studiert haben, erheblich größer als bei anderen. So können sie aufgrund eines längeren Aus-

---

6 Zu dieser Thematik gibt es mittlerweile eine ganze Anzahl von Untersuchungen. Vgl. dazu den informativen Überblick über die Unterschiede innerhalb Europas bei Hickson (1993).

landsaufenthalts des Vaters einen Teil ihrer Jugend schon im Ausland verbracht haben oder durch häufige Geschäftsreisen und -kontakte des Vaters auch nur eine offenere Einstellung einem Auslandsstudium gegenüber besitzen. Zumindest aber sind sie in der Regel über die positive Bewertung solcher Aufenthalte bei Auswahlverfahren besser informiert und haben zudem auch bessere finanzielle Voraussetzungen und Informationsquellen, um ein Auslandsstudium gezielt anzugehen. Ob die Eltern in Kenntnis der wichtigen Auswahlkriterien die Kinder unmittelbar zu einem Studienaufenthalt in Paris, Oxford oder Harvard drängen oder sich das Ganze eher zufällig ergibt, wie bei einem der interviewten Personalberater, der Betriebswirtschaft an der renommierten Fakultät von St. Gallen studiert hat, weil sein Vater, ein sehr bekannter ehemaliger Vorstandsvorsitzender, den Rektor dieser Universität im Urlaub kennengelernt und in diesem Zusammenhang auch über die Studienbedingungen dort gesprochen hatte, ist dabei unerheblich. Was zählt, ist die Tatsache als solche. Sie steht für Initiative, Selbständigkeit, Flexibilität und die Kenntnis fremder Kulturen und Sprachen.

Der zweite wichtige Vorteil für den Nachwuchs aus den "besseren Familien" besteht darin, daß sie während des Studiums in deutlich überdurchschnittlichem Maß ein nicht unmittelbar auf das Fachstudium bezogenes Engagement zeigen. Sie studieren weniger fachborniert, weil eine dauerhafte Finanzierung weit stärker gesichert ist als bei ihren Kommilitonen[7], ihnen die Bedeutung eines breiten Horizonts für die spätere Berufslaufbahn aufgrund familiärer Erfahrungen bewußt ist und sie häufig auch in vergleichsweise vielseitig orientierten und gebildeten Familien aufgewachsen sind. Gleichzeitig weisen sie ein größeres Engagement in sozialen Fragen auf. Während für 37% von ihnen der Wunsch, zu sozialen Veränderungen beizutragen oder anderen zu helfen, für die Aufnahme eines Studiums wichtig ist, trifft dasselbe nur auf 29% der anderen Studenten zu (Sonderauswertung der Studienanfängerbefragung 1993 des HIS). Die Wahrscheinlichkeit, daß sie in den AStA gehen oder in den Fachschaftsrat, ist also schon aufgrund ihrer Studienmotivationen überdurchschnittlich groß. Bedenkt man zudem, daß sie die Übernahme von Führungsfunktionen aus dem beruflichen Alltag ihrer Väter kennen, dürften sie in den Selbstverwaltungsgremien der Universitäten deutlich überproportional vertreten sein. Ihre Chancen, in ein Trainee-Programm für

7 Nach einer Sonderauswertung der HIS-Studienanfängerbefragung 1993 ist für die Studenten aus den höheren Schichten (größere Unternehmer, leitende Angestellte etc.) eine dauerhafte Finanzierung zu 55% gesichert, bei den anderen Studenten jedoch nur zu knapp 33%.

Führungsnachwuchskräfte aufgenommen zu werden, sind dementsprechend überdurchschnittlich gut.

Weitaus wichtiger als die bisher benannten Vorzüge der Kinder aus dem gehobenen Bürgertum sind jedoch jene, die ihr äußeres Erscheinungsbild, ihr Auftreten, ihr Verhalten und ihre allgemeine Einstellung wie Bildung betreffen. Worin sie im Kern bestehen, verdeutlichen die folgenden Äußerungen einiger Personalberater auf die Frage nach den sozialen Voraussetzungen einer Managementkarriere:

"Leute, die aus einem guten Elternhaus kommen, gehen selbstverständlicher mit Dingen um, bis dahin, wie sie sich auf einer Betriebsversammlung verhalten oder in einer Vorstandssitzung. Sie bringen dann eben einiges mehr mit und haben es so leichter."

"Kinder aus gut betuchten Familien haben die Möglichkeit, die Welt breiter zu erleben. Das gilt für Theaterbesuche, das gilt für Kinobesuche, das gilt für Auslandsaufenthalte und andere Dinge. Durch die Bildung der Eltern ist so ein Kind schneller breiter gebildet und gewinnt auch schneller Interesse an Dingen, die die Eltern nicht interessieren, wo sie auch nichts wissen, wo das Kind auf einmal eine Hürde erreicht, wo es selbständig in neue Denkverhalten und Themen reinkommt."

"Wenn jemand aus einer Unternehmerfamilie kommt, dann hat er einen höheren Reifeprozeß. Er hat sehr früh kennengelernt, was es bedeutet, Entscheidungen zu fällen, wenn sich die Eltern übers Wochenende dafür zurückziehen müssen, hat sehr viel 'Socialising' zu Hause, hat Leute gesehen, die aus Topetagen kommen, und und und."

"Kinder aus 'gutem Stall' kriegen in jungen Jahren eher den Schwung und die Fähigkeit, so selbstbewußt zu sein, daß sie mehr auffallen, ihnen mehr zugetraut wird und sie dadurch eine schnellere Karriere machen."

"Ein im sog. Sinne 'gutes Elternhaus' ist nach wie vor ein Vorteil, weil man dort eben eine grundsätzliche Prägung im Hinblick auf Allgemeinbildung und Auftreten bekommt, die einen das ganz Leben hindurch begleitet. Analysefähigkeiten kann man sicherlich auch entwickeln, wenn man aus einem Arbeiter-Elternhaus kommt. Dagegen das, was man mit Selbstsicherheit, Souveränität meint, das ist etwas, was man schon in die Wiege gelegt bekommt. Das kann man schlecht lernen, wie auch alles, was ein bißchen mit Stil und Auftreten zu tun hat. Ich merke das hier auch bei meinen Kollegen, daß da sehr viel Kompensationsverhalten ist bei denen, die aus einem einfachen Elternhaus kommen."

"Die drei wesentlichen Vorteile für die Kinder aus diesen Familien sind die Artikulation, die Selbstverständlichkeit, mit der man auf fremde Leute zugeht, und das unternehmerische Familienumfeld."

Faßt man diese Aussagen zusammen, so ergibt sich ein eindeutiges Bild: Die Kinder aus dem etablierten Bürgertum weisen bei den fünf für die Auswahl von Topmanagern entscheidenden Persönlichkeitsmerkmalen: souveränes Auftreten, angemessene Umgangsformen, optimistische Lebenseinstellung, gute Allgemeinbildung und unternehmerisches Denken deutliche Vorteile auf. In der Regel wissen sie eher als andere, wie sie sich in Führungspositionen zu verhalten haben, besitzen "natürliche" Souveränität im Auftreten, weisen einen breiteren Horizont auf, strahlen einen größeren Optimismus aus und besitzen ganz generell eine eher unternehmerische Einstellung.

All diese Eigenschaften sind Produkte der familiären Erfahrungen. Wer in der Familie eines größeren Unternehmers, leitenden Angestellten, akademischen Freiberuflers oder höheren Beamten in den Jahren der Weimarer Republik, des Nationalsozialismus oder der Bundesrepublik in der "Adenauer-Zeit" aufgewachsen ist, kennt zunächst die geschriebenen und ungeschriebenen Verhaltensregeln, die in den "besseren Kreisen" gelten, wesentlich besser als jemand mit einer Herkunft aus einer normalen Mittelschicht- oder gar Arbeiterfamilie, der sich das Wissen um diese Dinge erst (mehr oder minder) mühsam aneignen muß und es deshalb oft an der wichtigen Selbstverständlichkeit darin mangeln läßt, wenn er sie denn überhaupt umfassend erlernen kann. Manche Verhaltensformen lassen sich nämlich im späteren Leben kaum noch antrainieren. Bei relativ äußerlichen Dingen wie Kleidung und formale Höflichkeitsregeln ist dies zwar noch vergleichsweise einfach möglich. Wenn es um Souveränität im Auftreten und persönliche Ausstrahlung geht, hört das aber in der Regel auf. Jemand, der sich aus "kleinen Verhältnissen" hochgearbeitet hat, wirkt meistens verbissener und weniger gelassen als jemand, dem beruflicher Erfolg und hoher gesellschaftlicher Status von Kindesbeinen an vertraut ist. Da beides schon in der Jugend zum normalen Alltag gehörte, konnten wesentliche Elemente von Selbstsicherheit quasi nebenbei angeeignet werden. Ähnliches gilt für die optimistische Einstellung zum Leben. Wer eher die positiven Seiten des Lebens erfahren und zugleich gesehen hat, welche Erfolge der eigene Vater erzielt hat, traut sich in der Regel mehr als andere zu, tritt auch eher in den Vordergrund und wird manchmal allein deshalb schneller Karriere machen.

Souveränes Auftreten und Zuversicht werden ergänzt durch überdurchschnittliche Allgemeinbildung und sprachliches Ausdrucksvermögen. Ein

Kind oder Jugendlicher erhält im Haushalt eines größeren Unternehmers, Arztes, Geschäftsführers etc. in der Regel sehr viel mehr Informationen und Anregungen, sei es durch das Vorhandensein vieler Bücher und Zeitschriften, sei es durch die elterlichen Gespräche, Besucher aus den gehobenen Kreisen oder kulturelle wie sonstige Unternehmungen (Theaterbesuche, Auslandsreisen etc.), als seine Altersgenossen in den anderen Schichten und Klassen. Auf die Frage, welche Rolle Gespräche über Politik bzw. aktuelle politische Ereignisse in ihrem Elternhaus gespielt haben, antworteten immerhin über zwei Drittel der befragten Topmanager des Mannheimer Elite-Samples mit" groß" oder "sehr groß", allein über 37% mit "sehr groß". Den Vorsprung, den der Nachwuchs aus den "besseren Familien" in puncto Allgemeinbildung und sprachliche Ausdrucksfähigkeit schon in seiner Kindheit und Jugend gewonnen hat, ist von den meisten unter anderen Bedingungen aufgewachsenen Beschäftigten, selbst wenn sie den Weg in eine Führungslaufbahn gefunden haben, nur schwer oder auch gar nicht aufzuholen. Vor allem Feinheiten des sprachlichen Ausdrucks und der "breitere Horizont" in vielen Dingen lassen sich im alltäglichen Berufsleben in der Regel allenfalls noch in Teilen erlernen.

In vielleicht noch stärkerem Maße gilt das für unternehmerisches Denken. Wer von Kindheit an in einem Umfeld gelebt hat, das durch unternehmerisches Denken und Handeln bestimmt war, dem ist vieles davon zum Habitus geworden, ohne daß er es registriert hat. Man ist eben aufgewachsen mit elterlichen Gesprächen über die Situation der Firma, die Entwicklung von Märkten, Fragen der Personalpolitik, steuerliche Probleme etc. Charakteristisch für einen derartigen, unbewußt ablaufenden Prägungsprozeß ist das Beispiel eines Interviewpartners aus einem der beiden Handelskonzerne, der als einen wesentlichen Grund für seine jetzige Tätigkeit seine Kindheitserfahrungen im väterlichen Betrieb anführte:

"Mein Vater war Händler, und insofern war es für mich eine Idealvorstellung, irgendwann mal in leitende Funktionen eines Handelsunternehmens reinzukommen. Ich bin schon als Kind immer samstags und sonntags – er ging jeden Samstag und Sonntag in die Firma – mit meinem Vater in die Firma gegangen und habe dort mit ihm über die jeweiligen Werbekampagnen diskutiert, was ich gut finde und was nicht. Das hat mir immer viel Spaß gemacht. Mein Berufsziel war deshalb immer, einmal in einem großen Handelsunternehmen etwas zu sagen zu haben. Ich hätte meinem Vater daher auch keine größere Freude machen können, als Vorstand bei einem solchen Unternehmen zu werden."

Die Erfahrungen müssen nun nicht immer derartig positiv sein, prägend sind sie für die Entwicklung unternehmerischen Denkens und unternehmerischen Gespürs aber mit Sicherheit. Diese Art des Denkens und Empfindens ist einem sozusagen "in Fleisch und Blut" übergegangen.[8] Das unterscheidet einen von jemandem, der so etwas in seinem Elternhaus nicht erlebt hat.

Wie gerade der letzte Punkt zeigt, sind die angeführten Vorteile in der Persönlichkeitsstruktur nicht gleichmäßig über den Nachwuchs des gehobenen Bürgertums verteilt. Abgesehen von den individuellen Besonderheiten – der Sohn eines pleite gegangenen Unternehmers wird mit unternehmerischem Risiko anders umgehen als der eines erfolgreichen, der eines fast nie zu Hause weilenden Managers den Beruf seines Vaters anders bewerten als der eines guten Familienvaters aus dem Management – bleiben in erster Linie drei verallgemeinerbare Schlußfolgerungen. Erstens wird unternehmerisches Denken bei den Söhnen höherer Beamter geringer ausgeprägt sein, da es im beruflichen Alltag ihrer Väter in der Regel keine oder nur eine untergeordnete Rolle spielte. In dieser Beziehung sind ihnen die Kinder leitender Angestellter, freiberuflicher Akademiker und vor allem natürlich die von Unternehmern deutlich überlegen. Das gilt auch für die Kinder kleiner Unternehmer und Selbständiger, dort allerdings in geringerem Maße als bei denen größerer Unternehmer. In puncto Allgemeinbildung, und das ist der zweite Punkt, bietet sich ein umgekehrtes Bild. Hier weisen die Söhne von Unternehmern mit kleinen und mittleren Betrieben am ehesten Defizite auf, während die Kinder höherer Beamter in dieser Hinsicht überdurchschnittlich begünstigt sind. Bücher und intellektuell anregende Gespräche sind im Haushalt eines Professors oder Ministerialdirigenten eben häufiger zu finden als in der Familie eines industriellen Mittelständlers oder Großhändlers mit 10, 50 oder auch 100 Beschäftigten. Drittens schließlich gilt für alle genannten Persönlichkeitsmerkmale, daß sie in der Regel um so ausgeprägter vorhanden sind, je höher die Position des Vaters im jeweiligen Bereich ist. Wenn der Vater,

8 Welche Rolle eine unternehmerische Tradition in der Familie spielt, zeigt auch das Beispiel Kajo Neukirchen. Er, der gemeinhin (wie auch von fast allen Interviewpartnern) als das Musterexemplar eines Mannes dargestellt wird, der es trotz seiner niedrigen sozialen Herkunft bis an die Spitze eines Großkonzerns geschafft hat, ist nämlich durchaus kein typisches Arbeiterkind. Sein Vater war zwar Arbeiter, stammte aber aus einer Fabrikantenfamilie und mußte seinen Lebensunterhalt nur deshalb als Arbeiter verdienen, weil er enterbt worden war. Die unternehmerische Familientradition war insofern zwar nicht unmittelbar gegeben, indirekt aber auf jeden Fall vorhanden. Denn wenn die Großeltern wie die Verwandten väterlicherseits als mittelständische Unternehmer tätig sind, prägt das natürlich auch die eigenen Denkweise und das eigene Verhalten.

ob als Eigentümer oder als Manager, ein Unternehmen mit mehreren hundert oder gar tausend Beschäftigten leitet, bekommt der Sohn von den Umgangsformen, den unternehmerischen Problemen und Lösungsansätzen, den gesellschaftlichen Verpflichtungen und dem Auftreten eines Topmanagers natürlich deutlich mehr mit, als wenn der Vater nur einen Betrieb mit 20, 30 oder 50 Beschäftigten besitzt oder führt. Vergleichbares gilt, mit anderer Schwerpunktsetzung, für den Unterschied zwischen den Erfahrungen, die der Sohn eines Professors oder eines Staatssekretärs in seiner Kindheit und Jugend macht, und denen, die für den Sohn eines Studien- oder Regierungsrats typisch sind. Je gehobener die soziale Herkunft, um so besser sind also die persönlichkeitsbezogenen Startbedingungen.

Alles in allem kann man daher sagen, daß der Nachwuchs des etablierten Bürgertums bei der Entscheidung über Managementpositionen anhand der für wesentlich erachteten Persönlichkeitsmerkmale äußeres Erscheinungsbild, Umgangsformen, Souveränität, Ausstrahlung, Allgemeinbildung und unternehmerisches Denken deutliche Vorteile besitzt. Er weist nicht nur in Bezug auf jedes einzelne der aufgeführten Merkmale in der Regel einen Vorsprung auf, sondern vor allem, und das ist entscheidend, in der Kombination mehrerer oder aller dieser Eigenschaften. Dadurch gewinnt selbst die an und für sich uninteressante Tatsache, daß der Nachwuchs aus den "gehobenen Kreisen" eine überdurchschnittliche Körpergröße erreicht (Roberts / Dann 1992), eine Bedeutung. In Verbindung mit den anderen Persönlichkeitsmerkmalen steigert eine solche Körpergröße nämlich die Chancen für den Aufstieg ins Topmanagement[9], weil sie als nicht unwichtiges Element der äußeren Erscheinung angesehen wird und die Souveränität des Auftretens auch meistens positiv beeinflußt.

Die persönlichkeitsbezogenen Auswahlfaktoren besitzen dabei stets eine eher objektiv zu nennende und eine eher als subjektiv zu bezeichnende Komponente. Objektiv sind jene Elemente zu nennen, die sich (mehr oder minder) direkt aus den Anforderungen der Tätigkeit ergeben, subjektiv jene, die ihr Gewicht überwiegend den persönlichen Interessen und Vorlieben der Entscheidungsträger verdanken. So stellt eine breitere Allgemeinbildung sicherlich eine objektive Anforderung dar, will man als Topmanager eines Großkonzerns den notwendigen geschäftlichen wie öffentlichen Verpflichtungen

---

9 Untersuchungen aus den USA bestätigen die positive Korrelation zwischen Körpergröße und beruflichem Erfolg, begründen sie aber in erster Linie mit der äußeren Attraktivität und nicht mit der Kombination mehrerer Merkmale (Egolf / Corder 1991; Hensley 1993; Hensley / Cooper 1987; Melamed / Bozionelos 1992).

nachkommen. Welches Maß an Allgemeinbildung von den Kandidaten für eine zu besetzende Position konkret verlangt wird und welche Schwerpunkte favorisiert werden, hängt aber stark von der Persönlichkeit derjenigen ab, die letztlich über die Besetzung entscheiden. Ähnlich ist es auch bei den anderen wichtigen Persönlichkeitsmerkmalen.

Die subjektiven Beurteilungsbestandteile machen sich dabei nicht nur bei der Bewertung einzelner Punkte bemerkbar, sondern vor allem in dem, was die Interviewpartner mit den Worten "die Chemie muß stimmen" kennzeichneten, denn das Gewicht von Sympathie und Antipathie, das mit diesem Ausdruck gemeint ist, darf bei der Besetzung von Toppositionen nicht unterschätzt werden. Wenn die über die Besetzung befindenden Personen das Auftreten eines Kandidaten, sein äußeres Erscheinungsbild, sein Verhalten oder seine Bildung wie Sprache als unpassend oder gar störend empfinden, dann hat derjenige es zumeist sehr schwer, überhaupt akzeptiert zu werden und fällt dementsprechend häufig schon bei der ersten Vorstellung durchs Raster. Wer dagegen beispielsweise im Sprachduktus, in seinen kulturellen Interessen oder in der Pflege spezieller Hobbys, die häufig wie etwa Golf oder das Sammeln alter Stiche eine gewisse Exklusivität aufweisen, deutliche Gemeinsamkeiten mit den Entscheidungsträgern aufweist, der darf auf einen Sympathiebonus ihrerseits hoffen. Das ist für die letztliche Entscheidung ein wichtiger Pluspunkt, weil dieser Bonus das Beurteilungs- und damit auch das Besetzungsverfahren fast immer positiv beeinflußt. Die Wahrscheinlichkeit, daß jemand ausgewählt wird, der dieselbe oder eine ähnliche soziale Herkunft aufweist wie die zur Entscheidung befugten Manager und/oder Eigentümer, erhöht sich auf diesem Wege noch weiter.[10]

Ergänzt werden all die Vorteile, die mit den genannten persönlichen Eigenschaften verbunden sind, dann noch durch eine eindeutige Lebensperspektive und die bessere Kenntnis der entscheidenden Voraussetzungen und Stationen einer Managementkarriere. Was den ersten Punkt, das klare Ziel einer gehobenen beruflichen Position betrifft, so hat ein sehr erfahrener und angesehener Personalberater am deutlichsten auf den Punkt gebracht, was damit gemeint ist. Als Motiv dafür, daß er trotz der großen Probleme, in die

---

10 Einen mit Sympathie und Antipathie zusammenhängenden, sehr interessanten Aspekt benennt Kanter in ihrer Studie über Manager. Sie weist dort daraufhin, daß die Notwendigkeit, Entscheidungen trotz vielfach unsicherer Entscheidungsgrundlagen zu treffen, Topmanager dazu veranlaßt, nach Kollegen zu suchen, denen sie vertrauen können. Die gleiche soziale Herkunft diene dabei als sicherstes Indiz für Vertrauenswürdigkeit und begünstigt ihrer Ansicht nach deshalb den Nachwuchs der "Upper Class" bei der Besetzung von Toppositionen (Kanter 1977, 49ff.).

seine zum Adel zählende Familie nach dem Kriege geraten war, über den 2. Bildungsweg wieder in eine für die Familientradition angemessene berufliche Stellung gelangt ist, nannte er folgendes:

"Das war einfach so der Anspruch, der unausgesprochene Anspruch der Familie: ein von Landsberg (Name geändert, d. Verf.) steht nicht im zweiten Glied. Das gibt's überhaupt nicht. Nicht daß das jemals einer gesagt hätte zu mir, aber das war 'the Driving Force'."

Zwar dürfte der familiäre Anspruch nicht immer so ausgeprägt sein, die Grundeinstellung, daß man das vom Vater erreichte hohe soziale Niveau zumindest halten müsse, ist aber sicherlich in fast allen Fällen zu finden. Marceau spricht in ihrer Untersuchung über die Inseadiens sogar davon, daß "the children are chosen rather than choose" (Marceau 1989, 51). Für so stark hält sie aufgrund ihrer Befragung die familiären Einflüsse in puncto Berufsperspektive. Die Traditionen der Familien lassen nur eine sehr begrenzte Zahl an Möglichkeiten offen, die dann in der Regel auch wahrgenommen werden. Bei den Inseadiens ist das von Kindesbeinen an das quasi selbstverständliche Ziel einer Managementkarriere, bei anderen einfach das der Behauptung des gewohnten gesellschaftlichen Status..

Zur eindeutigen Lebensperspektive tritt beim Nachwuchs aus eben diesen gesellschaftlichen Bereichen dann noch das Wissen um die karriererelevanten Faktoren und die optimale Wahl der einzelnen beruflichen Positionen. Wer einen größeren Unternehmer oder leitenden Angestellten zum Vater hat, kennt aus Erfahrungen im Familienkreis einen je nach konkreter Stellung des Vaters mehr oder weniger großen Teil der Auswahlkriterien, die für das Erreichen höherer Managementpositionen ausschlaggebend sind, und ebenso die wichtigsten Stationen einer erfolgreichen Berufslaufbahn im Management. Man bekommt aus Gesprächen im Elternhaus oft nebenbei mit, welche Rolle ein Auslandsaufenthalt spielt oder welche Firmen ein gutes oder ein schlechtes Image haben, sich für einen Einstieg oder Wechsel also eignen oder nicht. Man kann seinen Vater aber auch gezielt danach fragen bzw. von ihm direkt darauf hingewiesen werden. Für die Söhne akademischer Freiberufler und vor allem höherer Beamter gilt das im Durchschnitt natürlich weniger stark. Aufgrund gesellschaftlicher oder verwandtschaftlicher Kontakte verfügen aber auch sie häufig über gute Informationen, denn auch wenn der Vater selbst nicht in der Wirtschaft tätig ist, so kennt er doch dank der Zugehörigkeit zu den "besseren Kreisen" in der Regel jemand aus seinem Bekanntenkreis oder aus der Familie im weiteren Sinne, der eine führende Stellung in einem Unternehmen bekleidet. Die Informationsquellen sind also durchaus vorhanden, nur nicht ganz so unmittelbar zugänglich. Im Kern trifft daher für den Nachwuchs aus den Familien höherer Beamter und akademischer Freiberufler dasselbe zu wie für die Kinder von Unternehmern und leitenden Angestellten. Sie verfügen gegenüber anderen über einen wesentlichen Informationsvorsprung, was eine Managementkarriere betrifft, und können diese dementsprechend gezielter angehen. Ein Personalmanager des Medienkonzerns beschrieb diesen Vorteil aus seiner eigenen Erfahrung folgendermaßen:

"Ich sehe das an meiner Assistentin, die in diesem Zusammenhang sagt, daß sie jetzt erst sieht, was sie aus ihrem Leben hätte machen können, es ihr damals nur keiner gesagt hätte und sie deshalb ihr Leben anders gestaltet hätte. Sie weiß erst jetzt, was sie hätte machen müssen, um das oder das zu erreichen, und jetzt ist es zu spät. Jemand, der ein anderes Umfeld hat, andere erfolgreiche Leute kennengelernt hat, der kann die Ableitungen daraus selber ziehen. Wenn die Eltern ihm das früh sagen oder andere Bekannte, das schafft Startvorteile. Ich kann das an mir selbst sehen. Ich bin in einem sehr offenen und sehr gut informierten Elternhaus aufgewachsen. Ich hatte immer Zugang zu vielen Zeitungen und Zeitschriften. Außerdem hatten meine Eltern einen sehr großen Bekanntenkreis, der häufig bei uns war und mit dem sie viel diskutierten über alle möglichen politischen und wirtschaftlichen Dinge. So war ich schon von Kindesbeinen an sehr gut informiert über viele Sachen und konnte Entscheidungen später dann auf der Grundlage dieses breiten Wissens treffen."

Der Informationsvorsprung, der hier angesprochen wird, besitzt neben den bereits genannten positiven Effekten allerdings häufig auch einen Aspekt, der ein Stück weit in die Kategorie "Karriere durch Beziehungen" fällt. Es findet zwar nicht unbedingt eine direkte Protegierung einzelner Kandidaten aufgrund ihrer familiären Beziehungen statt, obwohl es das nach Aussagen einiger Personalberater und -manager in den Topetagen der deutschen Wirtschaft durchaus auch hin und wieder gibt, es kommt aber zu einer Begünstigung durch die direkte Weitergabe von Informationen über freiwerdende Positionen und die für die Besetzung wichtigen Faktoren und Einflüsse im jeweiligen Unternehmen. Auf diese Art und Weise ist der jeweilige Kandidat nicht nur schneller informiert, wo eine reizvolle Stellung zu besetzen ist, er kennt auch die Rahmenbedingungen, wie etwa die Tradition des Unternehmens, die Einstellung der Eigentümer und/oder Topmanager etc. besser. All das sind Vorteile, die ganz besonders in der frühen Phase einer Managementlaufbahn oft von unschätzbarem Wert sind. Nimmt man noch hinzu, daß Informationen aus dem Familienkreis auch für den Abschluß von Geschäften und damit für Erfolge im Beruf wichtig sein können, ist Marceau in ihrer Einschätzung zuzustimmen, daß das wichtige Gespür für die Möglichkeiten und Gelegenheiten nicht nur das Resultat von Talent oder Glück sei, wie der Begriff suggeriere, sondern zu einem großen Teil auch auf der strukturellen Position der jeweiligen Führungskraft beruhe. Es sei eben leichter, den richtigen Riecher zu haben, wenn man mit den wichtigen Informationen früher und umfassender als andere versorgt werde. Die berufliche Karriere sei auf einer solchen Basis schneller und gezielter voranzutreiben (Marceau 1989, 193f.).

Nimmt man alle Punkte zusammen, wird deutlich, daß die persönlichkeitsbezogenen Rekrutierungsmaßstäbe für eine höchst ungleiche Chancenverteilung bei der Entscheidung über Positionen im Topmanagement großer deutscher Unternehmen sorgen. Sie begünstigen in ihren objektivierbaren wie in ihren eher subjektiven Elementen ganz eindeutig den Nachwuchs des gehobenen Bürgertums und verleihen der sozialen Selektionswirkung, die schon vom Bildungssystem ausgeht, damit erst ihre entscheidende Schärfe.[11]

Ob sich das beim jetzt anstehenden Generationswechsel – Mitte der 90er Jahre geht allein jeder zweite Vorstandsvorsitzende der größten 100 deutschen Unternehmen in den Ruhestand (Grunwald / Rudolph 1993, 208)[12] – in den Chefetagen ändern wird, ist fraglich. Die enorme Bildungsexpansion seit dem Ende der 60er Jahre hat die Studienmöglichkeiten für den Nachwuchs der breiten Mittelschichten und auch der Arbeiterschaft zwar erheblich verbessert, die Selektionsfunktion des Hochschulexamens also deutlich vermindert, die dadurch an Gewicht gewinnenden Persönlichkeitsmerkmale sind aber entweder die gleichen geblieben oder sie haben sich durch die geschilderten neuen Anforderungen und Umstrukturierungen in den großen Unternehmen sogar zu Lasten der Kandidaten aus den mittleren und unteren Schichten und Klassen der Bevölkerung verändert.

---

11 Die geringen Chancen, die sich Frauen in den Topetagen großer deutscher Unternehmen bisher bieten, hängen u.a. auch mit den Kriterien zusammen, die die Persönlichkeit betreffen. Wie einige Personalberater anmerkten, taugen bestimmte Bewertungsmaßstäbe in puncto Auftreten, äußeres Erscheinungsbild, Verhalten etc. für Frauen nur sehr bedingt, weil sie in bezug auf Männer entwickelt worden sind bzw. sich entwickelt haben. Wenn die Maßstäbe aber unklar sind, steigt das Risiko von "Fehlbesetzungen". Man versucht deshalb in der Regel, auf Nummer Sicher zu gehen und wählt anhand der gewohnten Kriterien dann doch lieber einen Mann.

12 In den Vorständen dürfte das kaum anders sein. Bei Konzernen wie Daimler-Benz, VW, Hoechst oder Thyssen sind immerhin die Hälfte bis über drei Viertel der Führungskräfte über 50 Jahre alt (Capital 7/94, 153), so daß für die Topetagen von einem hohen Prozentsatz an Managern im Alter von 60 und mehr ausgegangen werden kann, was auch den Altersangaben der Mannheimer Untersuchung entspricht.

So erhöhen die starke Internationalisierung des Geschäfts, der wachsende Konkurrenzdruck, die kürzeren Innovationszyklen und das gestiegene Ausbildungsniveau der Beschäftigten die Anforderungen in erster Linie dort, wo der Nachwuchs des etablierten Bürgertums deutliche Vorteile besitzt. Es wird mehr persönliche Souveränität, ein schnelleres Zurechtfinden in neuen Umgebungen, eine bessere Kenntnis fremder Sprachen und Kulturen, eine umfassende Sicht der Dinge, ein größeres Maß an Kommunikations- und Motivationsfähigkeit sowie ein stärker unternehmerisch ausgerichtetes Denken verlangt. Fachwissen dagegen verliert an Bedeutung. In besonders großem Umfang trifft diese Entwicklung die Branchen, die bisher so etwas wie die "Hochburgen" für den Nachwuchs aus den mittleren und unteren Schichten und Klassen darstellten, die Versicherungswirtschaft und die Energieversorgung. Sie werden nämlich – und das ist ein wesentlicher Grund für den bislang überproportional hohen Anteil an Managern aus den mittleren und unteren Gesellschaftsschichten in diesen beiden Branchen – erst in letzter Zeit mit Anforderungen konfrontiert, die in den meisten anderen Wirtschaftssektoren schon seit Jahren wichtig sind.

Allerdings treffen die angesprochenen Veränderungen auch die anderen Bereiche der Wirtschaft, nur eben in geringerem Maße. Sie sorgen z.B. dafür, daß in der Industrie sowohl die durch eine Lehre erworbenen als auch die ingenieur- wie naturwissenschaftlichen Kenntnisse weiter an Gewicht verlieren. Gerade Lehre und ingenieurwissenschaftliches Studium aber bildeten bisher zentrale Bausteine für den Aufstieg von Führungskräften aus den Familien mittlerer und unterer Angestellter, Beamter oder aus der Arbeiterschaft. Wenn überhaupt, dann hatten sie in der Industrie in erster Linie dort gute Karriereaussichten, wo "Kaminkarrieren" in der Produktion und den ihr angegliederten Bereichen möglich waren. Vom Werkzeugmacher über den Maschinenbauingenieur zum Abteilungsleiter und dann vielleicht bis in den Vorstand, so oder ähnlich sah der soziale Aufstieg ins Topmanagement am ehesten aus. Solche Karrieren dürften in Zukunft immer seltener werden.

Verstärkt wird diese Entwicklung noch durch die in jüngster Zeit unter den Schlagworten "Lean Production" und "Lean Management" vorangetriebene Umstrukturierung großer Unternehmen. Hinter beiden Begriffen verbergen sich nämlich Veränderungsprozesse, die "Kamin-" wie " Hauskarrieren" erschweren. Die Dezentralisierung der Großunternehmen und die gleichzeitig massive Reduzierung der hierarchischen Ebenen versperren die gerade für "Kaminkarrieren" typischen Aufstiegswege und erhöhen zugleich das Gewicht persönlichkeitsbezogener Auswahlkriterien. Vor allem unternehmerisches Denken gewinnt dabei enorm an Bedeutung, während Fachkenntnisse noch stärker in den Hintergrund gedrängt werden.[13] Nimmt man alle Wirtschaftssektoren zusammen, kann man verallgemeinernd sagen: Je bürokratisierter die Karrierepfade sind und je niedriger die Wechselhäufigkeit zwischen verschiedenen Unternehmen und unternehmensinternen Bereichen ist, um so größer sind die Aussichten für einen sozialen Aufstieg aus den breiten Mittelschichten und der Arbeiterschaft.[14] In dem Maße, in dem "Kaminkarrieren" und "Hauskarrieren" an Bedeutung verlieren, sinken daher auch die Chancen für den Nachwuchs aus diesen gesellschaftlichen Kreisen, in eine Spitzenposition zu gelangen.

Trotz der Verbesserung der Bildungschancen für die große Mehrheit der Kinder aus den mittleren und unteren gesellschaftlichen Klassen und Schichten und der dadurch verminderten Selektionswirkung des Hochschulexamens ist deshalb nicht mit einer Verbesserung der Karrierechancen dieses Nachwuchses zu rechnen, sondern eher mit einer weiteren Verschlechterung. Der Trend zur exklusiveren sozialen Rekrutierung von Spitzenmanagern, der schon zwischen dem Ende der 60er und dem Beginn der 80er Jahre zu beobachten war, dürfte sich seither fortgesetzt haben und wird sich wohl auch weiter fortsetzen. Deutsche Topmanager dürften in Zukunft zu einem noch höheren Prozentsatz als schon bisher aus den Haushalten von größeren Unternehmern, leitenden Angestellten, akademischen Freiberuflern und höheren Beamten kommen.[15]

---

13 Vgl. auch die Studien von Faust et al. (1994a, b) und Scase / Goffee (1989) sowie die Veröffentlichung von Kanter (1991), die zu ähnlichen Schlußfolgerungen gelangen.

14 Die vergleichsweise niedrige soziale Zusammensetzung des Topmanagements in der Versicherungswirtschaft und im Sektor Energie/Bergbau belegen das deutlich.

15 Bei den akademischen Freiberuflern und vor allem bei den höheren Beamten, z.T. auch bei den leitenden Angestellten wird allerdings eine deutliche Binnendifferenzierung erfolgen. Da sich ihre Zahl seit den späten 60er Jahren deutlich vermehrt hat, besitzt nur noch ein Teil von ihnen jene soziale Position und jenen sozialen Status, der für diese Berufsgruppen bis in die 60er Jahre hinein typisch war. Dies trifft in erster Linie auf die höheren Beamten, die wie die Studienräte in den unteren Stufen des höheren Dienstes eingruppiert sind, und die freiberuflichen Akademiker in überfüllten Bereichen, wie die sog. "Wald-und-Wiesen-Anwälte" oder die praktischen Ärzte zu. Leitende Angestellte sind aufgrund der Tatsache, daß die Unternehmen mit der Vergabe dieses Titels relativ sparsam umgehen, weit weniger betroffen. Ein Prokurist oder ein Abteilungsleiter ist heute deshalb vielfach auch kein leitender Angestellter mehr. Die Binnendifferenzierung beinhaltet, daß nur noch ein Teil dieser Berufsgruppen seinem Nachwuchs die gesellschaftlich herausgehobenen Bedingungen bieten kann, die früher üblich waren, und die damit verbundene Prägung der einzelnen Persönlichkeit dementsprechend auch nicht mehr für alle Kinder von höheren Beamten und freiberuflichen Akademikern gilt. Für den jetzt anste-

Abschließend kann daher festgestellt werden, daß sich die aus den Untersuchungen über die Wirtschaftsjuristen (Hartmann 1988, 1989, 1990a, b, c, 1991) und die Informatiker (Hartmann 1993, 1994a, b, 1995) abgeleiteten Ausgangshypothesen bestätigt haben. Es gibt im Sinne einer "Strukturtatsache" (Kreckel 1992, 190) eindeutige Mechanismen "sozialer Schließung" zugunsten des Nachwuchses aus dem gehobenen Bürgertum, und diese basieren ganz überwiegend auf der zentralen Bedeutung persönlichkeitsbezogener Auswahlkriterien. Bildungstitel sind zwar wichtig, für die Besetzung von Spitzenpositionen in großen deutschen Unternehmen aufgrund ihrer unzureichenden Selektionswirkung aber nicht ausschlaggebend.

Die Analysen von Bourdieu, Boltanski, de Saint Martin und Maldidier über die Bedeutung des "klassenspezifischen Habitus" werden durch die Ergebnisse der vorliegenden Untersuchung also eindeutig untermauert, und ihre These, daß "die herrschende Fraktion der herrschenden Klasse" den Reproduktionsmodus zur Bewahrung ihrer sozialen Position und ihrer Macht insofern verändert habe, als an die Stelle der unmittelbaren Vererbung ökonomischem Kapitals immer stärker die Umwandlung dieses Kapitals in "kulturelles Kapital" bzw. die Weitergabe des in der Familie schon akkumulierten "kulturellen Kapitals" trete (Bourdieu 1983; Bourdieu / de Saint Martin 1978; Bourdieu et al. 1981), erfährt im großen und ganzen auch Unterstützung. Der Nachwuchs der oberen Kreise der bundesrepublikanischen Gesellschaft ist bei der Besetzung von Spitzenpositionen in Großunternehmen so überaus erfolgreich, weil er in entscheidend größerem Maße als die Konkurrenten aus den anderen Klassen und Schichten über das "kulturelle Kapital" verfügt, das die Auswahlkriterien der Entscheidungsträger bewußt oder unbewußt bestimmt. Die von Bourdieu und seinen Mitarbeitern sehr stark betonte Institutionalisierung "kulturellen Kapitals" durch den Erwerb exklusiver Bildungstitel (wie vor allem die der Grandes Écoles) spielt in Deutschland allerdings nur eine untergeordnete Rolle. Die von den Elite-Bildungsstätten in Frankreich wahrgenommene Funktion, "die klassenspezifische Kompetenz, die die Familie diffus übermittelt" (Bourdieu / Boltanski / de Saint Martin 1981, 28), zu verstärken und das in der einzelnen Person "inkorporierte kul-

---

henden Generationswechsel in den Topetagen spielt all das zwar noch keine nennenswerte Rolle, weil die neuen Vorstandsmitglieder ganz überwiegend noch in den 50ern und 60ern aufgewachsen sind, wo die Expansion des höheren Dienstes erst allmählich anfing, für die Besetzungen von Führungspositionen der 2. und der 3. Ebene ist es aber schon von Bedeutung, wird nach der Jahrtausendwende also auch die Topetagen der deutschen Großkonzerne erfassen.

turelle Kapital" in Form allgemein anerkannter Bildungsabschlüsse zu objektivieren, können die deutschen Universitäten so nicht wahrnehmen.[16] Hierzulande bleibt die familiäre Vermittlung von Ausdrucks- und Verhaltensweisen der ausschlaggebende Faktor. Der "klassenspezifische Habitus" ist entscheidend. Will man an die Spitze eines Großunternehmens gelangen, muß (oder sollte man zumindest) über die Selbstsicherheit und Selbstverständlichkeit in Auftreten, Verhalten und Geschmack verfügen, die für Bourdieu den Habitus der "Bourgeoisie" gegenüber dem angestrengten und verkrampften Habitus des Kleinbürgertums auszeichnen, und die Codes der sozialen "Distinktion"[17] verinnerlicht haben, die dort in Hinblick auf Allgemeinbildung oder kulturelle Interessen ebenso Gültigkeit besitzen wie auch beim Sprachduktus oder in Fragen der adäquaten Bekleidung.

Die sehr effektive soziale Selektion bei der Besetzung von Spitzenpositionen im Management deutscher Großunternehmen ist daher auch viel unauffälliger als das Grandes-Écoles- oder das Oxbridge-Phänomen. Die Mechanismen sind für Außenstehende im Gegensatz zur allseits bekannten "Kameraderie" der Absolventen elitärer Bildungsinstitutionen kaum oder gar nicht zu erkennen. Es gibt nach dem Niedergang der studentischen Verbindungen keine Organisationen mehr, die den Ehemaligen-Vereinigungen der britischen Public Schools, der US-amerikanischen Renommiereinrichtungen oder der französischen Grandes Écoles in dieser Hinsicht auch nur ansatzweise vergleichbar wären. Oberflächlich betrachtet ist die Chancengleichheit in Deutschland daher in sehr viel größerem Maße gewahrt als in Frankreich, Großbritannien und, mit Abstrichen, auch den USA.

Die verschiedenen Individualisierungstheorien können deshalb auf den ersten Blick auch einiges an Plausibilität für sich verbuchen. Schaut man jedoch

---

16 Die Kritik von Robinson / Garnier (1985) (s. auch Robinson 1984) an Bourdieu, daß er die Bedeutung von Bildungstiteln bei der Reproduktion gesellschaftlicher Macht seitens der Unternehmer und der Manager überbewerte, ist auf Deutschland bezogen also nicht ganz falsch. Was Frankreich betrifft, auf das sich Robinson / Garnier in ihrem Aufsatz beziehen, so verfehlen sie mit ihrer Kritik den Kern der Bourdieuschen Argumentation aber eindeutig. Denn zum einen erfassen sie die Besonderheiten des französischen Bildungssystems mit ihren sehr groben Klassifizierungen überhaupt nicht, zum anderen weiten sie vor allem die Kategorie der Manager mit der Einbeziehung des gesamten Aufsichtspersonals bis hin zum Meister und Vorarbeiter so aus, daß sie mit der Gruppe, von der Bourdieu spricht, nur noch wenig gemein hat.

17 Diese Codes wirken dabei sowohl als ein bewußt eingesetztes Mittel der Auswahl als auch als ein unbewußt wirkender Mechanismus im Sinne etwa des genannten Sympathiebonus. Die Reaktion von Entscheidungsträgern auf bestimmte Verhaltensformen des Kandidaten oder seine Kenntnisse in der Musik, der Literatur etc. enthält, wie oben gesehen, zumeist beide Elemente.

genauer hin, so zeigt sich, daß die soziale Zusammensetzung des Topmanagements deutscher Großunternehmen und die dazu gehörenden Rekrutierungsmechanismen für ein erhebliches Maß an Stabilität innerhalb der "besseren Kreise" sprechen und von Pluralisierung und Individualisierung allenfalls in Teilbereichen die Rede sein kann. Die Einschätzungen von Dahrendorf und Zapf, die Wirtschaftselite weise unter den Elitegruppen neben den katholischen Bischöfen, den Diplomaten und der Generalität den höchsten "Oberschicht"-Anteil und das stabilste soziale Rekrutierungsmuster auf (Dahrendorf 1965; Zapf 1965a, c), werden im großen und ganzen bestätigt. Weder sorgt die Bildungsexpansion in diesem Fall für eine " Herauslösung aus dem Herkunftsmilieu" und der Arbeitsmarkt für eine " Verselbständigung des einzelnen Lebenswegs gegenüber den sozialen Herkunftsbedingungen", wie Beck (1983, 1986) annimmt, noch kann von Statusinkonsistenz gesprochen werden, wie Bolte (1990) und Hradil (1985) vermuten.

Was Beck betrifft, so verhindert die entscheidende Bedeutung, die der familiären Weitergabe eines klassenspezifischen Habitus für die Besetzung von Spitzenpositionen in Großunternehmen zukommt, den von ihm prognostizierten Zerfall des "sozialen Klassenzusammenhangs" durch Individualisierung. Beck verfehlt dabei auch dann den Kern der Sache, wenn man seine auf den "reichen Adel" und Teile des "produktionsmittelbesitzenden Mittelstands" bezogene Aussage, daß diese sich den allgemeinen Individualisierungsprozessen durch die Vererbung von ökonomischem Besitz und "dem guten Namen" der Familie als "sozialem" Kapital entziehen können, auf die Spitzenmanager ausweitet. Den wesentlichen Aspekt, die Rolle der durch die familiäre Sozialisation erworbenen Verhaltensmuster und Einstellungen nimmt er ja gerade nicht zur Kenntnis. Nicht der von ihm konstatierte Sachverhalt, daß der Nachwuchs aus diesen Kreisen durch unmittelbare Vererbung von "ökonomischem" Kapital und die Existenz eines Netzes von sozialen Beziehungen von den individualisierenden Bildungsprozessen unabhängig bleibe, ist entscheidend, sondern die durchaus in Verbindung mit dem Erwerb von hohen Bildungsabschlüssen stehende Weitergabe "kulturellen Kapitals".

Hinsichtlich der Position von Bolte und Hradil spricht nicht nur die relativ exklusive soziale Rekrutierung bei den deutschen Spitzenmanagern für eine recht hohe Stabilität der Klassen- und Schichtstrukturen, die Höhen von Bildungsabschluß, Berufsqualifikation, Einkommen und Einfluß bündeln sich auch zu festen "Statuslagen", statt auseinanderzufallen, wie Bolte und Hradil dies in ihren Thesen von der Differenzierung und Pluralisierung der Klassen- und Schichtstrukturen vermuten. Zumindest für die Wirtschaftselite kann nicht von einer Auflösung dieser Strukturen gesprochen werden. Sie verlieren nicht an Stabilität, sondern gewinnen sogar eher daran.

Das bedeutet nicht, daß der Nachwuchs von Unternehmern und Managern unbedingt in die Fußstapfen der Väter treten muß. Es kann auch einen Wechsel zwischen verschiedenen, ähnlich einzuordnenden Berufsfeldern geben. Die Tatsache, daß von den 27 interviewten Personalberatern 9 einen Unternehmer oder Großgrundbesitzer zum Vater hatten, sogar 11 einen leitenden Angestellten – 4 davon ein Vorstandsmitglied eines der führenden deutschen Großkonzerne – und weitere 5 einen akademischen Freiberufler oder einen höheren Beamten, zeigt, was damit gemeint ist.[18] Stabilität der Klassen- und Schichtstrukturen an der Spitze der Gesellschaft heißt nicht unmittelbare Berufskontinuität, obwohl es die in den Chefetagen der großen Unternehmen auch gibt, sondern Aufrechterhaltung der sozialen Position am oberen Ende des Sozialgefüges.

18 Bemerkenswert ist dabei allerdings, daß ein erheblicher Teil der Personalberater zunächst Managementpositionen in der Wirtschaft bekleidet hat, bevor er in die Beratung gewechselt ist, um vor allem einen größeren Handlungsspielraum in der Arbeit zu haben. Bei den Personalmanagern sieht das Bild hinsichtlich ihrer sozialen Herkunft ähnlich, wenn auch etwas weniger exklusiv aus. Wenn man nur die auf den beiden oberen Führungsebenen angesiedelten Manager betrachtet, kommen knapp drei Viertel aus den Familien größerer Unternehmer und leitender Angestellter und weitere 15% aus den Familien höherer Beamter. Jeweils nur einer von ihnen hat einen Techniker und einen Arbeiter zum Vater. Die vier, die unterhalb dieses hierarchischen Niveaus eingestuft sind, stammen allerdings sämtlich aus Familien, die nicht zu den oberen Schichten der Gesellschaft zu zählen sind. Die soziale Selektion setzt auch hier offensichtlich erst auf den oberen Führungsebenen ein.

Literatur

Adams, W.P. / Czempiel, E.O. / Ostendorf, B. / Shell, K.L. / Spahn, P.B. / Zöller, M. (1992): *Die Vereinigten Staaten von Amerika* (Bd. 2). Frankfurt/M.

Alder, G. (1988): *Promovierte Juristen und Wirtschaftswissenschaftler in der Bundesrepublik Deutschland als potentielle Elite*. Diss. Universität Bochum

Anker, L. / Seybold, P. / Schwartz, M. (1987). The Ties That Bind Business and Government. In: Schwartz, M. (Ed.), 97-122

Arbeitsgruppe Bildungsbericht am Max Planck Institut für Bildungsforschung (1994): *Das Bildungswesen in der Bundesrepublik Deutschland*. Reinbek

Armstrong, P. (1986): Management Controll Strategies and Inter-Professional Competition: the Cases of Accountancy and Personnel Management. In: Knights, D. / Willmott, H. (Eds.): *Managing the Labour Process*. Aldershot, 19-43

Baltzell, E. (1958): *Philadelphia Gentlemen: The Making of a National Upper Class*. New York

Baltzell, E. (1964): *The Protestant Establishment*. New York

Barnes, W. (1989): *Managerial Catalyst. The Story of London Business School 1964 to 1989*. London

Barsoux, J.L. / Lawrence, P. (1990): *Management in France*. London

Barsoux, J.L. / Lawrence, P. (1992): Wie Frankreich seine Kader schmiedet. *HARVARD-manager*, 14, Heft 1, 30-37

Bauer, M. / Bertin-Mourot, B. (1990): *"Les 200" en France et en Allemagne. Deux modèles contrastés de détection-sélection-formation de dirigeants de grandes entreprises*. Paris

Bauer, M. / Bertin-Mourot, B. (1993): Der Staatsingenieur an der Unternehmensspitze. Das "pantouflage" in Frankreich. In: Grelon, A. / Stück, H. (Hrsg.), 131-148

Bearden, J. (1987): Financial Hegemony, Social Capital, and Bank Boards of Directors. In: Schwartz, M. (Ed.), 48-59

Beck, U. (1983): Jenseits von Stand und Klasse? In: Kreckel, R. (Hrsg.), 35-74

Beck, U. (1986): *Risikogesellschaft*. Frankfurt/M.

Berger, P.A. (1987): Klassen und Klassifikationen. Zur 'neuen Unübersichtlichkeit' in der soziologischen Ungleichheitsdiskussion. *Kölner Zeitschrift für Soziologie und Sozialpsychologie*, 39, 59-85

Berger, P.A. (1990): Ungleichheitsphasen. In: Berger, P.A. / Hradil S. (Hrsg.), 319-350

Berger, P.A. / Hradil, S. (Hrsg.) (1990): *Lebenslagen, Lebensläufe, Lebensstile*. Soziale Welt. Sonderband 7. Göttingen

Berghahn, V. (1990): Die Wirtschaftseliten in der Politik der Bundesrepublik. In: Wehling, H.-G. (Red.): *Eliten in der Bundesrepublik Deutschland.* Stuttgart, 124-141

Berth, R. (1990): Deutsche Manager und das Charisma. *HARVARDmanager*, 12, Heft 3, 44-49

Berth, R. (1993): Zu spät, simpel und eindimensional. *Absatzwirtschaft,* Heft 5, 140-144

Boltanski, L. (1990): *Die Führungskräfte*. Frankfurt/M.

Bolte, K.M. (1990): Strukturtypen sozialer Ungleichheit. In: Berger, P.A. / Hradil, S. (Hrsg.), 27-50

Bolte, K.M. / Hradil, S. (1987): Soziale Ungleichheit in der Bundesrepublik Deutschland. Opladen

Borscheid, P. (1990): *100 Jahre Allianz*. München

Bourdieu, P. (1982) : *Die feinen Unterschiede*. Frankfurt/M.

Bourdieu, P. (1983): Ökonomisches Kapital, kulturelles Kapital, soziales Kapital. In: Kreckel, R. (Hrsg.), 183-198

Bourdieu, P. (1984): *Homo academicus*. Paris

Bourdieu, P. (1989a): *Satz und Gegensatz. Über die Verantwortung des Intellektuellen*. Berlin

Bourdieu, P. (1989b): *Grandes écoles et esprit de corps*. Paris

Bourdieu, P. / Boltanski, L. (1981): Titel und Stelle. Zum Verhältnis von Bildung und Beschäftigung. In: Bourdieu et al., 89-116

Bourdieu, P. / Boltanski, L. / de Saint Martin, M. (1981): Kapital und Bildungskapital. In: Bourdieu et al., 23-88

Bourdieu, P. / Boltanski, L. / de Saint Martin, M. / Maldidier, P. (1981): *Titel und Stelle; Über die Reproduktion sozialer Macht*. Frankfurt/M.

Bourdieu, P. / Boltanski, L. / Maldidier, P. (1981): Die Verteidigung der Zunft. In: Bourdieu et al., 117-168

Bourdieu, P. / de Saint Martin, M. (1978): Le patronat. *Actes de la recherche en sciences sociales*, 20/21, 2-82

Bourdieu, P. / de Saint Martin, M. (1982): La sainte famille. L' épiscopat français dans la champ du pouvoir. *Actes de la recherche en sciences sociales*, 44/45, 2-53

Bourdieu, P. / de Saint Martin, M. (1987): Agrégation et ségrégation. Le champ des grandes écoles et le champ du pouvoir. *Actes de la recherche en sciences sociales*, 69, 2-50

Bowles, S. / Gintis, H. (1979): The Proletarianization of White-Collar Labor and the Stratification of Higher Education. In: Henslin, J.M. / Reynolds, L.T. (Eds.): *Social Problems in American Society*. Boston, 289-296

Bremeier, E. / Jeuschede, G. / Pfeiffer, E.T. (o.J.): *Wege zur Unternehmensspitze*. Berlin

Bröcker, H.F. (1991): *Managementkarrieren in Europa*. Diss. Universität Stuttgart

Bundesarbeitgeberverband Chemie (1988): *AT-Angestellte, Leitende Angestellte, Akademiker und Fachhochschulabsolventen in der Chemischen Industrie*. Wiesbaden

Burck, C.G. (1976): A Group Profile of the Fortune 500 Chief Executive. *Fortune*, May, 173-177, 308-312

Cassis, Y. (1988): Wirtschaftselite und Bürgertum. England, Frankreich und Deutschland um 1900. In: Kocka, J. (Hrsg.): *Bürgertum im 19. Jahrhundert. Deutschland im europäischen Vergleich* (Bd. 2). München, 9-34

Child, J. / Fores, M. / Glover, I. / Lawrence, P. (1983): A Price to Pay? Professionalism and Work Organization in Britain and West Germany. *Sociology*, 17, 63-78

Clark, D.G. (1966): *The Industrial Manager: His Background and Career Pattern*. London

Clements, R.V. (1958): *Managers: A Study of Their Careers in Industry*. London

Coleman, J.S. / Hoffer, T. / Kilgore, S. (1982): *High School Achievement: Public, Catholic and Private Schools Compared*. New York

Cookson, P. (1989): United States of America: Contour of Continuity and Controversy in Private Schools. In: Walford, G. (Ed.), 57-84

Cookson, P. / Persell, C. (1985): *Preparing for Power: America's Elite Boarding Schools*. New York

Dahl, R. (1961): *Who Governs? Democracy and Power in an American City*. New Haven

Dahrendorf, R. (1962): Eine neue deutsche Oberschicht? *Die neue Gesellschaft*, 9, 18-31

Dahrendorf, R. (1965): *Gesellschaft und Demokratie in Deutschland*. München

Day, C.R. (1993): Die "gadzarts" in der Industrie. In: Grelon, A / Stück, H. (Hrsg.), 171-196

Domhoff, G.W. (1967): *Who Rules America?* Englewood Cliffs

Domhoff, G.W. (1970): *The Higher Circles*. New York

Domhoff, G.W. (1978): *Who Really Rules: New Haven and Community Power Re-Examined*. New Brunswick

Domhoff, G.W. (1986):*Who Rules America Now? A View for the '80s*. New York

Domhoff, G.W. (Ed.) (1980): *Power Structure Research*. Beverly Hills

Domhoff, G.W. / Dye, T.R. (Eds.) (1987): *Power Elites and Organizations*. Beverly Hills

Dye, T.R. (1976): *Who's Running America?* Englewood Cliffs

Eberwein, W. / Tholen, J. (1990): *Managermentalität*. Frankfurt/M.

Eberwein, W. / Tholen, J. (1993): *Euro-Manager or Splendid Isolation?* Berlin

Eckhardt, P. (1990): *Akademische Nachwuchskräfte in der Kreditwirtschaft: eine empirisch orientierte Bestandsaufnahme zur Ausbildungspraxis und Personalauswahl von Hochschulabsolventen*. Berlin

Eckstein, D. (1993): Was Trainee-Programme dem Nachwuchs bieten. *Capital*, Heft 11, 323-326

Egolf, D.B. / Corder, L.E. (1991): Height Differences of Low and High Job Status, Female and Male Corporate Employees. *Sex Roles*, 24, 365-373

Enke, E. (1974): *Oberschicht und politisches System der Bundesrepublik Deutschland*. Frankfurt/M.

Ewert, P. (1984): Die 'Grandes Ecoles': Elitebildung auf Französisch. In: *Beiträge zur Hochschulforschung*, Heft 3, 381-404

Faust, M. / Jauch, P. / Brünnecke, K. / Deutschmann, C. (1994): *Dezentralisierung von Unternehmen. Bürokratie- und Hierarchieabbau und die Rolle betrieblicher Arbeitspolitik*. München

Faust, M. / Jauch, P. / Deutschmann, C. (1994): Mittlere und untere Vorgesetzte in der Industrie: Opfer der "schlanken Produktion"? *Industrielle Beziehungen*, 1, 107-131

Feldman, P.H. (1988): *Recruiting an Elite*. New York

Fischer, P. (1988): *Kleines England-Lexikon: Wissenswertes über Großbritannien*. München

Fisher, A.B. (1992): The New Debate Over the Very Rich. *Fortune*, June, 38-42

Giddens, A. / Stanworth, P. (1978): Elites and Privilege. In: Abrams, P. (Ed.): *Work, Urbanism and Inequality*. London, 206-248
Glyn, A. / Sutcliffe, B. (1974): *Die Profitklemme*. Berlin
Grelon, A. / Stück, H. (Hrsg.) (1993): *Ingenieure in Frankreich*, 1747-1990. Frankfurt/M.
Groux, G. (1983): *Les Cadres*. Paris
Grunwald, G. / Rudolph, H. (1993): Qualifikation von Spitzenkräften: Was erfolgreiche Manager auszeichnet. In: Würtele, G. (Hrsg.), 195-220

Haensch, G. / Tümmers, H.J. (1993): *Frankreich*. München
Hall, D. / Amado-Fischgrund, G. (1969): Chief Executives in Britain. *European Business*, No. 23, 23-29
Hall, D. / de Bettignies, H.C. (1968): The French Business Elite. *European Business*, No. 19, 52-61
Hall, D. / de Bettignies, H.C. (1969): L'Elite Francais des dirigeant de l'entreprise. *Hommes et techniques*, 25, No. 291 (Jan. 1968), 19-27
Hall, D. / de Bettignies, H.C. / Amado-Fischgrund, G. (1969): The European Business Elite. *European Business*, No. 23, 45-55
Hartmann, M. (1988): Juristen in der Versicherung. *Kölner Zeitschrift für Soziologie und Sozialpsychologie*, 40, 706-727
Hartmann, M. (1989): Zwischen Stabilität und Abstieg – Juristen als akademische Elite in der Wirtschaft. *Soziale Welt*, 40, 437-454
Hartmann, M. (1990a): *Juristen in der Wirtschaft – Eine Elite im Wandel*. München
Hartmann, M. (1990b): Notwendig, aber nicht hinreichend – Soziale Herkunft als berufliches Selektionskriterium. *Zeitschrift für Sozialisationsforschung und Erziehungssoziologie*, 10, 218-234
Hartmann, M. (1990c): Die Juristen in der Industrie. *Anwaltsblatt*, 40, 122-126
Hartmann, M. (1991): Wenn die Wirklichkeit sich dem theoretischen Ansatz nicht beugen will. *Soziale Welt*, 42, 395-397
Hartmann, M. (1993): Informatiker zwischen Professionalisierung und Proletarisierung. *Soziale Welt*, 44, 392-419
Hartmann, M. (1994a): Informatiker in Führungspositionen – Voraussetzungen für eine Managementkarriere. *Zeitschrift für Personalforschung*, 8, 25-36
Hartmann, M. (1994b): Informatiker in Großunternehmen. *Informatik-Spektrum*, 17, 171-178
Hartmann, M. (1995): *Informatiker in der Wirtschaft. Perspektiven eines Berufs*. Berlin
Hegelheimer, A. (1985): Akademikerbeschäftigung im Wandel. Tendenzen und Perspektiven. In: Kaiser, M. / Nuthmann, R. / Stegmann, H. (Hrsg.): *Berufliche Verbleibsforschung in der Diskussion*, Bd. 3. Nürnberg, 23-46
Heidrick&Struggles (o.J.): *Versicherungswirtschaft im Wandel. Tendenzen und Perspektiven für Struktur, Markt und Führungskräfte*. München
Hensley, W.E. (1993): Height as a Measure of Success in Academe. *Psychology*, 30, 40-46
Hensley, W.E. / Cooper, R. (1987): Height and Occupational Success: A Review and Critique. *Psychological Reports*, 60, 843-849
Hobsbawm, E.J. (1970): *Industrie und Empire* (2 Bde.). Frankfurt/M.
Hoffmann-Lange, U. (1990): *Eliten in der Bundesrepublik Deutschland*. Habilitationsschrift Universität Mannheim

Hoffmann-Lange, U. / Jung, M. / Kutteroff, A. / Scholz, E. / Wolf, G. (1981): *Nationale Führungspositionen in der Bundesrepublik Deutschland.* Mannheim

Hoffmann-Lange, U. / Neumann, H. / Steinkemper, B. (1980): *Konsens und Konflikt zwischen Führungsgruppen in der Bundesrepublik Deutschland.* Frankfurt/M.

Hohorst, G. / Kocka, J. / Ritter, G.A. (1975): *Sozialgeschichtliches Arbeitsbuch. Materialien zur Statistik des Kaiserreichs 1870-1914.* München

Hopf, C. (1991): Qualitative Interviews in der Sozialforschung. Ein Überblick. In: Flick, U. / v. Kardorff, E. / Keupp, H. / v. Rosenstiel, L. / Wolff, S. (Hrsg.): *Handbuch Qualitative Sozialforschung.* München, 177-182

Hradil, S. (1983): Die Ungleichheit der sozialen Lage. In: Kreckel, R. (Hrsg.), 101-118

Hradil, S. (1985): Die "neuen" sozialen Ungleichheiten. In: Hradil, S. (Hrsg.): *Sozialstruktur im Umbruch.* Opladen, 51-66

Hradil, S. (1987): *Sozialstrukturanalyse in einer fortgeschrittenen Gesellschaft.* Opladen

Hradil, S. (1990): Postmoderne Sozialstruktur. In: Berger, P.A. / Hradil, S. (Hrsg.) 1990, 125-150

Industriemagazin (1988): Karrierestrategie für Ingenieure. *Industriemagazin*, November, 2-9

Industriemagazin (1990): MBA-Fachstudie. Karriere-Bonus mit drei Buchstaben. *Industriemagazin*, Mai, 72-84

Ingham, G. (1984): *Capitalism Divided? The City and Industry in British Social Development.* Houndmills

Institut der Deutschen Wirtschaft (1990): *Zahlen zur wirtschaftlichen Entwicklung der Bundesrepublik Deutschland.* Köln

Jarausch, K.H. (1984): *Deutsche Studenten 1800-1970.* Frankfurt/M.

Kadushin, C. (1995): Friendship among the French Financial Elite. *American Sociological Review*, 60; 202-221

Kaelble, H. (1978): Soziale Mobilität in Deutschland, 1900-1960. In: Kaelble, H. / Matzerath, H. / Rupieper, H.-J. / Steinbach, P. / Volkmann, H.: *Probleme der Modernisierung in Deutschland.* Opladen, 235-324

Kaelble, H. (1983): *Soziale Mobilität und Chancengleichheit im 19. und 20. Jahrhundert.* Göttingen

Kaiserliches Statistisches Amt (1913): *Statistisches Jahrbuch für das Deutsche Reich.* Berlin

Kaltefleiter, W. (1976): The Recruitment Market of the German Political Elite. In: Eulau, H. / Czudnowski, M. (Eds.): *Elite Recruitment in Democratic Polities.* New York, 239-262

Kanter, R.M. (1977): *Men and Women of the Corporation.* New York

Kanter, R.M. (1991): The Future fo Bureaucracy and Hierarchy in Organizational Theory: A Report from the Field. In: Bourdieu, P. / Coleman, J.S. (Eds.): *Social Theory for a Changing Society.* Boulder, 63-93

Karabel, J. / Astin, A.W. (1974): Social Class, Academic Ability, and College "Quality". *Social Forces*, 53, 381-98

Kocka, J. (1988): Bürgertum und bürgerliche Gesellschaft im 19. Jahrhundert. Europäische Entwicklungen und deutsche Eigenarten. In: Kocka, J. (Hrsg.): *Bürgertum im 19. Jahrhundert. Deutschland im europäischen Vergleich* (Bd. 1). München, 11-76

Koenig, T. (1987): Business Support for Disclosure of Corporate Campaign Contributions: An Instructive Paradox. In: Schwartz, M. (Ed.), 82-96

Köhler, H. (1978): *Der relative Schul- und Hochschulbesuch in der Bundesrepublik Deutschland 1952 bis 1975*. Berlin

Köhler, H. (1990): *Neue Entwicklungen des relativen Schul- und Hochschulbesuchs*. Berlin

Köhler, H. (1992): *Bildungsbeteiligung und Sozialstruktur in der Bundesrepublik. Zu Stabilität und Wandel der Ungleichheit von Bildungschancen*. Berlin

König, V. (1990): *Berufliche Mobilität in Deutschland und Frankreich: Konsequenzen von Bildungs- und Beschäftigungssystemen für Frauen und Männer 1965-1970*. Frankfurt/M.

Krais, B. (1983): Bildung als Kapital: Neue Perspektiven für die Analyse der Sozialstruktur? In: Kreckel, R. (Hrsg.), 199-220

Krais, B. (1989): Soziales Feld, Macht und kulturelle Praxis. In: Eder, K. (Hrsg.): *Klassenlage, Lebensstil und kulturelle Praxis*. Frankfurt/M.

Kraul, M. (1984): *Das deutsche Gymnasium 1780-1980*. Frankfurt/M.

Kreckel, R. (1992): *Politische Soziologie der sozialen Ungleichheit*. Frankfurt/M.

Kreckel, R. (Hrsg.) (1983): *Soziale Ungleichheiten*. Soziale Welt. Sonderband 2. Göttingen

Kruk, M. (1972): *Die großen Unternehmer*. Frankfurt/M.

Lane, C. (1989): *Management and Labour in Europe*. Aldershot

Lee, G.L. (1982): *Who Gets to the Top?* Aldershot

Lemper, L.T. / von Westphalen, R. (1982): *Privatschulen im öffentlichen Schulwesen*. Melle

Levine, S.B. (1980): The Rise of American Boarding Schools and the Development of a National Upper Class. *Social Problems*, 28, 61-94

Locke, R.L. (1989): *Management and Higher Education since 1940*. Cambridge

Marceau, J. (1977): *Class and Status in France*. Oxford

Marceau, J. (1981): 'Plus ca change plus c'est la même chose": Access to Elite Careers in French Business. In: Howorth, J. / Cerny, P.G. (Eds.): *Elites in France*. London, 104-133

Marceau, J. (1989): *A Familiy Business? The Making of an International Business Elite*. Cambridge

Mc Connell, G. (1962): *Steel and the Presidency*. New York

Mc Connell, G. (1966): *Private Power and American Democracy*. New York

Melamed, T. / Bozionelos, N. (1992): Managerial Promotion and Height. *Psychological Reports*, 71, 587-593

Mills, C.W. (1956): *The Power Elite*. New York

Mills, C.W. (1962): *Die amerikanische Elite*. Hamburg

Mintz, B. / Schwartz, M. (1981): Interlocking Directorates and Interest Group Formation. *American Sociological Review*, 46, 851-869

Mintz, B. / Schwartz, M. (1987a): Sources of Intercorporate Unity. In: Schwartz, M. (Ed.), 16-33

Mintz, B. / Schwartz, M. (1987b): Corporate Interlocks, Financial Hegemony, and Intercorporate Coordination. In: Schwartz, M. (Ed.), 34-47

Mizruchi, M. (1982): *The American Corporate Network*, 1904-1974. Beverly Hills

Mizruchi, M. (1987a): Managerialism: Another Reassessment. In: Schwartz, M. (Ed.), 7-15

Mizruchi, M. (1987b): Why Do Corporations Stick Together? An Interorganisational Theory of Class Cohesion. In: Domhoff, G.W. / Dye, T.R. (Eds.), 204-218

Monopolkommission (1992): *Wettbewerbspolitik oder Industriepolitik: Hauptgutachten 1990/91*. Baden-Baden

Monopolkommission (1994): *Marktstruktur und Wettbewerb im Handel: Sondergutachten der Monopolkommission gemäß § 24 b Abs. 5 Satz 4 GWB*. Baden-Baden

Moore, G. (1979): The Structure of a National Elite Network. *American Sociological Review*, 44, 673-692

Moore, G. / Alba, R.D. (1982): Class and Prestige Origins in the American Elite. In: Marsden, P.V. / Lin, N. (Eds.): *Social Structure and Network Analysis*. Beverly Hills, 39-60

Noble, T. (1975): *Modern Britain: Structure and Change*. London

Ostrander, S.A. (1980): Upper-Class Women: Class Consciousness as Conduct and Meaning. In: Domhoff, G.W. (Ed.), 73-96

Palmer, D. (1987): The Dual Nature of Corporate Interlocks. In: Schwartz, M. (Ed.), 60.73

Parkin, F. (1979): *Marxism and Class Theory: A Bourgeois Critique*. London

Parkin, F. (1983): Strategien sozialer Schließung und Klassenbildung. In: Kreckel, R. (Hrsg.), 121-135

Picon, A. (1993): Die Ingenieure des CORPS DES PONTS ET CHAUSSEES: Von der Eroberung des nationalen Raums zur Raumordnung. In: Grelon, A / Stück, H. (Hrsg.), 77-99

Pierson, G.W. (1969): *The Education of American Leaders*. New York

Poensgen, O.H. (1982): Der Weg in den Vorstand. *Die Betriebswirtschaft*, 42, 3-25

Poole, M. / Mansfield, R. / Blyton, P. / Frost, P. (1982): *Managers in Focus. The British Managers in the Early 1980s*. Aldershot

Priest, T.B. / Rothman R.A. (1985): Lawyers in Corporate Chief Executive Positions. *Work and Occupations*, 12, 131-146

Pross, H. / Boetticher, K.W. (1971): *Manager des Kapitalismus*. Frankfurt/M.

Ratcliff, R. (1980): Banks and Corporate Lending: An Analysis of the Impact of the Internal Structure of the Capitalist Class on the Lending Behavior of Banks. *American Sociological Review*, 45, 553-570

Ratcliff, R. (1987): The Inner Circle and Bank Lending Policy. In: Schwartz, M. (Ed.), 154-162

Reed, M. (1989): *The Sociology of Management*. Hemel Hempstead

Reid, I. (1989): *Social Class Differences in Britain*. London

Robbins, D. (1993): Business and Management Education in England Since 1965. In: de Saint Martin, M. / Gheorghiu, M.D. (Eds.): *Les Institutions de Formation des Cadres Dirigeants Etude Comparee*. Paris, 39-51

Roberts, D.F. / Dann, T.C. (1992): Social Class and Diachronic Trends in Physique in Young University Women. *Journal of Biosocial Science*, 24, 269-279

Robinson, R.V. (1984): Reproducing Class Relations in Industrial Capitalism. *American Sociological Review*, 49, 182-196

Robinson, R.V. / Garnier, M.A. (1985): Class Reproduction among Men and Women in France: Reproduction Theory on Its Home Ground. *American Journal of Sociology*, 91, 250-280

Scase, R. / Goffee, R. (1989): *Reluctant Managers. Their Work and Lifestyles*. London

Schrader, S. / Lüthje, C. (1995): Das Ausscheiden der Spitzenführungskraft aus dem Unternehmen. *Zeitschrift für Betriebswirtschaft*, 65, 467-493

Schwartz, M. (Ed.) (1987): *The Structure of Power in America*. New York

Scott, J. (1982): *The Upper Classes. Property and Privilege in Britain*. London

Scott, J. (1991): *Who Rules Britain?* Cambridge

Shoup, L.H. / Minter, W. (1977): *Imperial Brain Trust: The CFR and United States Foreign Policy*. New York

Soloway, S.M. (1987): Elite Cohesion in Dahl's New Haven: Three Centuries of the Private School. In: Domhoff, G.W. / Dye, T.R. (Eds.), 106-115

Speier, H. (1977): *Die Angestellten vor dem Nationalsozialismus*. Göttingen

Spreter-Müller, B. (1988): *Außerfachliche Qualifikationen in der Wirtschaft*. Bonn

Stahl, W. (1973): *Der Elitekreislauf in der Unternehmerschaft*. Frankfurt/M:

Stanworth, P. / Giddens, A. (1974b): An Economic Elite: A Demographic Profile of Company Chairmen. In: Stanworth, P. / Giddens, A. (Eds.), 81-101

Stanworth, P. / Giddens, A. (Eds.) (1974a): *Elites and Power in British Society*. Cambridge

Statistisches Bundesamt (1954): *Statistisches Jahrbuch für die Bundesrepublik Deutschland*. Stuttgart

Statistisches Bundesamt (1986): *Länderbericht Vereinigte Staaten*. Wiesbaden

Statistisches Bundesamt (1989): *Bildung im Zahlenspiegel*. Stuttgart

Statistisches Bundesamt (1992): *Länderbericht Großbritannien und Nordirland*. Wiesbaden

Statistisches Bundesamt (1994): *Statistisches Jahrbuch für die Bundesrepublik Deutschland*. Wiesbaden

Statistisches Reichsamt (1931ff.): *Statistisches Jahrbuch für das Deutsche Reich*. Berlin

Statistisches Reichsamt (1936): *Berufszählung. Die berufliche und soziale Gliederung der Bevölkerung des Deutschen Reichs. Statistik des Deutschen Reichs Bd. 453,1*. Berlin

Statistisches Reichsamt (1941): *Die Berufstätigkeit der Bevölkerung des Deutschen Reichs. Statistik des Deutschen Reichs Bd. 556, 1*. Berlin

Sturdivant, F. / Adler, R. (1976): Executive Origins: Still a Gray Flannel World? *Harvard Business Review*, 54, 125-132

Sturm, R. (1990): *Großbritannien*. Opladen

Suleiman, E.N. (1974): *Politics, Power and Bureaucracy in France*. Princeton

Suleiman, E.N. (1978): *Elites in French Society*. Princeton

Swinyard, A.W. / Bond, F.A. (1980): Who Gets Promoted? *Harvard Business Review*, 58, No. 5, 6-18

Tayeb, M. (1993): English Culture and Business Organizations. In: Hickson, D.J. (Ed.): *Management in Western Europe: Society, Culture and Organization in Twelve Nations*. Berlin, 47-64

Teese, R. (1989): France: Catholic Schools, Class Security, and the Public Sector. In: Walford, G. (Ed.), 133-150

Thepot, A. (1993): Die Ingenieure des CORPS DES MINES, die Arbeitgeber und die zweite Industrialisierung. In: Grelon, A / Stück, H. (Hrsg.), 61-76

Titze, H. (1981): Überfüllungskrisen in akademischen Karrieren. *Zeitschrift für Pädagogik*, 27, 187-224

Useem, M. (1979a): The Social Organization of the American Business Elite and Participation of Corporation Directors in the Governance of American Institutions. *American Sociological Review*, 44, 553-572

Useem, M. (1979b): Studying the Corporation and the Corporate Elite. *American Sociologist*, 14, 97-107

Useem, M. (1980): Which Business Leaders Help Govern. In: Domhoff, G.W. (Ed.), 199-226

Useem, M. (1984): *The Inner Circle: Large Corporations and the Rise of Business Political Activity in the U.S. and U.K.* New York

Useem, M. (1987): The Inner Circle and the Political Voice fo Business. In: Schwartz, M. (Ed.), 143-153

Useem, M. / Karabel, J. (1986): Pathways to Top Corporate Management. *American Sociological Review*, 51, 184-200

Vaughan, M. (1981): The Grandes Écoles: Selection, Legitimation, Perpetuation. In: Howorth, J. / Cerny, P.G. (Eds.): *Elites in France*. London, 93-103

Vedel, T. (1993): Die Ingenieure der TELECOMMUNICATIONS: Die Entstehung eines "grand corps". In: Grelon, A / Stück, H. (Hrsg.), 101-130

Wakeford, F. und J. (1974): Universities and the Study of Elites. In: Stanworth, P. / Giddens, A. (Eds.), 185-197

Walford, G. (1990): *Privatization and Privilege in Education*. London

Walford, G. (Ed.) (1989): *Private Schools in Ten Countries*. London

Warner, M. / Campbell, A. (1993): German Management. In: Hickson, D.J. (Ed.): *Management in Western Europe: Society, Culture and Organization in Twelve Nations*. Berlin, 89-108

Weber, M: (!976): *Wirtschaft und Gesellschaft*. Tübingen

Weiss, M. / Mattern, C. (1989): Federal Republic of Germany: The Situation and Development of the Private School System. In: Walford, G. (Ed.), 151-178

Werner, H.D. (1987): Die neuen Aufsteiger: Sturm auf die Pyramide. *HARVARDmanager*, 9, Heft 4, 98-105

Whitley, R. (1974): The City and Industry: The Directors of Large Companies, their Characteristics and Connections. In: Stanworth, P. / Giddens, A. (Eds.), 65-80

Whitt, J.A. (1987): Means of Movement: The Political Economy of Mass Transportation. In: Schwartz, M. (Ed.), 123-135

Wildenmann, R. / Kaase, M. / Hoffmann-Lange, U. / Kutteroff, A. / Wolf, G. (1982): *Führungsschicht in der Bundesrepublik Deutschland. Codebuch.* Universität Mannheim

Windolf, P. (1987): Bildungsexpansion und Wirtschaftskrise in der Weimarer Republik. In: Weymann, A. (Hrsg.): *Bildung und Beschäftigung. Grundzüge und Perspektiven des Strukturwandels.* Soziale Welt. Sonderband 6. Göttingen, 89-118

Windolf, P: / Beyer, J. (1995): Kooperativer Kapitalismus. Unternehmensverflechtungen im internationalen Vergleich. *Kölner Zeitschrift für Soziologie und Sozialpsychologie,* 47, 1-27

Würtele, G. (Hrsg.) (1993): *Lernende Elite. Was gute Manager noch besser macht.* Wiesbaden

Zapf, W. (1965a): *Wandlungen der deutschen Elite.* München

Zapf, W. (1965b): Die deutschen Manager. Sozialprofil und Karriereweg. In: Zapf, W. (Hrsg.), 136-149

Zapf, W. (1965c): Führungsgruppen in West- und Ostdeutschland. In: Zapf, W. (Hrsg.), 9-29

Zapf, W. (Hrsg.) (1965d): *Beiträge zur Analyse der deutschen Oberschicht.* München

Zweigenhaft, R.L. (1987): Minorities and Woman of the Corporation: Will They Attain Seats of Power. In: Domhoff, G.W. / Dye, T.R. (Eds.), 37-62